T4-ACM-933

COMERCIO Y PODER
RELACIONES CUBANO-HISPANO-NORTEAMERICANAS EN TORNO A 1898

Ministerio de Relaciones Exteriores Colombia

Casa de las Américas Cuba

COMERCIO Y PODER
RELACIONES CUBANO-HISPANO-NORTEAMERICANAS EN TORNO A 1898

Oscar Zanetti Lecuona

PREMIO Casa de las Américas 1998

PREMIO EXTRAORDINARIO SOBRE EL 98 Ensayo

Este libro es fruto de la colaboración entre
el Ministerio de Relaciones Exteriores de Colombia
y la Casa de las Américas de Cuba.

Edición: *Tania Pérez Cano*
Diseño: *Ricardo Rafael Villares*
Corrección: *Gilda María Fernández*
Realización computarizada: *Alberto Rodríguez*
Impresión y encuadernación: *Imprenta Nacional de Colombia
    Santa Fe de Bogotá*
Coordinación de impresión: *Premios Nacionales de Cultura,
    Ministerio de Cultura de Colombia*

© Oscar Zanetti Lecuona, 1998
© Sobre la presente edición:
    Fondo Editorial Casa de las Américas, 1998

ISBN   959-04-0070-1

casa FONDO EDITORIAL CASA DE LAS AMÉRICAS
3RA. Y G, EL VEDADO, LA HABANA, CUBA

Para Martha, finalmente, por tantas razones

NOTA PRELIMINAR

El final de un siglo despierta expectativas. Cada vez más atados al tiempo y a una forma de medirlo, los hombres ceden a la extraña fascinación del número; desde las páginas del almanaque la inminencia del cambio salta a la realidad y el tránsito intersecular es contemplado con una mezcla de temores y esperanzas.

Casi al término del siglo XIX, la guerra de 1898 irrumpió como una evidencia tangible de alteraciones presentidas. España cerraba el largo ciclo de su decadencia imperial; en las aguas cercanas a Santiago, junto a su flota, se había hundido también la ilusión de una soberanía extendida allende los océanos. Los Estados Unidos, vencedores, emergían definitivamente como potencia mundial, proyectando un protagonismo destinado a dominar el escenario de la nueva centuria. Para las antiguas colonias españolas, la situación resultaba mucho más confusa: abrumadas por anhelos y frustraciones, Cuba, Puerto Rico y Filipinas se asomaban al nuevo siglo.

Pero, ¿puede considerarse el 98 un giro insospechado de la historia? En el caso de Cuba, al menos, se hace difícil encontrar a esta cuestión una respuesta afirmativa. Quien observe, aun despojado de todo determinismo, la evolución de la sociedad cubana durante la segunda mitad del siglo XIX, no tardará en percatarse de dos tendencias capitales e interrelacionadas: los vínculos de Cuba con la vieja metrópoli española se hacían cada vez más endebles, al tiempo que la influencia norteamericana sobre la Isla se acrecentaba. La intervención de Estados Unidos en la Guerra de Independencia cubana aceleró bruscamente dicho movimiento, imprimiéndole un sentido bien determinado. Para Cuba –y todavía más para Puerto Rico– ello tuvo, sin dudas, funestas consecuencias. La hegemonía norteamericana, hasta cierto punto previsible a escala regional, se materializaría en la mayor de las Antillas mediante formas de una amplitud e intensidad tales, que llegaron incluso a coartar de modo explícito la soberanía del Estado nacional por cuya creación habían combatido los cubanos durante tres décadas.

El acontecer de 1898 alcanza así su real significado como hito mayor de una transición ardua y prolongada. Esta obra estudia ese proceso desde un ángulo carente, si se quiere, del dramatismo que exhiben otras de sus aristas, pero que no por ello resulta menos significativo. El fenómeno comercial desempeñó un papel muy activo dentro de la prolongada crisis del sistema colonial español, a la vez que constituyó un componente esencial para el establecimiento, a principios del siglo XX, de un tipo inédito de relaciones de dependencia en la escena internacional. En tal sentido, el desarrollo del intercambio mercantil entre Cuba, España y Estados Unidos, condiciona el curso general de los acontecimientos que conducen al 98 y, de cierto modo, prefigura ese desenlace.

Para que esto se haga evidente, sin embargo, resulta necesario desplegar el análisis del problema más allá de sus manifestaciones estrictamente económicas, tal como estas se expresan en las principales variables de la actividad comercial y otras evidencias de similar naturaleza. Actores indispensables en las transacciones mercantiles, los hombres son también agentes de cambio de las condiciones en que estas se practican. A escala individual, sus acciones rara vez van más allá de aprovechar en beneficio privado el funcionamiento de los sistemas reguladores existentes, o transgredirlos mediante recursos tales como el contrabando. Su acción colectiva, en cambio, puede imponer la modificación de un arancel, inducir la concertación de tratados o propiciar la creación de otros instrumentos de regulación. Pero tales medidas normativas son siempre resultado de las decisiones tomadas por quienes ejercen el poder estatal. El comercio exterior es, por tanto, no sólo terreno habitual de enfrentamiento entre intereses económicos diversos, sino también escenario de la concertación entre esos grupos y los agentes políticos, lo que con harta frecuencia ha originado acontecimientos de singular trascendencia.

Con esta perspectiva, es posible apreciar que las grandes transformaciones que experimenta el sistema internacional durante las décadas entre siglos –y dentro de las cuales se inscriben los hechos de 1898– no pueden atribuirse exclusivamente a las fuerzas «ciegas» del desarrollo tecnológico, el progreso de las comunicaciones, los avances de la producción y la expansión de los mercados, pues en realidad son obra de la interacción de muy poderosos actores sociales.

Esa intrincada madeja de relaciones, entre las cuales se conjugan el comercio y el poder, traza el cauce por el que discurre la modernización en aquella época crucial; el modo diverso en que la modernidad habría de plasmarse en las naciones «protagonistas del 98».

Una última advertencia. La investigación cuyos resultados recogen estas páginas ha estado animada por un propósito esencial: contribuir a dilucidar el entrelazamiento de factores que delineó los destinos de Cuba durante una singular encrucijada de su historia. Su enfoque, sin embargo, no se corresponde con la óptica tradicional de las «historias nacionales». En particular, se ha intentado evitar la reducción de la influencia de los procesos exteriores en la evolución nacional a la condición de «factores externos», a los cuales sólo se les considera en la medida de su incidencia específica; viciosa tendencia que impide a los análisis histórico-nacionales desentrañar la lógica de algunas condicionantes fundamentales de los fenómenos que estudian. No se asistirá aquí, por tanto, a esa suerte de «drama biográfico» con un personaje central y actores secundarios; como problema histórico, el 98 tiene un carácter supranacional, esencialmente interactivo, y las participaciones responden a lógicas propias, cuya comprensión demanda examinar la conjugación de fuerzas diversas y complejas, animadas por intereses bien disímiles.

Sólo en términos muy relativos esta obra puede ser considerada una empresa individual. Han sido muchas las contribuciones que el autor ha recibido y no puede menos que reconocerlas. El Instituto de Historia de Cuba inscribió el proyecto investigativo original en su plan de investigaciones y brindó recursos y posibilidades vitales para su ejecución. Algunos fundamentos metodológicos de la investigación hubiesen quedado en buenos deseos, de no haber contado con una beca concedida por la Dirección General de Relaciones Culturales y Científicas del Ministerio de Asuntos Exteriores de España, la cual permitió consultar sistemáticamente diversas fuentes en archivos y bibliotecas españolas. Una posibilidad similar, en lo relativo a las fuentes norteamericanas, abrió la invitación del Departamento de Estudios Puertorriqueños y del Caribe hispano de la Rutgers University, Estados Unidos, al facilitar la estancia en esa institución como *visiting scholar*. Muy beneficiosa resultó también para el acopio de información extranjera la ayuda brindada por otras instituciones, como la Universidad Autónoma de Barcelona –y, en particular, Jordi Maluquer de Motes, catedrático de ese centro– y el grupo de trabajo sobre la historia de las relaciones cubano-norteamericanas, que en el marco de la Latin American Studies Association (L.A.S.A.) coordinara diligentemente Louis Pérez, Jr.

Son numerosas las personas de cuya colaboración este libro es deudor, tanto en Cuba como en otros países. Aunque de seguro pecaré al no mencionarlas a todas, resulta imprescindible hacer constar mi agradecimiento a Obdulia Castillo, quien con paciencia y gentileza facilitó el acceso a importantes fuentes en la Biblioteca Nacional José Martí, a Fe Iglesias, Gloria García, Francisco Pérez Guzmán y otros colegas del Instituto de Historia de Cuba, que en unas ocasiones nos indicaron valiosas pistas y en otras brindaron sus propios datos, así como hicieron comentarios a partes más o menos extensas de este texto. Sergio Guerra Vilaboy y Alejandro García, tampoco pudieron escapar en esta ocasión a la lectura íntegra del original y no escatimaron indicaciones sagaces y frases de aliento. En los detalles finales de procesamiento del texto, resultó imprescindible la ayuda de Roberto Basáñez, así como de mi esposa Martha, cuyo aporte a este esfuerzo fue, como siempre, mucho más allá de los detalles técnicos.

Oscar Zanetti Lecuona
La Habana, noviembre de 1997

CAPÍTULO 1

La fuerza de las cosas

Un fatídico viernes de septiembre de 1873, el siempre agitado medio de negocios newyorkino se conmovió con la noticia de la bancarrota de Jay Gould & Company, la mayor firma de corretaje bursátil en Norteamérica. El anuncio fue seguido por la quiebra de numerosas instituciones bancarias, el cierre de la Bolsa y una suspensión temporal de los pagos en efectivo. Para muchos, el episodio resultaba una reedición del «pánico» que en 1857 había trastornado profundamente los mercados financieros. Pero se engañaban; en esta ocasión la crisis se extendió en sucesivas oleadas a los más importantes centros económicos del mundo, para dar inicio a una tendencia depresiva que se prolongaría hasta casi finalizar el siglo.

Depresión, sí, pero en modo alguno estancamiento. Estas décadas finales del siglo XIX contemplan una expansión sin precedentes en los más diversos renglones productivos. Los medios de que los hombres disponen para trabajar y para vivir, se incrementan y transforman a una velocidad nunca vista. Solamente en los Estados Unidos, donde la Oficina Federal de Patentes había inscrito treinta y seis mil invenciones desde su fundación en 1790 hasta el estallido de la Guerra Civil (1861), el registro llegará a superar el millón de patentes durante el último cuarto de siglo. Innovaciones como la electricidad, el motor de combustión interna o muy diversos procesos de química industrial, vendrán a transformar profundamente las condiciones de producción.

Bajo los impulsos de esta verdadera revolución tecnológica, las formas organizativas del capitalismo empezaron a modificarse, desde las empresas hasta el mercado internacional. Se había iniciado una nueva era y, con ella, un cambio en el orden mundial que afectaría notablemente las relaciones económicas y políticas entre las naciones.

Tendencias y estructura del comercio internacional

El comercio mundial registra un crecimiento portentoso durante la segunda mitad del siglo XIX. La expansión europea ha rendido sus frutos con la definitiva articulación de una economía de dimensiones planetarias. La agricultura, dotada de un perfeccionado utillaje, se expande por las praderas del medioeste norteamericano y las planicies de la cuenca del Plata, donde genera un creciente flujo de cereales y carnes hacia el ávido mercado del Viejo Continente. Regiones hasta entonces casi ignoradas se integran al agitado trasiego mercantil, aportándole viejos y nuevos productos, mientras Europa envía hasta los confines del mundo la cada día más variada gama de los artículos de su industria.

Este intenso tráfico universal descansa en una vasta revolución de los transportes. El ferrocarril, hasta mediados de siglo un recurso casi exclusivamente europeo, se adentra en los espacios interiores de Norte y Sudamérica, la India y Australia, para asegurar su conexión con las ciudades portuarias. Tan notable difusión de las vías férreas es propulsada por frecuentes innovaciones que, como los nuevos procedimientos para la producción de acero, abaratan los costos y posibilitan un servicio más seguro y eficiente. La apertura del canal de Suez (1869) hace expedito el camino hacia Europa a los algodones hindúes y el azúcar de Java, a la lana australiana y al níquel de Nueva Caledonia, así como a otras muchas materias primas de Asia y Oceanía, que hasta entonces habían enfrentado los prohibitivos fletes impuestos por la azarosa ruta del cabo de Buena Esperanza. Hacia 1880 el tonelaje total de los buques de vapor supera al de los veleros; con cascos a los cuales el acero posibilita formas más apropiadas y resistentes, la sustitución de las ruedas de paleta por la hélice y el aumento de la potencia de sus máquinas, los vapores agilizan sus itinerarios e incrementan su desplazamiento, hasta convertirse en un recurso esencial para las grandes compañías navieras que aseguran la conexión regular entre los principales puertos del planeta.

Los procedimientos mercantiles también se vieron afectados por la dinámica tecnológica. El telégrafo y sobre todo, el cable submarino, trasladan en pocas horas información sobre cosechas y volúmenes de embarques, desde las zonas más remotas hasta los centros comerciales de Londres, New York, París y Hamburgo. Tal fluidez informativa y la creciente uniformidad en la calidad y envase de los productos –sobre todo los primarios– reforzaron la posición de las firmas mercantiles asentadas en las principales plazas del comercio mundial. Las bolsas de productos primarios –*commodities exchange*– existentes en esas ciudades, se convierten en escenario de increíbles maniobras especulativas, donde, tras la apariencia de un libre juego de oferta y demanda, poderosos comerciantes manipulan los precios de un producto, gracias a la información –casi siempre confidencial– que poseen sobre su disponibilidad en las distintas áreas productoras.

El volumen y la complejidad de las transacciones mercantiles exigen el desarrollo de múltiples servicios especializados, entre ellos la negociación y el descuento de las letras de cambio. Esta función, ejercida inicialmente por las principales firmas mercantiles –sobre todo en Londres– termina por separarse con la aparición de casas bancarias especializadas en la aceptación y emisión de valores. Surge así un nuevo tipo de mercado, el monetario, que tiene como epicentro a la capital británica, mientras la libra esterlina –asegurada su paridad oro– se afianza como medio de pago universal.[1]

La banca deviene un medio indispensable para financiar las necesidades del comercio y de la industria. Gracias a ella, las naciones europeas no sólo aportan medios técnicos y millones de trabajadores emigrantes para el desarrollo de la producción de mercancías en todo el orbe, sino que aplican directamente sus recursos financieros al fomento del intercambio. Ya no se trata únicamente del crédito mercantil empleado como factor de estímulo; la banca dispone de recursos cada vez más sofisticados para promover las inversiones. La emisión de valores a largo plazo en respaldo de una iniciativa inversionista o la participación directa en la constitución de empresas, mediante las abigarradas fórmulas organizativas –trusts, *holdings*, etcétera– en que se materializa la centralización de la propiedad capitalista, permite movilizar los capitales más allá de las fronteras, para tender una vía férrea o fomentar ciertas producciones que aseguran las fuentes de abastecimiento, a la vez que amplían la capacidad adquisitiva de los nuevos mercados.

Precisamente, la apetencia de materias primas terminará por originar nuevas modalidades de expansión territorial. El colonialismo, cuyo espíritu parecía estar declinando a mediados de siglo, tomará nuevos bríos antes de que este finalice, para dar lugar a un reparto del mundo entre las principales potencias occidentales, en las cuales el sentimiento nacionalista alimentará una clara voluntad imperial.

Los cambios que registra la economía internacional se presentan asociados con una persistente tendencia depresiva. La creciente afluencia de cereales y otros productos alimenticios al mercado europeo, provocan una generalizada caída de los precios agrícolas, la cual repercute sobre las restantes esferas de la actividad productiva. Esta «gran depresión» sobrevenía en una época de amplia movilización social, materializada no sólo en la creciente sindicalización obrera, sino en una notable difusión de las corporaciones y asociaciones de productores. El negativo impacto de la depresión sobre el empleo y sobre los beneficios obtenidos por los agricultores y ciertos grupos industriales, redundó en una posición defensiva frente a lo que se percibía como la amenaza de competidores situados más allá de las fronteras nacionales. Tal actitud encontraría un sólido asidero en las corrientes nacionalistas que venían cobrando fuerza en Europa desde mediados de siglo.

Llevado al plano económico, el nacionalismo resultaba claramente incompatible con el sentimiento cosmopolita que animaba las concepciones liberales en materia comercial. La onda depresiva finisecular marcaría así la declinación del libre cambio como pauta de las relaciones económicas internacionales. Ante el reclamo de agricultores y empresarios, uno tras otro los Estados europeos fueron elevando los derechos aduanales para preservar sus producciones de la competencia extranjera. Al satisfacer las demandas de los distintos grupos económicos, cada Estado consolidaba su cohesión interna, a la vez que creaba condiciones para el empleo de la política comercial como medio para promover sus intereses en la escena mundial. A diferencia del viejo mercantilismo, no se trataba ahora de resguardar las economías nacionales tras una barrera arancelaria indiscriminada, sino de ejercer una suerte de proteccionismo activo, donde los aranceles, concebidos con un sistema de adeudos diferenciados según los productos, se combinaban con tratados comerciales bilaterales y novedosos instrumentos económicos –como los subsidios– para asegurar la competitividad de la producción nacional dentro y fuera de los mercados del país.[2]

Sólo Gran Bretaña –acompañada por Holanda– mantuvo invariable su adhesión a los principios librecambistas. Verdadero eje en la estructura del comercio internacional, Gran

Bretaña ejercía desde finales del siglo anterior una indiscutible hegemonía económica, asentada en la superior productividad de su industria, la capacidad de su enorme flota mercante y los recursos ilimitados que le proporcionaba un vasto imperio colonial. Pero la brecha que separaba a Inglaterra de las naciones industriales emergentes comenzaría a cerrarse. La economía inglesa, que había crecido a un ritmo anual promedio de 2,4% entre 1860 y 1880, acortaría su paso en las dos décadas siguientes para promediar poco menos de un 2%, mientras naciones como Alemania y Estados Unidos duplicaban ese ritmo, alcanzando tasas de crecimiento de entre 4 y 5%. Si en 1870 sólo Gran Bretaña y Bélgica podían considerarse como naciones altamente industrializadas, al finalizar el siglo los Estados Unidos y Alemania y, en menor medida, Francia, Japón e incluso ciertas regiones de los imperios ruso y austro-húngaro lograrían ingresar en tan selecto club.

Quizás demasiado seguros de su poderío, los británicos no hicieron esfuerzo alguno por revertir la marea proteccionista que ascendía en el continente, y optaron por volcarse hacia los mercados de Sudamérica, Asia y África, donde su superioridad económica y política resultaba incuestionable.[3] En su permanente apertura, el mercado británico terminó por hacerse vulnerable a las apetencias de los competidores. Las nuevas potencias industriales, como Alemania y Estados Unidos, pudieron así lanzar crecientes volúmenes de mercancías hacia Inglaterra y su extenso imperio, mientras resguardaban sin riesgo alguno sus respectivos mercados nacionales.

Tal circunstancia, unida a otros factores, como la desaceleración del crecimiento de la productividad de la industria británica –que al finalizar el siglo fue superada por Estados Unidos– originaron la declinación de la posición de Inglaterra en la economía internacional. Ello se hizo patente en el continuado descenso de la proporción del comercio mundial correspondiente a Gran Bretaña que, de un 24% calculado para 1870, se reduciría a un 18,5% veinte años después.[4]

El declive de la hegemonía británica y la aparición de poderosos competidores en el mercado mundial, indicaban, ya en vísperas del siglo XX, una modificación en la estructura del comercio internacional, a cuyas implicaciones difícilmente podría sustraerse cualquier región del orbe.

Una economía en el atolladero

La tendencia depresiva finisecular tuvo su inmediata manifestación en Cuba en el descenso del precio del azúcar. Tan desfavorable sesgo en las condiciones de realización de ese decisivo renglón exportable, sorprendió a la Isla en circunstancias particularmente difíciles, cuando su economía se hallaba sumida en las devastaciones y trastornos ocasionados por la Guerra de los Diez Años (1868-1878).

Al igual que sucedía con otras mercancías, el azúcar comenzaba a experimentar los efectos del crecimiento de la oferta, incrementada en este caso por la aparición de un nuevo producto sacarino: el azúcar de remolacha. Iniciada en Europa durante los años de las guerras napoleónicas, la fabricación de azúcar de remolacha experimentó a partir de 1860 un explosivo crecimiento. A Francia, pionera en la elaboración de este artículo, se unieron Alemania, Austria-Hungría, Rusia y otros Estados europeos en un vigoroso impulso, capaz, en poco más de una década, de triplicar el volumen de la producción remolachera, hasta superar en 1872 el millón de toneladas de azúcar. Apenas transcurrirían otros diez años, cuando la remolacha, con una producción de 1 831 847 tm, aventajaba a la caña como fuente mundial de azúcar. A partir de entonces el mercado fue testigo de una enconada competencia, al calor de la cual la oferta mundial del dulce superaría en 1894 los ocho millones de toneladas. El efecto de tan brusco incremento sobre los precios fue simplemente desastroso: 4,9 ctvos. por lb en 1881; 3,0 ctvos. en 1885; poco más de 2 ctvos. en 1895.[5]

Aunque la remolacha no superaba a la caña en materia de rendimiento azucarero, contaba entonces a su favor con una tecnología industrial más avanzada y, sobre todo, con un artificio de política comercial: las primas o subsidios estatales para su exportación. Gracias a ello, por ejemplo, el azúcar de remolacha alemán, cuyo costo de producción en 1879 era de 2,6 ctvos. por lb, al exportarse podía reducir su costo a 2,4 ctvos., colocándose en pie de igualdad con los más baratos azúcares de caña, sobre los cuales disfrutaba de una lógica superioridad en materia de fletes para la venta en los mercados europeos.[6]

Fue precisamente por esa razón que la competencia remolachera tuvo tan graves consecuencias para la economía cubana. En 1870, Cuba realizaba en Europa el 45% de sus exportaciones azucareras; en 1880 la proporción se había reducido a un 15% y virtualmente desaparecería antes de concluir esa década, excepción hecha del magro 5% que promediaban sus ventas de azúcar a España. Consecuencia de esa tendencia fue el vuelco casi total de la exportación cubana hacia Estados Unidos, nación que en la década de 1880 ya asimilaría las 4/5 partes del azúcar de la Isla. Este giro vino a coincidir con el franco predominio en aquel mercado del sector refinador sobre los comerciantes, que importaban azúcar para consumo directo. La industria refinadora estadounidense, envuelta además en un temprano proceso de monopolización, quedó así en posición de dictar condiciones a los productores cubanos, de los cuales sólo adquiriría un azúcar de más baja polarización –y menor precio–, estandarizada según las normas de materia prima más ventajosas para sus fábricas.[7]

El tabaco, segundo renglón económico de Cuba, no corría mejor suerte. La elaboración de la rama comenzó a desarrollarse en Alemania, Holanda y otros países europeos, como ya lo estaba en Estados Unidos; fenómeno al que vendría a sumarse la elaboración mecánica de cigarrillos, que inclinó progresivamente el consumo hacia ese nuevo producto. Si el tabaco cubano no se vio desplazado por completo fue debido a la reconocida calidad de los habanos, pero importantes segmentos del mercado –sobre todo las vitolas de más bajo precio– fueron copados por otros manufactureros, que con frecuencia utilizaban la hoja cubana como materia prima. Ni siquiera la metrópoli, con su mercado tabacalero sometido a régimen de estanco, constituía una plaza con perspectivas de expansión. El tabaco, como el azúcar, se inclinaría progresivamente hacia el mercado norteamericano, donde las tendencias proteccionistas imponían la exportación de tabaco en rama.[8]

Así, al mismo tiempo que la exportación cubana se orientaba hacia la venta de materias primas, la proporción decreciente de su participación dentro del comercio internacional en esos renglones –debido a la concurrencia de otros productores–, disminuía notablemente la influencia que la producción de la mayor de las Antillas podía ejercer sobre los precios del mercado mundial. Tan notable deterioro en la posición comercial de Cuba sobrevino en un trance de singular complejidad. La esclavitud, sustento secular de la producción azucarera insular, no sólo era ya objeto de una proscripción casi universal, sino que se había tornado insostenible en la propia Isla, a la luz de los resultados de la Guerra de los Diez Años.

Abocada a una vasta transformación técnico-económica, indispensable para enfrentar la caída de los precios, la producción de azúcar debía experimentar simultáneamente un profundo cambio en su sistema laboral. Si la abolición de la esclavitud no tuvo en Cuba el severo impacto que ocasionó en otras colonias europeas del Caribe, ello se explica, en buena medida, porque su tardía realización permitió el surgimiento de diversas formas intermedias de explotación del trabajo, desde el alquiler de esclavos hasta el sistema de contrata. El cambio del régimen laboral hubo de verificarse así como una suerte de transición, prolongada incluso por la implantación del *patronato*, recurso mediante el cual las autoridades españolas mantuvieron vinculados por algunos años los esclavos a sus antiguos amos, a quienes no indemnizaron por la pérdida de sus «propiedades» humanas.

Pese a todo, la transición al trabajo asalariado resultaría ardua y azarosa. Al concluir la Guerra de los Diez Años, los esclavos constituían aproximadamente un 15% de la población insular, pero representaban una proporción mucho mayor de la fuerza de trabajo, particularmente en las regiones azucareras. Un mercado de trabajo no se crea por arte de magia, y los propietarios de ingenios tendrían que acostumbrarse a bregar con el salario, factor cuya variación ejercía significativa influencia en la formación de sus costos de producción. Los diversos –y, a menudo, torvos– procedimientos empleados para asegurar mano de obra en las plantaciones, así como la muy oportuna inmigración estacional de origen hispano –favorecida por los progresos de la navegación marítima–, no resultaron suficientes para fijar las exigencias de capital circulante dentro del rango apetecido por los hacendados de la Isla.[9]

Por otra parte, afianzar la competitividad del azúcar cubano hacía impostergable el desarrollo de un amplio –y costoso– proceso inversionista. No se trataba ya de la simple introducción o adición de maquinarias dentro del equipamiento de los viejos ingenios, sino de la adopción de toda una tecnología de proceso continuo, cuya rentabilidad dependía por entero de la cuidadosa coordinación de sus operaciones y la adopción de una escala de producción en masa, incomparablemente mayor que la del ingenio semi-mecanizado.[10]

A la cuantiosa inversión que suponía la instalación de todo el utillaje de una moderna industria, debían añadirse otros muchos gastos, que iban desde la construcción de almacenes y talleres hasta el tendido de vías férreas y la adquisición del material rodante necesario para garantizar el arribo puntual a la fábrica de las grandes cantidades de caña que su mayor capacidad demandaba. Hacia 1890, se estimaba que, como promedio, la satisfacción de tal demanda suponía el cultivo de unas 1 500 hectáreas de cañaverales. El fomento de semejante plantación bajo los viejos principios organizativos de la producción azucarera cubana, hubiese potenciado todavía más el capital necesario para emprender el desarrollo industrial. Esa realidad, unida a otros factores socioeconómicos, como el problema de la fuerza de trabajo, impondría una nueva concepción organizativa, consistente en la separación empresarial del cultivo cañero y la producción de azúcar. La agricultura quedó en manos de una pluralidad de cultivadores –los «colonos»– quienes vendían su caña a la nueva fábrica, la cual, por tal condición receptora y para diferenciarla de los ingenios tradicionales, comenzó a denominarse «central».

Como el rendimiento industrial de los centrales podía duplicar al de los antiguos ingenios, el deslinde empresarial habría de efectuarse con una expectativa de rentabilidad satisfactoria, tanto para los colonos como para los propietarios industriales. Sin embargo, al igual que sucedía con el salario, la nueva modalidad de abastecimiento de materia prima implicó una modificación en la estructura de los costos de producción, cuyas repercusiones no se limitaban a simples cambios en el registro contabilístico.

Toda una revolución técnico económica, la conversión del sector azucarero en una industria de producción masiva, demandaba una elevada disponibilidad de capitales. Aunque décadas de crecimiento productivo y la propia Guerra de los Diez Años –marco de numerosos negocios lícitos e ilícitos– dejaron como saldo una notable acumulación de riqueza entre los empresarios más poderosos de la Isla, no es menos cierto que la gran mayoría de los propietarios de ingenios, muchos de ellos sobrecargados de deudas hipotecarias, difícilmente podría enfrentar con su propio peculio los retos inversionistas del desarrollo industrial.[11]

En tal circunstancia –y, aún más, dada la declinación del precio del azúcar– los medios de financiamiento adquirían una importancia decisiva para materializar cualquier proyecto inversionista. Tradicionalmente precaria, la organización financiera cubana había mejorado algo a mediados del siglo XIX, con la aparición de cierto número de instituciones bancarias que, mal que bien, sustentaban las necesidades más perentorias de la actividad económica. Pero, afectados por los desajustes monetarios que provocara la Guerra de los Diez Años, la mayoría de estos bancos desaparecería en la difícil coyuntura de los ochenta, justamente cuando la transformación azucarera reclamaba con mayor urgencia un sistema crediticio. Sólo el Banco Español de la Isla de Cuba perduró como una institución de cobertura insular, pero dada su condición de banco de emisión y agente financiero del gobierno, a duras penas satisfacía los requerimientos del crédito comercial, función que también cumplían algunas firmas de comerciantes-banqueros. Después de haber fluctuado notablemente durante los años de guerra, la tasa de descuento mercantil tendió a estabilizarse en la década de 1880 entre un 8 y un 10%, pero esto era sólo para operaciones a corto plazo. Ni hablar en este contexto de financiamientos a largo plazo –la creación de un banco hipotecario jamás pasaría de su condición de proyecto– y mucho menos de un mercado de valores, estructuras financieras imprescindibles para sustentar un amplio movimiento inversionista. Cuadro tan lamentable haría afirmar al Círculo de Hacendados que «la falta de creación y acumulación de capitales da la explicación de todos los sucesos desgraciados de que es teatro esta Isla».[12]

La escasez de capitales para la inversión podría a primera vista parecer un contrasentido en un país que, como Cuba, poseía un alto índice percápita de valores exportados y frecuentes superávits en su balance comercial. Diversos factores, sin embargo, contribuyen a explicar dicha situación.

La política monetaria aplicada por el gobierno de la colonia y el Banco Español, particularmente durante los años de la primera guerra de independencia cubana, complicó notablemente la situación financiera del país en esta etapa. El desorden monetario tradicional fue agravado por las sucesivas –y cuantiosas– emisiones de papel moneda inconvertible, cuya circulación, fuertemente depreciada, produjo una inflación sin precedentes y alteró completamente el cambio interior, abriendo un ancho campo a la especulación. El nuevo sistema monetario español, implantado en 1868, vio además perturbada su vigencia por continuas modificaciones, entre ellas la autorización de la circulación de diversas monedas extranjeras, por lo general con un premio del 6% otorgado al oro, prima realmente especulativa que dificultaba el normal funcionamiento monetario del país. Pese a ello, la economía padecería de una crónica falta de liquidez, especialmente del oro necesario para las operaciones del comercio exterior.[13]

El fisco colonial, con sus remesas de Ultramar, «sobrantes» y otras partidas destinadas a cubrir gastos de la metrópoli, había operado por muchos años como un factor permanente de drenaje de la riqueza cubana. La presión tributaria, proverbialmente elevada, se incrementó todavía más con los gastos extraordinarios ocasionados por la guerra, durante la cual los presupuestos de ingresos de la Hacienda insular llegaron a superar en algunos años los 50 millones de pesos. A ello se añadía el crecimiento igualmente desmesurado de la deuda pública que, inaugurada con el financiamiento de las aventuras militares españolas en Santo Domingo y México, ascendería hasta un monto cercano a los 150 millones de pesos al finalizar la Guerra de los Diez Años. Aunque con el retorno a la normalidad la cuantía de las recaudaciones presupuestadas tendió a descender, promediando unos 30 millones de pesos durante la década del ochenta, ello se acompañaría con constantes déficits en los ejercicios fiscales, lo cual contribuiría a engrosar la ya abultada deuda del Tesoro. La propia estructura del presupuesto colonial ponía de manifiesto su negativa significación económica, pues 2/5 partes de los gastos se destinaban habitualmente a las partidas de Guerra y Gobernación, mientras otro 40% lo consumía el servicio de la deuda, la cual, por encontrarse la mayoría de los tenedores de sus títulos en la Península, operaba para todos los efectos prácticos como una deuda exterior.[14]

En una economía como la cubana, todos esos factores desquiciantes se vinculaban de un modo u otro con el comercio exterior. Los aranceles, que usualmente aportaban más de la mitad de las recaudaciones, eran el objeto predilecto de la rapacidad tributaria española. Desde la implantación del «libre comercio» en su mayor colonia antillana, España había introducido el régimen arancelario de «cuatro columnas», con elevados adeudos y un carácter fuertemente discriminatorio, en favor de la producción y la marina mercante metropolitanas. El interés del fisco se articulaba así con el de los empresarios peninsulares para producir un doble drenaje de recursos: uno por el cauce fiscal y otro por el permanente déficit del balance comercial cubano con la metrópoli, en virtud de los precios pagados por las mercaderías españolas –o procedentes de la Península– cuya competitividad descansaba, salvo contadas excepciones, en una desmedida protección arancelaria. Para un país dependiente de las importaciones como Cuba, esta condición de mercado cautivo tenía deplorables consecuencias. De una parte, encarecía artificialmente el costo de la vida, circunstancia tanto más dañina cuando la economía se reorganizaba sobre bases salariales, y de otra, hacía del comercio interior una mera prolongación de la actividad importadora, colocando en una posición privilegiada dentro del mercado insular a quienes detentaban las conexiones con los abastecedores metropolitanos.

Como resultado directo de la situación descrita, prevalecía un clima poco atractivo para la inversión, lo que –unido a las incertidumbres políticas– potenciaba la descapitalización. Las décadas finales del siglo son testigo de una acentuada evasión de capitales, cuya magnitud es difícil de evaluar, pero que se hace patente en las numerosas evidencias de adquisición de valores extranjeros por parte de los más poderosos propietarios de la Isla, así como en el constante trasvase de capitales hacia la Península.[15]

Tal cúmulo de circunstancias adversas condicionaba las respuestas que en Cuba encontraría la difícil coyuntura finisecular. El futuro de las relaciones comerciales constituía, fuera de toda duda, una de las incógnitas decisivas, cuya solución exigía el replanteo, tanto de los vínculos mercantiles con España, la metrópoli política, como con Estados Unidos, devenido ya de manera ostensible la metrópoli económica de la Isla.

La coyuntura española y sus proyecciones comerciales

Para España, un país todavía eminentemente agrario, la coyuntura enmarcada en las décadas finales del siglo XIX está condicionada en buena medida por el estado de su agricultura. La estructura agrícola peninsular ha variado poco a lo largo del siglo; tres cuartas partes de la superficie cultivada permanecen dedicadas a la producción cerealera, cuyo lento crecimiento responde a la expansión del área bajo cultivo y no a un incremento de los rendimientos, pues las nuevas técnicas agrícolas apenas han alcanzado a difundirse en este sector. Mayor dinamismo exhiben la agricultura hortícola y frutícola, desarrolladas principalmente en el litoral mediterráneo, las cuales, ocupando sólo un 12% de las tierras explotadas, aportan una cuarta parte del producto agrícola. Con este disímil cuadro se corresponderán las tendencias contrapuestas que presentan los dos principales cultivos españoles: el trigo y la vid.[16]

La producción cerealera peninsular experimenta una crisis similar a la que afecta al resto de Europa, aunque quizás un poco más tardía, debido a su mayor protección arancelaria. La irrupción de los cereales americanos es muy notable a partir de la década de los ochenta, pese a lo cual los precios descienden con cierta lentitud y en menor medida que en otros países del Viejo Continente. Pero si los elevados derechos aduanales contribuyen a sostener el precio, no pueden bloquear las importaciones, pues el atraso agrotécnico del cultivo y su deplorable infraestructura comercial, traen como resultado que, además de costoso, este resulte notoriamente inestable. Los gabinetes liberales de la Restauración, enfrentados a las primeras manifestaciones de la crisis cerealera, intentarán paliarla por la vía de la reducción de las cargas fiscales y los incentivos al mejoramiento técnico de la agricultura, tratando de evitar una solución proteccionista que a la larga terminará por imponerse. A completar este lado negativo de la situación agrícola española, contribuyen la ganadería, cuya larga crisis –vinculada al escaso y caro forraje suministrado por el sector cerealero– se acentúa en virtud de la competencia extranjera, y el olivo, aquejado por la deflación del precio del aceite.

Por contraste, el ramo vitivinícola registra un auge extraordinario desde finales de la década de 1870, gracias a los estragos causados por la filoxera en los viñedos franceses. El área dedicada a la viticultura aumenta rápidamente, en medio de una atmósfera de notable confianza, sólo perturbada por la preocupación de asegurar favorables condiciones de acceso a los mercados de Francia e Inglaterra. En la misma dirección influye el florecimiento de la fruticultura, también orientada hacia la exportación a mercados del Viejo Continente, y un cultivo de reciente desarrollo, la remolacha, cuyo empleo para la producción de azúcar se inicia en Andalucía en 1882, fecha sin duda tardía en el contexto europeo. Enfrentada a la competencia de los azúcares coloniales, la remolacha española compensa las desventajas de su mayor costo con el favorecedor tratamiento fiscal, del cual ya era objeto el azúcar cañero andaluz, materializado, primero, por el sistema de «conciertos» introducido en 1873, que reducía de hecho sus contribuciones, y por las modificaciones arancelarias de 1876, que limitaron el acceso de los azúcares coloniales al mercado de la Península.[17]

En materia industrial, España marchaba a la zaga de la mayoría de las naciones de Europa. Todavía al concluir el siglo XIX, la industria aportaba menos de un quinto del producto interno bruto, y su escasa competitividad determinaba que sus productos apenas constituyesen un 10% del total de las exportaciones españolas. Concentrada en la producción de bienes de consumo –alimenticios y textiles–, la estructura industrial española mejorará a partir de los años ochenta, con la aparición de la siderurgia vasca, cuyo desarrollo se vio favorecido por la disponibilidad de un excelente mineral para la fabricación de aceros. La industria textil, radicada casi enteramente en Cataluña, registra un notable avance entre 1876 y 1886, pero a pesar de este crecimiento, continúa mostrando una escasa concentración y una productividad bastante baja, lo cual la hace descansar casi por entero en el protegido mercado nacional. Deprimida la demanda interna por los trastornos de la agricultura cerealera, la industria textil catalana se beneficia sobre todo con los mercados coloniales –principalmente Cuba– hacia donde dirigía, en 1895, la casi totalidad de sus exportaciones de géneros de algodón.

Después de la brusca caída que provocara la pérdida del imperio continental americano, el comercio exterior español se recuperó lentamente a lo largo del siglo XIX, aunque conservando una importancia relativamente pequeña dentro del conjunto de la actividad económica, si se lo compara con la norma europea. El crecimiento de las variables comerciales experimenta una aceleración a partir de la década de 1860, sustentada principalmente por el notable desarrollo de la minería, con sus grandes exportaciones de mineral de hierro, y el auge vinícola. La política arancelaria, caracterizada por un marcado proteccionismo, toma un sesgo liberalizador en 1869, con la aprobación del arancel Figuerola, pero tras la Restauración monárquica de 1875 dicha orientación, si bien no es enteramente abandonada, resulta al menos bloqueada por los gobiernos conservadores, que suspenden la aplicación de la base quinta del arancel, la cual preveía la progresiva reducción de los niveles tarifarios. Con el nuevo arancel de dos columnas adoptado en 1877, el Estado español se inclina hacia el ejercicio de un proteccionismo activo, buscando afianzar mediante tratados comerciales la expansión de sus principales rubros exportables. Gracias al crecimiento de sus exportaciones, España logrará superar desde los años setenta el déficit crónico de su balance comercial, acumulando modestos saldos favorables que, sin embargo, no alcanzan a revertir la condición deficitaria de su balanza de pagos internacionales, afectada por cuantiosos saldos negativos en el área de servicios, debidos, fundamentalmente, al enorme peso de la deuda estatal.[18]

Al aprobarse el presupuesto de 1876-1877, la Hacienda española acumulaba una deuda total —sumadas la del Estado y la del Tesoro— cercana a los 12 mil millones de pts., cuyos intereses, amortizaciones y otras obligaciones de corto plazo ascendían a más de 800 millones de pesetas. Si se tiene en cuenta que los ingresos previstos para ese ejercicio fiscal apenas superaban los 700 millones de pts., se hace evidente el peso descomunal de semejante endeudamiento. En tales circunstancias, la consecución del equilibrio presupuestario constituía una verdadera obsesión para los gobiernos de la Restauración, empeñados en sostener y ampliar los ingresos fiscales —con sus lógicas consecuencias en materia arancelaria— y controlar las partidas de gastos. Pese a todo, sólo por excepción se lograrían cerrar ejercicios fiscales con superávit, manteniéndose como norma los déficits, en ocasiones muy cuantiosos, que debían cubrirse mediante préstamos del Banco de España y la consecuente expansión de la deuda. El sistema financiero español, aunque tiende a consolidarse en las últimas décadas del siglo XIX, continúa acusando notable macrocefalia, con un banco, el de España, que acumulaba en sus cajas las tres cuartas partes de todos los depósitos en cuenta corriente del país. La persistente demanda de crédito que sobre tal sistema ejerce el Estado, actuará como un potente factor de encarecimiento del precio del dinero, en un marco caracterizado por un desorden financiero que perjudicaba el crédito de España y limitaba las posibilidades de financiamiento externo, no sólo del Estado, sino de las empresas privadas.[19]

Otro factor negativo para la balanza de servicios española, lo sería la declinación de la marina mercante. A mediados de siglo, esta presentaba ya un retraso bien visible, tanto en el tonelaje de sus buques como en los elevadísimos fletes en que descansaba su rentabilidad, situación que determinaba una considerable reducción de su ámbito operativo. Los mercantes hispanos ya no aparecen en el Pacífico americano, ni en otras rutas de importancia, como las del Báltico y el Mediterráneo oriental. La supresión del derecho diferencial de bandera, como parte de la liberalización comercial que impulsan los gobiernos de la Revolución Gloriosa (1868-1874), asesta un golpe considerable a la marina mercante, al desaparecer el privilegiado tratamiento arancelario recibido por sus cargas. En tales condiciones, el tráfico con las colonias –donde el diferencial se mantenía vigente– adquiere una importancia decisiva. Las rutas directas a las Antillas, el movimiento triangular desde la Península hacia Buenos Aires y La Habana, así como el trasiego de azúcares entre Cuba y los puertos norteamericanos, constituyen un verdadero refugio, del cual la marina mercante intenta extraer los recursos indispensables para su modernización.[20]

A primera vista, sin embargo, las colonias parecen tener una importancia más bien secundaria dentro del conjunto de la actividad económica española. Destino de un 15% de la exportación, Cuba ocupaba el tercer lugar entre los mercados de España, bien alejada de Francia e Inglaterra, hacia donde se dirigen las 2/3 partes de las ventas peninsulares. Pese a ello, sería un error subestimar la significación del factor colonial –y, en particular, de Cuba– para el funcionamiento de la economía metropolitana.

Pequeño desde el punto de vista de las grandes variables comerciales, el mercado cubano tiene en cambio una trascendencia que salta a la vista, si se correlacionan la estructura por productos y la distribución geográfica de las exportaciones españolas. Puede entonces apreciarse su importancia excepcional para la colocación de ciertos renglones –alimentos, textiles y otras manufacturas– que, aunque secundarios en el conjunto del intercambio mercantil hispano, no carecían de relevancia económica. Y ello, sin dejar de lado la muy positiva influencia del comercio cubano en la balanza comercial española.[21]

Ello permite comprender mejor los términos en que se planteaba para España la cuestión de las relaciones económicas con Cuba. Con una estructura económica muy diferente y pobremente complementaria, las dificultades de la colonia antillana apenas encontrarán espacio entre los grandes problemas económicos de la España de la Restauración, que giran en torno al aseguramiento de su acceso a los vitales mercados europeos, el crítico estado de la agricultura y los obstáculos para el desarrollo industrial. La percepción metropolitana de los trastornos económicos de Cuba, se verá afectada incluso por un significativo desfase temporal; considerada durante décadas como la «gallina de los huevos de oro» del desvencijado imperio español, la economía cubana presentará evidencias de estancamiento precisamente cuando las variables económicas de la Península acusan su mejor *performance*.

La situación cubana no ocupará, por tanto, un lugar prioritario en el diseño de la política económica del gobierno español. Pero las relaciones mercantiles coloniales sí revestían una importancia excepcional para ciertos intereses económicos metropolitanos, muy concentrados, coherentes y activos en la defensa de su bienestar, que resultarán capaces de ejercer una notable influencia en esa esfera. Tanto más en un régimen como el de la Restauración que, enfrascado en la difícil tarea de activar la economía peninsular sin dañar su soporte social, diseñaba su política mediante una sucesión casi infinita de conciliaciones.

Estados Unidos: bases de una expansión diferente

El renovado interés de Estados Unidos por el mercado exterior a finales del siglo XIX, tiene sus raíces en la profunda transformación económica que, apenas en cuatro décadas, convirtió a ese país en la mayor potencia industrial del orbe.

En el último tercio del siglo, la población norteamericana se duplica y llega a superar los 90 millones de habitantes. Buena parte de este crecimiento se verifica en los territorios situados al oeste del río Mississippi, apoyado en la rapidísima expansión de las redes ferroviarias, que para 1890 ya totalizan más de 200 mil millas. En ese mismo año, el Buró del Censo de Estados Unidos, al reportar los resultados de su última encuesta, reconocía que la «frontera», base tradicional de la expansión norteamericana, virtualmente había dejado de existir.[22]

Este fenómeno de intenso poblamiento estuvo acompañado por la puesta en explotación de vastos territorios –430 millones de acres– y un portentoso incremento de la producción agropecuaria, particularmente de cereales y carnes. Dicho crecimiento no obedeció exclusivamente a la expansión de los cultivos, sino a la intensificación de estos mediante la mecanización, la selección de nuevas variedades y otros recursos que potenciaron la productividad agrícola. Buena muestra de ello fue la agricultura sureña, prácticamente destruida por la Guerra Civil, cuya producción de algodón pasa de 4,3 millones de pacas en 1870 a 9 millones en 1891.

Pese a su tremendo dinamismo, el crecimiento de la producción agropecuaria resultaría superado por el vertiginoso ritmo del desarrollo industrial. Sólo en una década, la de 1880, la producción de acero aumentaría desde 1.1 hasta 4,3 millones de toneladas, como muestra de un empuje que, antes de concluir el siglo, conseguiría producir el 30% de los artículos manufacturados del mundo en las fábricas norteamericanas. Realizada bajo un régimen de salarios relativamente alto, la industrialización en Estados Unidos se orienta hacia la economía de mano de obra, mediante un sistemático progreso tecnológico. Con la utilización de nuevos recursos energéticos, como la electricidad, y el empleo de una maquinaria estandarizada, de partes fácilmente intercambiables, la industria estadounidense se lanza a la producción en masa, adoptando las escalas productivas más rentables.

El rápido crecimiento de los indicadores productivos que caracterizan a este auge económico se verá acompañado, paradójicamente, por una casi constante inquietud social. El crecimiento de la productividad provoca un irrefrenable descenso de los precios; el *bushel* de trigo, que en 1866 se cotizaba a 1,49 pesos, treinta años después alcanzaría apenas un tercio de ese precio, en el mismo momento en que el algodón llegaba a venderse bien por debajo de la crítica cota de 10 ctvos. por libra. Envueltos en la competencia mundial, los norteamericanos estaban produciendo bastante más de lo que podían consumir. La depresión que abarcaba a todos los sectores de la economía, condicionaría la paulatina orientación de los productores hacia el mercado exterior.[23]

Con un mercado doméstico expansivo y dinámico, así como una espléndida dotación de recursos naturales, la economía norteamericana había crecido esencialmente volcada hacia su interior, tendencia que tras la Guerra de Secesión, pareció sustentar una política de acentuado aislacionismo. Pero esta inclinación, en buena medida propiciada por las condiciones geográficas, comenzaría a corregirse gracias a las posibilidades abiertas por los avances tecnológicos en materia de transportes. La construcción de una red ferroviaria a escala continental no sólo facilitó la comunicación con el mundo exterior a las regiones más intrincadas, sino que determinó la definitiva constitución de un mercado nacional. Los empresarios –al menos los más audaces– comenzaron a realizar sus negocios a una escala incomparablemente más compleja que la de los antiguos mercados locales y regionales, viéndose obligados a desarrollar procedimientos de mercadeo que luego les permitirían abrirse paso en el mercado internacional. El acceso a este último, por otra parte, se tornaba materialmente mucho más sencillo, pues la conexión marítima con Europa, que a mediados de siglo tomaba dos o tres semanas, ya para los años ochenta se reducía a cinco o siete días.

En realidad, la agricultura estadounidense tenía ya una importante presencia en el mercado internacional y es ella quien durante todos estos años aporta el grueso de las exportaciones del país. Favorecida por una excepcional demanda europea, las exportaciones agropecuarias habían sacado a la economía de la crisis de los años setenta, originando un superávit comercial que habría de mantenerse más allá de finalizado el siglo. Pero los agricultores, que debían colocar en los mercados exteriores el 20% de su producción, vieron declinar sus ventas en la década de 1880 frente a la competencia creciente del trigo ruso, la carne suramericana y el algodón egipcio, así como por las trabas impuestas a sus mercancías en algunas naciones europeas que, como Alemania y Francia, aspiran a autoabastecerse mediante el subsidio de sus producciones domésticas. Por obra de esta tendencia, los agricultores comenzarían a reclamar una política comercial más activa, capaz de promover sus intereses en viejos y nuevos mercados.[24]

En el sector manufacturero, de vocación doméstica aún más acentuada, la orientación de la actividad mercantil también comenzaría a verse alterada, en este caso por los imperativos del propio desarrollo industrial, el cual no tardó en propiciar una intensificación de los vínculos exteriores. La creciente demanda de insumos industriales determinaría que las materias primas, las cuales en 1860 constituían apenas el 10% de los valores importados por Estados Unidos, elevasen rápidamente su participación, hasta alcanzar casi un tercio de las importaciones al finalizar el siglo.[25] Si bien es cierto que el mercado externo tenía aún escasa relevancia para la realización de la producción industrial norteamericana, tampoco puede desdeñarse su significación, toda vez que, entre 1880 y 1910, las manufacturas resultan el sector más dinámico dentro de la actividad exportadora. Mientras en 1889 sólo las industrias química y alimentaria realizaban más de un 5% de su producto en el exterior, una década después el contingente de las ramas de importancia exportadora se engrosaría con la inclusión de la siderurgia y la metalurgia no ferrosa, de modo tal que podía estimarse que para un 57% de la producción manufacturera norteamericana, los mercados exteriores habían adquirido un valor significativo, pese a que su participación en ellos fuese todavía moderada. La creciente actividad exportadora de importantes ramas industriales, resultará una pista segura para rastrear la diversificación de sus intereses comerciales.[26]

La competitividad de las manufacturas estadounidenses mejoró sustancialmente –sobre todo en materia de costos–, gracias a la elevación de la productividad relativa de la industria, índice en el cual esta alcanza la primacía mundial al finalizar el siglo XIX. Pero, mientras algunos productos –el hierro y el acero, por ejemplo– cumplían holgadamente los parámetros internacionales, otros –particularmente bienes de consumo duraderos– no se igualaban en calidad con sus homólogos europeos, ni conseguían satisfacer los gustos de una demanda hasta entonces prácticamente ignorada. Un buen número de productos de la industria norteamericana tendría que abrirse paso en un mercado internacional caracterizado por el dominio financiero británico y la avasalladora competencia alemana, circunstancias que urgían la adopción de una agresiva política comercial.

En la orientación hacia el exterior de la economía norteamericana también influyen los significativos cambios que esta experimenta en sus relaciones financieras internacionales. De una condición tradicional de deudor neto, los Estados Unidos evolucionan hacia una posición de madurez caracterizada por la puntual amortización de sus obligaciones. La modernización del mercado de capitales y las instituciones bancarias de Norteamérica, así como el estrechamiento de sus vínculos con el sector industrial, promovieron el proceso de centralización de la propiedad y agilizaron el movimiento de los recursos financieros internos, facilitando la inversión. Excedentes de esos capitales podían ahora exportarse hacia los países productores de materias primas, para asegurar a la industria el control sobre sus abastecimientos e incrementar, simultáneamente, la capacidad adquisitiva de dichas naciones como consumidoras potenciales de mercaderías norteamericanas. El aumento de estas inversiones en el extranjero desde unos 80 millones de pesos en 1869 hasta 685 millones de pesos en 1897, promovió el interés por la optimización de las ganancias de los inversionistas exteriores, el cual vino a sumarse al de comerciantes, industriales y agricultores, para alentar la expansión estadounidense.

Para la materialización de esas tendencias expansivas, Latinoamérica, una región poseedora de cierto desarrollo económico y patrones comerciales bien establecidos, se perfilaba como el área más favorable. Era este un mercado cuya cercanía representaba una ventaja indiscutible en materia de fletes y en el cual algunos renglones, particularmente los alimentos, apenas enfrentaban la competencia europea. La situación se mostraba diferente en lo relativo a equipos, maquinarias y artículos industriales de consumo, pues la igualdad de oportunidades no resultaba suficiente para desplazar a los proveedores tradicionales –sobre todo británicos– del mercado latinoamericano. En esos casos, las mercaderías de Estados Unidos necesitaban un favorable tratamiento arancelario, condición que parecía posible conseguir, a tenor de la enorme importancia que para algunas exportaciones latinoamericanas tenía el mercado norteño.

Cuba, con un intercambio que en 1880 totalizaba 66,5 millones de dólares, constituía un socio comercial de primera importancia para Estados Unidos en Hispanoamérica. Se trataba, sin embargo, de un socio peculiar. Si la isla antillana proporcionaba al mercado norteamericano la mayor parte del azúcar que este importaba, era, en cambio, un pobre cliente, cuyas compras a Norteamérica rara vez superaban el 20% del valor total de sus ventas. El régimen arancelario que España sostenía en su mayor colonia antillana, cerraba prácticamente el acceso hacia ese mercado a numerosas mercaderías estadounidenses, lo que trajo como resultado un constante y abultado déficit en el balance comercial de Estados Unidos con Cuba. Era esta una situación irritante, que en el pasado había dado lugar a fuertes represalias contra productos cubanos, como el café. Cabría esperar entonces que, al instrumentar los norteamericanos una política comercial más agresiva, la modificación del régimen de intercambio con Cuba figurase entre sus máximas prioridades.

Notas

[1] P.T. Ellsworth: *Comercio internacional*, México, Fondo de Cultura Económica, 1962, pp. 176-183.

[2] En 1879, Alemania eleva considerablemente sus tarifas aduaneras, rumbo que Francia seguiría dos años después. Para un análisis comparativo de los cambios en política comercial y sus factores determinantes en las principales potencias de esta época, *cfr*. P.A. Gourvitch: «International Trade, Domestic Coalitions, and Liberty: Comparative Responses to the Crisis of 1873-1896», *The Journal of Interdisciplinary History*, no. VIII/2, 1977.

[3] Los factores de esta suerte de pasividad británica son complejos y su examen escapa a los propósitos de este estudio. Un excelente análisis de la situación puede encontrarse en A.L. Friedberg: *The Weary Titan. Britain and the Experience of Relative Decline 1895-1905*, Princeton, 1988, pp. 33-45.

[4] David A. Lake: *Power, Protection and Free Trade*, Cornell University Press, Ithaca, 1988, tabla 1.1.

[5] Noel Deer: *The History of Sugar*, Chapman & Hall, London, 1950, t. II, pp. 490-491. La información sobre precios –en centavos de dólar– es de la firma Willett & Gray, e indica el precio promedio anual F.O.B. en Hamburgo. *Cfr*. Roy G. Blakey: *The United States Beet Sugar Industry and the Tariff*, New York, 1912, pp. 212-213. Los precios F.O.B. Habana en 1885 y 1895 fueron, respectivamente, 2, 67 y 2,15 ctvos. por lb, según la *Revista de Agricultura*, La Habana, 1ro. de mayo de 1901.

[6] *Exposición del Círculo de Hacendados, de la Junta General de Comercio, la Real Sociedad Económica y de la sección de agricultura de la misma*, La Propaganda Literaria, La Habana, 1879.

[7] *Cfr*. Manuel Moreno Fraginals: *El ingenio...*, La Habana, Ed. de Ciencias Sociales, 1978, t. II, pp. 186-221.

[8] Jean Stubbs: *Tabaco en la periferia*, La Habana, Ed. de Ciencias Sociales, 1989, pp. 9-12.

[9] Para un análisis de los problemas de la transición de régimen laboral, *cfr*. Rebecca Scott: *La emancipación de los esclavos en Cuba*, México, Fondo de Cultura Económica, 1989, pp. 256-261 y 272-287.

[10] Un excelente análisis del alcance y el significado económico de dicho proceso puede encontrarse en Alan Dye: «Tropical technology and mass production: the expansion of Cuban Sugarmills (1899-1930)». (Tesis doctoral, University of Illinois, Urbana, 1991, pp. 19-25.)

[11] Entre 1879 y 1888 se registran un total de 371 remates de ingenios, la mayoría de los cuales serían demolidos sin poder transitar a una fase industrial. *Cfr.* Fe Iglesias: «El desarrollo capitalista de Cuba en los albores de la época imperialista», en: Instituto de Historia de Cuba: *Las luchas por la independencia nacional y las transformaciones estructurales. Historia de Cuba*, La Habana, Editora Política, 1996, t. II, cap. 4.

[12] *Exposición dirigida en julio 8 de 1894 [...] a las Cortes del Reino Español por el Círculo de Hacendados...*, La Habana, 1943, p. 58. Esta publicación, realizada por la Asociación de Hacendados de Cuba muchos años después de redactada la Exposición, en realidad reproduce el informe elaborado por Adolfo Muñoz del Monte que sirviera de base a la misma, y que apareció originalmente en la *Revista de Agricultura*, el 5 de agosto de 1894.

[13] *Cfr.* Julio Le Riverend: *Historia económica de Cuba*, La Habana, Edición Revolucionaria, 1971, pp. 523-524.

[14] En 1878, la carga fiscal percápita era en Cuba de 35,80 pesos, mientras que en la metrópoli ascendía sólo a 9,19 pesos. Los datos de Cuba están tomados de Servando Ruiz Gómez: *Examen crítico de los presupuestos generales de gastos e ingresos de la isla de Cuba para el año 1878-79*, París, 1880; los de España han sido calculados a partir de la información ofrecida por J. M. Serrano Sanz en: *Los presupuestos de la Restauración*, Madrid, 1987, cuadro 1.1.

[15] Un acercamiento al fenómeno del trasvase de capitales puede encontrarse en Ángel Bahamonde y José Cayuela: *Hacer las Américas*, Madrid, Alianza Editorial, 1992.

[16] Gabriel Tortella: «La economía española a finales del siglo XIX y principios del siglo XX», *La España de la Restauración*, Madrid, Siglo XXI, 1985, pp. 137-141.

[17] En julio de 1876 se estableció un recargo arancelario de 17,5 pts. por cada 100 kg, que redujo en casi un 40% las importaciones de azúcar cubano. Para un breve análisis de la situación azucarera española, *cfr*. José I. Jiménez Blanco: «La remolacha y los problemas de la industria azucarera en España, 1880-1914», en: R. Garrabou (ed.): *Historia agraria de la España contemporánea*, Barcelona, Crítica, 1986, t. III.

[18] *Cfr.* Leandro Prados de la Escosura: *De imperio a nación*, Madrid, Alianza Editorial, 1988, cap. 5. y José María Serrano Sanz: *El viraje proteccionista en la Restauración*, Madrid, Siglo XXI, 1987, cap. 1.

[19] Gabriel Tortella: ob. cit., pp. 143-145 y José María Serrano Sanz: *Los presupuestos...*, ed. cit., pp. 36-38.

[20] Miquel Izard: *Manufactureros, industriales y revolucionarios*, Barcelona, Crítica, 1979, pp. 143-149.

[21] En 1885, Cuba era el principal destino de doce de los treinta primeros productos de exportación española, incluyendo, además de la harina de trigo y los tejidos de algodón, el jabón, el papel y el calzado. *Estadística general del comercio exterior de España, 1885*, pp. 501-503 y 646-647. Para una evaluación de conjunto *cfr*.: Jordi Maluquer de Motes: «El mercado colonial

antillano en el siglo XIX», en J. Nadal y G. Tortella (comps.): *Agricultura, comercio y crecimiento económico en la España contemporánea*, Barcelona, Ariel, 1971.

[22] Mary B. Norton *et. al.*: *A People & a Nation*, Boston, Houghton Mifflin, 1982, cap. 16.

[23] El índice de precios, tomando como base 100 el nivel de 1873, caería hasta 71 en 1896. *Cfr*. Walter La Feber: *The American Age. U.S. Foreign Policy at Home and Abroad*, New York, Norton & Co., 1994, t. I, pp. 160-162.

[24] El índice de las exportaciones agrícolas brutas se redujo a la mitad entre 1879 y 1884. Para un análisis de este fenómeno y las reacciones que motivó, *cfr*. Tom Terrill: *The Tariff, Politics and American Foreign Policy*, Westport, Greenwood, 1973, pp. 72-74.

[25] H.G. Vatter: *The Drive to Industrial Maturity*, Connecticut, Greenwood, 1975, p. 315.

[26] David A. Lake: *Power, Protection and Free Trade*, Cornell University Press, Ithaca, 1988, pp. 75-77.

CAPÍTULO 2

Los hombres y sus intereses

El comercio exterior de las naciones constituye uno de los procesos económicos que más tempranamente han sido objeto de regulación social. Mediante aranceles, tratados y otros recursos, los Estados han facilitado u obstruido los flujos mercantiles, orientándolos en una u otra dirección. Las características y problemas de las economías nacionales y las tendencias prevalecientes en el comercio internacional, pueden hacer obsoletos estos sistemas reguladores y condicionar su sustitución o modificación, pero en cualquier caso esos cambios serán resultado de decisiones humanas.

Durante una época en que el intervencionismo económico del Estado se circunscribía a la esfera fiscal, los aranceles –tanto en su función reguladora de los intercambios comerciales, como en su condición de principal instrumento colector de la hacienda pública– ocupaban el centro del debate en materia de política económica. Difícilmente otro asunto era capaz de movilizar de modo tan abierto e inmediato los intereses económicos actuantes en la sociedad, y ningún otro revela de manera tan diáfana las características y aspiraciones de esos grupos de intereses.[1]

Cuba: actores sociales en el problema comercial

En un país de economía abierta como Cuba, intensamente vinculado al mercado internacional, nadie podía resultar enteramente ajeno a los avatares del comercio exterior. Pero si generalizado era el interés de los habitantes de la Isla por ese intercambio mercantil, escasos resultaban, en cambio, quienes podían intervenir de un modo efectivo en las condiciones bajo las cuales dicha actividad se desarrollaba. El régimen colonial imperante colocaba todas las grandes decisiones –y también muchas de las pequeñas– en manos metropolitanas. En tales circunstancias, las limitadas posibilidades de actuación de los sectores y grupos sociales involucrados en la actividad comercial, descansaban en su capacidad de organizarse para promover sus intereses y apelar a los mecanismos disponibles para influir en las decisiones de las autoridades españolas.

A finales del siglo XIX, la sociedad cubana era aún notablemente heterogénea. La abolición de la esclavitud en los años ochenta eliminaría las barreras legales que separaban a los habitantes de la Isla, pero la muy diversa posición de estos en los procesos económicos y, sobre todo, los prejuicios raciales y las diferencias de origen nacional continuarían actuando como poderosos factores de disgregación.

La Guerra de los Diez Años había impreso un nuevo y radical significado a las añejas contradicciones entre cubanos y peninsulares. El reordenamiento social que se verificó tras el Pacto del Zanjón se encargó de atestiguarlo. Los propietarios de origen peninsular, que desde sus posiciones en el comercio y la trata de esclavos venían extendiendo su control sobre la economía cubana, emergieron de la contienda en una posición de franco predominio. La cúpula de este sector estaba formada por un selecto grupo de poderosos empresarios que operaban simultáneamente en el comercio, las finanzas, la producción azucarera y tabacalera, el transporte

–marítimo y ferroviario– y algunos otros rubros de la economía. Apellidos como los de Ibáñez, Argüelles, Herrera o Carvajal –convenientemente lustrados con títulos de la monarquía restaurada–, ocupaban ahora la prominente posición social que un siglo atrás ostentaran las viejas familias de la oligarquía habanera. Capitalistas peninsulares de menor importancia desempeñaban una destacada posición entre los almacenistas y fabricantes de tabacos, y controlaban igualmente los renglones especializados del comercio importador –tejidos, víveres, ferretería–, así como las redes de comercio minorista y una incipiente manufactura –velas, calzado, jabonería, etcétera–, orientada al abastecimiento de ciertos segmentos del consumo local. También mayoritariamente de origen peninsular eran los comerciantes-banqueros asentados en las principales ciudades portuarias, los cuales ejercían una notable influencia en la vida económica de las distintas regiones del país.[2]

La transferencia de capitales hacia el exterior por parte de ciertos capitalistas hispanos y destacados miembros de la oligarquía criolla, cuya aceleración en las décadas finales del siglo ya fuera advertida, estuvo acompañada en algunos casos por la emigración física de estos individuos o sus descendientes. Radicados en España –y en menor medida en Estados Unidos, Francia o Inglaterra–, añadirían sus nombres y capitales a los de otros grandes «indianos», como el marqués de Manzanedo o Antonio López y, al igual que estos, comenzarían a orientar sus negocios en otras direcciones. A los efectos de Cuba devinieron un grupo de propietarios absentistas, interesados, desde luego, por la marcha de sus negocios en la Isla, pero cuya suerte ya no se hallaba atada al porvenir económico de esta.[3]

La clase de hacendados criollos, afectada tanto por las tendencias económicas como por los conflictos políticos, había perdido mucho de su antiguo poderío y experimentaba un acelerado proceso de diferenciación interna. Unos pocos afortunados, en condiciones de modernizar y ampliar la capacidad de sus ingenios, mantenían sus posiciones en la élite de la sociedad cubana, estrechamente relacionados con los grandes empresarios peninsulares. Otros conservaban en precario estado la condición de dueños de ingenio, operando instalaciones relativamente pequeñas y cada vez más alejadas de los parámetros de eficiencia de una industria en desarrollo, en medio del perenne apremio de múltiples acreedores. Los menos favorecidos, por último, tendrían que desmantelar sus viejas fábricas de azúcar y abandonar las filas de los hacendados para, convertidos en colonos, vender la caña cultivada en sus tierras a algún central cercano.

Los cubanos eran igualmente mayoritarios en otras clases y sectores de la población, como los profesionales y empleados urbanos, el campesinado y el proletariado agrícola, que emerge tras la abolición de la esclavitud, segmento este donde –al igual que entre el artesanado y el proletariado urbano– era muy notable y hasta predominante la presencia de negros y mulatos. La inmigración peninsular, creciente en esta etapa, nutría también estas capas populares y ejercía un peso considerable en algunas de ellas, principalmente en el pequeño comercio y la burocracia colonial –virtualmente monopolizados por españoles nativos–, así como en ciertos renglones de las manufacturas y la producción agrícola. Pese a su elevado monto demográfico, la influencia que este heterogéneo conglomerado social podía ejercer sobre las regulaciones económicas y comerciales, así como en otras esferas de la política colonial era generalmente muy pequeña, sobre todo si se tienen en cuenta las peculiaridades de la organización sociopolítica que tuvo lugar en Cuba tras el Pacto del Zanjón.[4]

La aplicación en la Isla de la constitución española de 1876, una vez finalizada la Guerra de los Diez Años, otorgó a sus habitantes el derecho de libre asociación «para los fines de la vida humana». Estos, en realidad, no carecían de experiencia en el terreno asociativo. Una institución, la Sociedad Económica de Amigos del País, había desempeñado a finales del siglo XVIII y durante las primeras décadas del XIX, un destacado papel en la promoción de los intereses insulares, tanto en el plano económico como en el cultural. Aunque los cambios experimentados por la política colonial desde la década de 1830 relegaron a la SEAP a una existencia más bien formal, en el seno de la sociedad cubana continuaron emergiendo otras instituciones que, como los liceos culturales, las logias masónicas e incluso algunos clubes políticos aparecidos en las especiales circunstancias de los años sesenta, sirvieron para canalizar en uno u otro sentido las aspiraciones de los pobladores de la Isla. El estallido del conflicto independentista supuso, de cierta forma, un lapso en el desarrollo de estas actividades, aunque el elemento peninsular –que desde antaño venía generando agrupaciones específicas, como las sociedades regionales–, movilizado en defensa de la «integridad nacional», dio vida a instituciones que, como los casinos españoles, resultaron poderosos mecanismos de presión para preservar sus intereses.

El restablecimiento de la paz trajo aparejada una verdadera eclosión asociativa. Al igual que el Liceo de Regla o la Caridad del Cerro –instituciones culturales que constituyeron verdaderos espacios de debate para las preocupaciones del momento–, emergieron otras muchas «sociedades de instrucción y recreo», con proyecciones locales o sectoriales. Particularmente significativa resultó la aparición de «sociedades de color» a lo largo de la Isla, asociaciones destinadas a promover el adelanto cultural de negros y mulatos y a luchar contra las barreras discriminatorias, cuyo número superaría el centenar una vez abolida la esclavitud.

En este contexto irrumpen también las corporaciones económicas, expresión bien definida de los grupos de intereses actuantes en la economía insular. La primera de estas asociaciones fue la Junta General de Comercio de La Habana, creada en 1876 por iniciativa de Quintín de la Torre, síndico del Gremio de Comerciantes, la cual se transformaría una década después en Cámara Oficial de Comercio, Industria y Navegación, en virtud de una circular del ministerio de Estado español que disponía la creación de tales instituciones para la promoción de las actividades comerciales.[5] Los hacendados, que desde mediados de la década de 1870 contaban con una representación corporativa en Madrid, crearon en 1878 el Círculo de Hacendados de la Isla de Cuba, verdadero bastión de los intereses azucareros, cuya primera directiva estaría presidida por Julián de Zulueta, evidencia inicial de la invariable práctica institucional de hacerse encabezar por hombres de la mayor influencia económica y política. Casi simultáneamente, los intereses tabacaleros —cosecheros, almacenistas y fabricantes— crearon el Centro Agrícola e Industrial, del cual se derivaría en 1884 la poderosa Unión de Fabricantes de Tabacos, como una evidencia de la movilidad y aspiraciones de ciertos grupos, tendencia también presente en otras ramas, y que daría lugar a la formación de corporaciones particulares, como la Liga de Comerciantes Importadores o la Asociación de Cigarreros. Expresión de intereses específicos de distinta índole, lo serían igualmente la Junta Central de Artesanos y otros organismos del naciente movimiento obrero, así como las asociaciones de detallistas y dependientes del comercio, agrupaciones estas que si bien no contaban con integrantes de particular relevancia económica, poseían en cambio una membresía lo suficientemente numerosa como para otorgarles una nada desdeñable influencia política.

Las estipulaciones del Pacto del Zanjón dejaron también abierto el camino a la constitución de partidos políticos en la Isla. Estos se fundaron casi al unísono, a mediados de 1878 y, después de iniciales tanteos, fusiones y reorganizaciones, quedarían definidos en dos grandes agrupaciones: el Partido Unión Constitucional y el Partido Liberal, el cual más tarde añadiría a su denominación el calificativo de Autonomista. La primera de estas entidades políticas estaba bajo el control de los grandes empresarios de origen peninsular, aunque en sus filas y en su directiva figuraban también personalidades destacadas de la élite criolla. Esencialmente definido por su compromiso con la intangibilidad del status colonial, entendido este en los términos de la plena integración de Cuba a la metrópoli, Unión Constitucional encontraba su base social principalmente entre los funcionarios gubernamentales, los pequeños comerciantes peninsulares y su extensa empleomanía. Los liberales, por contraste, eran mayoritariamente cubanos y contaban con una dirigencia constituida por hacendados medios, pequeños empresarios y profesionales, dentro de la cual podía figurar algún que otro intelectual de origen hispano. Aunque su orientación reformista podía asegurarle una base social relativamente más extensa que la Unión Constitucional, el sistema electoral censatario español, aplicado en la Isla con las salvedades y privilegios necesarios para asegurar una mayoría de votantes peninsulares, lo colocaba en una posición invariablemente desventajosa. El independentismo, la tercera corriente política, contaba con una base social extendida desde las áreas rurales hasta las ciudades y los núcleos de trabajadores emigrados, pero al propugnar la separación de España, quedaba por definición excluido del sistema colonial. Sin otro recurso que la insurrección armada, sus adeptos se veían forzados al exilio o desplegaban actividades conspirativas, de modo que sus intereses y criterios sólo afloraban, generalmente de modo indirecto, en periódicos y revistas.

Desde los ya lejanos tiempos de Francisco de Arango y Parreño, los hacendados cubanos se habían mostrado fervorosos partidarios de la liberalización comercial, argumentando que únicamente una fluida relación con los mercados extranjeros posibilitaría a la Isla alcanzar las ventajas de la «civilización moderna». Su temprana victoria sobre el mercantilismo

(1817), apenas significó el cierre de un capítulo, seguido por la incesante brega contra el gravoso sistema arancelario con el cual España convoyó su libertad de comercio. A mediados de siglo, ya manifiesta la crisis del sistema esclavista y apuntando a la baja las cotizaciones azucareras, ese liberalismo comercial se radicalizó y, bajo perceptible influjo manchesteriano, devino profesión de fe librecambista. Los reformistas de los años sesenta hicieron de la reforma arancelaria un punto esencial de su «gran desiderátum»; la orientación hacia el libre cambio resultaba componente indispensable en un proyecto que propugnaba la especialización productiva, ocultando tras los principios de la teoría ricardiana una resignada aceptación de la dependencia. Ya para entonces se identificaba como socio comercial por excelencia a los Estados Unidos, cuyas «...harinas, grasas, carnes, hierro, maquinaria, etcétera, puestos a distancia de unos pocos días de navegación, que podría llamarse costera, constituían una base tan evidente para la reciprocidad».[6]

El liberalismo comercial criollo encontró su principal oponente local entre los comerciantes importadores de origen hispano, consignatarios de firmas abastecedoras de la Península, para las cuales el arancel diferencial de bandera constituía su carta de triunfo en el mercado cubano. Sin embargo, en la misma medida en que muchos de estos comerciantes se asimilaban a las estructuras productivas de la Isla, vía la adquisición de ingenios y otras propiedades, sus posiciones fueron atemperándose para identificarse con las fórmulas comerciales que mejor se avenían a sus nuevos intereses. Ello explica la excepcional convergencia de los representantes del Círculo Reformista y del Comité Español, en sus propuestas comerciales liberalizadoras a la Junta de Información convocada por el gobierno madrileño en 1867.[7]

La Guerra de los Diez Años modificó en más de un sentido los términos en que se planteaba la cuestión comercial. En primer término, para enfrentar el creciente presupuesto de guerra, los aranceles fueron reiteradamente modificados, elevándose derechos e imponiéndose recargos que resultaron un agobiante fardo para el desarrollo de las actividades mercantiles. Pero al mismo tiempo, se hacía evidente que esa expoliación arancelaria constituía un elemento clave para la preservación del sistema colonial, de manera que cualquier objeción o propuesta de cambio debería de formularse sin que ello pudiera interpretarse como una impugnación al *status quo*, cuya defensa resultaba divisa de todos los «buenos españoles». Y ello, sin perder de vista el probable compromiso que pudo entrañar para los grandes propietarios «integristas» de Cuba el decisivo apoyo recibido de los medios proteccionistas peninsulares, como sucediera en ocasión de la campaña antiabolicionista de 1872.[8]

De mayor importancia aún resultaba el nuevo sentido en que las recaudaciones de aduana, más allá de las urgencias coyunturales de la guerra, quedaron atrapadas dentro de las enormes complicaciones de la Hacienda colonial. Los frecuentes déficits presupuestarios registrados durante la contienda, así como las partidas «extraordinarias» dispuestas para sustentar el esfuerzo militar colonialista, debieron solventarse –como ya se ha apuntado– mediante un creciente endeudamiento público. El servicio de esta deuda exorbitante, que necesariamente habría de mantenerse por largo tiempo luego de concluida la guerra, engullía buena parte de los recursos fiscales. Comoquiera que los aranceles constituían la más importante partida de ingresos del fisco colonial, cualquier reducción de estos tendría como contrapartida una disminución de los medios con que satisfacer las obligaciones estatales. Expresado de esta forma, el asunto parece un problema meramente hacendístico, pero lo cierto es que los tenedores de los títulos de la deuda tenían nombre y apellido, y sus intereses estaban, de tal suerte, directamente involucrados en la cuestión.

Aunque el principal recurso para financiar la guerra fue la emisión de billetes del Banco Español por cuenta del Tesoro, la rápida depreciación, así como la insuficiencia de estos valores, obligó a la sucesiva concertación de empréstitos. La mayor parte de estas operaciones fueron suscritas con las principales firmas de comerciantes-banqueros peninsulares radicadas en La Habana, como Leopoldo Carvajal, Argüelles y Cía., Moré, Ajuria y Cía., el conde de Cañongo y otras, generalmente de forma colectiva, aunque también se registraron casos de suscripciones individuales, como el famoso empréstito «Valmaseda», de 690 mil pesos, contratado con la firma de Samá, Sotolongo y Cía.[9] Esta práctica tomó un sesgo de especial trascendencia en 1876, cuando el primer gobierno de la Restauración, ansioso por estabilizar la situación política del reino, y ante la amenaza de una intervención norteamericana, decidió realizar un esfuerzo supremo para poner término a la guerra de Cuba.[10]

La operación pacificadora, a cargo del general Arsenio Martínez Campos, requería del urgente envío a Cuba de decenas de miles de soldados. Para financiarla, el gobierno de Madrid obtuvo, a principios de agosto de 1876, un anticipo de 500 mil pesos de un grupo de banqueros y empresarios encabezado por Antonio López –todos vinculados desde antaño con el negocio de la guerra, tanto desde el punto de vista financiero, como en el transporte y avituallamiento de las tropas españolas– con cargo a un empréstito que por un total de hasta 25 millones de pesos se concertaría de inmediato. Mediante una controvertida licitación, el empréstito fue finalmente contratado con el mismo grupo que había realizado el adelanto, ya constituido bajo la razón «Banco Hispano-Colonial», entidad legalizada en Barcelona el 30 de septiembre de 1876. Se creaba así una poderosa conjunción de intereses financieros, de la cual formaban parte Antonio López –que por sí solo suscribió el 13,6% del empréstito– y una pléyade de banqueros y empresarios catalanes, como Manuel Girona, Evaristo Arnús, Josep Taltabull, Josep Ferrer y Vidal, hasta completar una lista de cincuenta; el Banco de Castilla, en buena medida una prolongación madrileña de intereses financieros catalanes dirigida por Jaume Girona, Antonio Vinent —viejo socio de López— y Rafael Cabezas; y un grupo de comerciantes y empresarios de Cuba, entre los cuales figuraban José Baró, Julián de Zulueta, José E. Moré, Joan Conill, Gassol, Avendaño y Cía. y Manuel Calvo, quien, además de ser un importante accionista individual, actuaba como representante del resto de los suscriptores insulares.[11]

El empréstito de 1876 tendría muy serias implicaciones para el funcionamiento de la economía cubana. No se trata sólo del interés inusualmente elevado —un 12%— al que fue concertado, sino de que, por primera vez, el Estado español ofreció como garantía expresa las recaudaciones aduaneras de la Isla. El Banco Hispano-Colonial quedó autorizado a designar un funcionario que lo representase en la administración aduanera y a proponer a los empleados de esta, al mismo tiempo que se aseguraba que los aranceles cubanos no podrían ser modificados sin la anuencia de dicha institución.[12] Aunque el gobierno madrileño se las arreglaría más adelante —como se verá— para liberarse de este compromiso, lo cierto es que en lo sucesivo el régimen arancelario de Cuba quedaría bajo la influencia de muy poderosos intereses financieros ubicados fuera de la Isla.

Esto último constituía, precisamente, otra de las graves implicaciones del empréstito: la articulación en España de ese grupo de intereses, cuya notable ascendencia en los medios gubernamentales le otorgaría un peso considerable en el manejo de los asuntos cubanos. Como por una u otra razón la participación de los capitalistas radicados en la Isla dentro del Banco Hispano-Colonial tendería a disminuir, la actuación del grupo acusaría un marcado desasimiento de los problemas funcionales de la economía cubana, la cual observarían, con perspectiva francamente expoliadora, como una fuente de acumulación. Sin embargo, si la implicación de estos intereses en las actividades productivas y comerciales de Cuba fue tornándose, más que secundaria, unilateral, no cedería, en cambio, su múltiple influencia en la vida social y política de la gran Antilla. Hombres estrechamente vinculados a ese grupo financiero, singularmente Manuel Calvo, su representante oficial, manejarían una tupida red de relaciones, ejerciendo un considerable poder, tanto en corporaciones y medios de prensa, como en el Partido Unión Constitucional y las altas esferas del gobierno colonial.[13]

La actuación de estos personajes en la Isla, vendría a converger con las posiciones de otros individuos que, por su cualidad de consignatarios o agentes de firmas productoras o comerciales de España –como un Celestino Blanch, estrechamente asociado con empresarios catalanes– eran, ante todo, representantes del capital hispano, así como con un nutrido grupo de comerciantes mayoristas y minoristas de origen peninsular, cuyo control sobre los mecanismos de distribución interior descansaba en las peculiares condiciones que el régimen arancelario colonial imponía al comercio importador cubano. Así, en el propio seno de la sociedad colonial, existían poderosas fuerzas que se proyectarían frente a los problemas económicos de Cuba como invariables defensores de los intereses españoles.

La medida en que los diversos grupos y sectores participantes en las actividades del comercio exterior podían promover sus intereses, no dependía tanto de su relevancia económica o la cuantía de sus integrantes, como de los resortes a su alcance para influir ante las autoridades. Desde las campañas de prensa y las altisonantes «exposiciones» de las corporaciones económicas, hasta la socorrida –y extendida– «solución» individual del contrabando, muy diversos fueron los recursos movilizados para obtener las condiciones más favorables al desarrollo de la actividad mercantil. Pero como el régimen arancelario era, ante todo, materia política, sería esa instancia el escenario de las principales acciones. Los partidos coloniales colocaron la «cuestión comercial» en un lugar prominente de sus programas y los problemas del sistema mercantil ocuparon considerable espacio en las gestiones de la «diputación antillana» a las Cortes españolas. Pero, dada la condición extremadamente minoritaria de esa representación y las características de la mecánica gubernamental metropolitana, las «conexiones» con las principales figuras de la política peninsular revestían una especial significación. Personalidades como Víctor Balaguer y Salvador Albacete o militares como los generales Armiñán y Callejas integrarían como candidatos «cuneros» las listas de Unión Constitucional, para ostentar así la representación legislativa de una Isla que algunos de ellos jamás habían pisado. En otros casos –Francisco Romero Robledo, Antonio Maura– la conexión respondería a vínculos familiares o se conseguiría mediante la contratación de los servicios profesionales como abogados de personas de reconocida prosapia gubernamental. El propio Antonio Cánovas del Castillo –artífice de la Restauración– había establecido un temprano vínculo con los grandes intereses «integristas» de la Isla, cuando en las Cortes Constituyentes de 1869 asumió su representación para oponerse a cualquier reforma en las colonias antillanas. Pero en todo caso, la efectividad de estos nexos era, más que relativa, circunstancial, pues la política de España en Cuba se diseñaba, ante todo, atendiendo a los designios metropolitanos.

Intereses en la Península

En la España finisecular, como en otras naciones, la confrontación de intereses en materia de política económica giraba en torno a la alternativa librecambio/protección. El librecambismo peninsular fue, en sus principales exponentes, un movimiento intelectual, liderado por los llamados «economistas». Agrupados desde 1859 en la «Asociación para la reforma de los aranceles de aduanas», los librecambistas condenaban el régimen de elevados derechos aduanales, que consideraban como un obstáculo al desarrollo y marco propicio para el contrabando, argumentando en favor de un mercado libre donde, en franca competencia con sus homólogos extranjeros, los productores nacionales se viesen forzados a incrementar su productividad. Con el respaldo de los exportadores vinícolas y el gran comercio importador de Madrid y Cádiz, los «economistas» se proclamaban defensores de los intereses, siempre más difusos y dispersos, de la gran masa consumidora.[14]

La base social del proteccionismo estaba, lógicamente, entre los productores: tanto los agricultores cerealeros castellanos como la industria periférica, representada sobre todo por los textileros catalanes y también, más adelante, por la metalurgia vasca. La ideología proteccionista, cuya matriz se encontraba en grupos intelectuales y empresariales de Barcelona, descansaba en el concepto del mercado nacional, cuya defensa se consideraba indispensable para que la producción española pudiese crecer y madurar hasta tornarse competitiva. Frente al individualismo mercantil librecambista, el proteccionismo reconocía un activo papel al Estado como artífice de las condiciones necesarias para el progreso de la economía nacional.

La cuestión colonial encajaba con bastante dificultad en los términos de este debate. Cierto es que los librecambistas se mostraban partidarios de la liberalización del régimen arancelario colonial y que, consecuentes con sus ideas, muchos «economistas» habían figurado a la cabeza del abolicionismo hispano durante los años de la «Gloriosa». Los proteccionistas, en cambio, resultaron entonces aliados primordiales de los esclavistas de Cuba, territorio al cual contemplaban como una prolongación especialmente valiosa del mercado nacional y que, por tanto, debía preservarse a ultranza para los productos metropolitanos mediante un sistema de altos derechos aduanales.[15]

Pero salvo estas líneas generales, en ocasiones de un valor principalmente contextual, el análisis de las proyecciones españolas frente a los problemas de la economía y el comercio cubanos, debe realizarse rastreando los intereses más específicos de clases y grupos de la Península directamente involucrados en el sistema de explotación colonial.

Entre esos grupos, los abastecedores del mercado cubano desempeñaban un papel de primera importancia. Tal era el caso de los trigueros castellanos, cuyas ventas de cereal a Cuba promediaban, a mediados de siglo, más de 3 millones de pesos, cifra que constituía el 10% del valor total de las importaciones cubanas y que hacía de las harinas el segundo rubro en importancia de las exportaciones de España durante esos años. Aun en medio de la crisis que experimenta la agricultura cerealera a partir de la década de 1870, cuando ya se registran años en que las importaciones de trigo en la Península superan las exportaciones, las ventas a Cuba se sostienen amparadas en prohibitivos derechos arancelarios, que favorecían a las harinas nacionales con un margen de 20,37 pts. por cada 100 kg, creando incluso la posibilidad de reexportar a Cuba con pingües ganancias las harinas fabricadas con el trigo importado. Todavía en 1877, Cuba importó 55 583 tm de harinas españolas, y aunque con la terminación de la guerra y la reducción de las tropas el consumo descendió, a inicios de la década de 1880 el valor de estas importaciones superaba los 2 millones de pesos.[16]

Cuba constituía así una plaza de valor excepcional para estos productores, y no sólo para ellos, sino también para los comerciantes y navieros que se beneficiaban con ese trasiego mercantil, en primer término los asentados en el puerto de Santander, centro de las exportaciones harineras a las Antillas. Acuciados por la crisis, los trigueros castellanos exhibirían una firme militancia proteccionista y alcanzarían mayor cohesión corporativa, primero mediante la celebración de congresos de agricultores para exponer sus demandas y, ya a mediados de los años ochenta, con la creación de la Liga Agraria, grupo de presión dentro del cual actuarían políticos de la talla de Germán Gamazo y Alonso Martínez.[17]

Con una importación de tejidos –sobre todo géneros de algodón– cuyo valor a inicios de la década de 1880 rondaba los 5 millones de pts., Cuba constituía también el primer mercado exterior para los textileros catalanes. La baja productividad de esta industria, caracterizada por la proliferación de pequeños talleres, determinaba que los textileros de Cataluña buscasen en el resguardo arancelario la compensación a su escasa competitividad. Las corporaciones de industriales catalanes, desde la primitiva Junta o Comisión de Fábricas, habían figurado a la cabeza del proteccionismo hispano. Esa acción corporativa hubo de extenderse y consolidarse a partir de 1869, cuando la aprobación del arancel Figuerola fue percibida por los productores catalanes como una amenazadora tendencia hacia el librecambio. Se constituyó entonces el Fomento de la Producción Nacional, en cuya directiva figuraban un grupo de prominentes industriales, como Pedro Bosch Labrús, José Ferrer Vidal, Domingo Sert, José Puig y otros.[18] Durante los años de la «Gloriosa», el Fomento se mostró especialmente activo, no sólo en la promoción de las posiciones proteccionistas, sino también en la defensa del status colonial de Cuba y, finalmente, en el movimiento que condujo a la Restauración borbónica.

Pero la influencia de los intereses catalanes en materia de política económica colonial, no descansaba exclusivamente en el peso de las exportaciones de tejidos y en la solidez de sus corporaciones. Cataluña –y, particularmente, Barcelona– se habían convertido en el eje de una vasta red de relaciones económicas con Cuba, lo cual les permitía no sólo aglutinar a grandes firmas comerciales, compañías navieras y otros proveedores del mercado antillano, sino contar con una extensa base de comerciantes catalanes en la Isla.[19] Pero, sobre todo, la singular coherencia y el influjo político de las fuerzas económicas de esa región española, tenían mucho que ver con la hegemonía ejercida entre los capitalistas catalanes por una alta burguesía cuyos negocios se extendían bastante más allá de la producción de tejidos.

Algunos miembros de esta alta burguesía «de negocios» tenían raíces en Cuba, como Juan Güell, Antonio López, Francisco Gumá, Antonio Samá, mientras otros muchos participaban en diverso grado de la extensa gama de actividades productivas, mercantiles, de transporte y financieras que conectaban a Barcelona con la mayor de las Antillas. Evidencia mayor de estos vínculos es la masiva presencia de esa alta burguesía catalana entre los accionistas y directivos del ya mencionado Banco Hispano-Colonial.[20] En el *modus operandi* de este grupo resultaría característico la estrecha interrelación de sus negocios con el Estado, al cual aportaban un vital respaldo financiero, obteniendo a cambio importantes concesiones ferroviarias, mineras, de obras infraestructurales, etcétera, todo ello sobre la base de extensas e importantes conexiones políticas. Un elocuente ejemplo lo representa la Compañía Trasatlántica Española, creada en 1881 por Antonio López –ya convertido en marqués de Comillas– en compañía de Calvo, Girona, Arnús, Vinent y otros de sus socios en el Banco Hispano-Colonial, y que tendría a Cuba como un destino fundamental en sus operaciones.[21]

Entre los interesados en el comercio cubano figuraban también algunos otros productores, como los fabricantes de calzado mallorquines, empresarios jaboneros, viticultores, arroceros valencianos, etcétera, que por su pequeña importancia en unos casos o por representar Cuba un cliente menor de sus producciones, ejercían menos influencia sobre la regulación de la vida mercantil de la colonia. Ello no debe conducir a desdeñar, sin embargo, su incidencia circunstancial en algunos momentos conflictivos, como sucederá con los metalúrgicos vascos durante la última década del siglo.

Para otros productores peninsulares Cuba no representaba un mercado, pero sí un importante competidor. Tal era el caso de los azucareros andaluces. Hasta mediados de siglo, España prácticamente no producía azúcar, pero a partir de 1861 se montaron una veintena de fábricas en las provincias de Málaga, Granada y Almería, aprovechando terrenos apropiados para el cultivo de la caña de azúcar. Entre los dueños de estas instalaciones figuraban familias como los Larios, Heredia y Agrela, importantes propietarios territoriales y fabricantes de la región andaluza, poseedores, por ende, de excelentes nexos políticos. Beneficiadas por un régimen arancelario que a partir de 1862 les proporcionó un ventajoso margen –27,80 pts. por cada 100 kg– frente a los azúcares coloniales, las fábricas peninsulares, con una producción total cercana a las 15 mil t, llegarían a satisfacer en 1880 casi un tercio del consumo azucarero español. Utilizando siempre su influencia, los productores andaluces se las ingeniaron para preservar su privilegiada posición mediante el sistema de «conciertos», que les posibilitaba pagar menores impuestos que los azúcares coloniales, cuando el consumo de este producto fue gravado con un derecho «transitorio» en 1872.[22] Bajo este «paraguas» vendrían también a refugiarse los productores de azúcar de remolacha, que emergen a partir de 1882 –entre ese año y 1898 se construyen dieciocho grandes fábricas– entre los cuales figuraban igualmente personalidades bien vinculadas con la política, como Rodrigáñez, sobrino del líder liberal P. Mateo Sagasta, los Sánchez de Toca –con capital de origen cubano– y el propio Francisco Romero Robledo, quien fomentaría una fábrica de azúcar en sus tierras de Antequera.

Una situación de cierto modo semejante presentaba el sector tabacalero. Sometido a régimen de estanco por el Estado, el monopolio tabacalero era ejercido por una compañía arrendataria que usufructuaba la concesión estatal. El acceso del tabaco cubano a la Península dependía de la proporción asignada a Cuba por la Compañía Arrendataria de Tabacos para el abastecimiento de sus fábricas, proporción que estaba, por tanto, sometida al arbitrio de los intereses usufructuarios del monopolio y a la puja de sus restantes proveedores, entre los cuales figuraban otras colonias españolas como Puerto Rico y Filipinas.

Aunque sin constituir propiamente un grupo económico, no pueden pasarse por alto en este análisis los intereses del *establishment* burocrático-militar, de un peso muy notable en la España de la Restauración. La centralización de las funciones estatales que genera el proceso revolucionario burgués español a lo largo del siglo, con la abolición de privilegios locales y estamentales, incrementa paulatinamente el poder y, de cierta manera, la autonomía de la «clase política», creándose una suerte de burguesía burocrática, que alcanza su cenit precisamente en esta época. Ciertamente, muchas de sus personalidades –Cánovas, Moret, Balaguer, Romero Robledo, por mencionar sólo unos pocos– figuran en los consejos de administración de grandes empresas, algunas de las cuales realizan negocios en Cuba. Pero más allá de los intereses particulares que pueden derivarse de estos vínculos, existe el interés común por el «negocio» del Estado, cuya conducción este grupo monopoliza y que constituye la fuente fundamental de su poder. De tal suerte, el interés estatal, ya se exprese en términos de equilibrio presupuestario o en cualquier otro terreno, tiene una cierta lógica propia, presente en la actuación de este grupo. En similar sentido pueden interpretarse las proyecciones de los altos mandos militares. El desempeño de un «destino» en la remota colonia antillana –lo cual vale también para funcionarios civiles– solía tener como compensación suculentos ingresos, que no solamente se derivaban de los emolumentos asignados al cargo. Mas, el disfrute individual de tales prebendas pasaba necesariamente por la preservación del sistema que las hacía posibles, y ello imponía una perspectiva particular del asunto.[23]

La promoción de sus intereses por parte de los diversos grupos que en España se relacionaban con la economía cubana, debió adecuarse a las características propias del régimen sociopolítico de la Restauración. Tras el caos en que desembocó la «Revolución Gloriosa», víctima de sus inconsecuencias y limitaciones, el regreso de la dinastía borbónica en la persona de Alfonso XII fue, ante todo, el retorno a una ansiada estabilidad. La monarquía había sido restaurada para preservar el orden, un orden que consistía en la intangibilidad del régimen socioeconómico y sus formas de propiedad, en un normal funcionamiento político, que hiciese de la España de los pronunciamientos y las sublevaciones cosa del pasado, y en la garantía de la unidad nacional, seriamente amenazada por los movimientos regionalistas y cantonalistas, de los cuales la insurrección cubana fue percibida como una simple prolongación. Dentro de este esquema, la conservación de las colonias —y, en particular, de Cuba— no era sólo materia de prestigio para una monarquía que debía satisfacer a los nostálgicos del «imperio perdido» y reivindicar su lugar en el concierto de las «potencias», sino también un compromiso para con los grupos coloniales que desde la Isla y en la Península desempeñaron tan destacado papel en el movimiento restaurador y, aún más, un recurso hegemónico sobre ciertas capas burguesas que, excluidas del poder, participaban, en cambio, de los beneficios de la explotación colonial.

El sistema político de la Restauración descansaba en el principio de la soberanía compartida por la corona y las cortes, estas últimas en tanto representación de la nación. Como expresión suprema del Estado, la corona debía garantizar el funcionamiento del sistema mediante la alternancia de los dos partidos fundamentales del régimen —el Conservador y el Liberal— en el ejercicio de la gestión gubernativa. Ese «turno», ejercido por partidos que se consideraban expresión de la mayor parte de las opiniones políticas existentes y compartían los valores esenciales del régimen, suponía en realidad la exclusión de cualquier papel político efectivo por parte de la opinión pública. Primero mediante un limitado modelo electoral censatario y, más adelante –tras la aprobación del sufragio universal masculino en 1890– a través de un sistema caciquil que aseguraba la elección de los «representantes» al margen de la voluntad real de los representados: los partidos no llegaban al poder mediante el sufragio, sino que, más bien a la inversa, el ejercicio del poder era la verdadera garantía de una victoria electoral. Lo decisivo era, por tanto, conseguir el favor de la corona, y este solía otorgarse al partido que se hallase en condiciones de asegurar la adhesión de los agrupamientos sociales más influyentes al régimen de la Restauración.[24]

La mecánica de tal sistema alimentaba una notoria tendencia oligárquica, plasmada en la formación de un verdadero «bloque de poder». Al núcleo de grandes propietarios agrarios –viejos y nuevos–, sustento tradicional de la monarquía, se añadirían los elementos de la alta burguesía «de negocios» y los principales «cuadros» políticos y militares, en la gestación de un grupo relativamente cerrado que monopolizaría el ejercicio del poder. La expresión más perceptible de este proceso es el sistemático «ennoblecimiento» de los integrantes del bloque, un procedimiento que, por cierto, también se extiende hasta Cuba. Aceptar el título nobiliario no sólo entrañaba una adhesión a los principios de la monarquía, sino la progresiva asimilación de una ideología aristocrática compartida como valor común por los miembros de aquella minoría selecta. Ello se acompañaba por la confluencia en el terreno de los negocios, ocupando puestos contiguos en las directivas de las más grandes empresas; en las instancias gubernativas, donde se compartían los asientos en las cortes o el Consejo de Ministros; y en los más altos círculos e instituciones de la sociedad; sin que se dejase, por cierto, de compartir las mujeres, pues la endogamia que posibilitaba la interrelación de las familias era otra marcada inclinación dentro de esa élite.[25]

La toma de decisiones políticas en tal contexto –y entre ellas las relativas a Cuba– presenta importantes peculiaridades. Los protagonistas del proceso eran, sobre todo, políticos profesionales y, ocasionalmente, militares en el ejercicio de funciones políticas. Pese a su preeminencia formal, dadas sus funciones legislativas y de control, las cortes no constituían la instancia fundamental del proceso, pues el «encasillamiento» y otros recursos permitían al gobierno configurarlas de acuerdo con sus intereses. El Consejo de Gobierno resultaba, por tanto, el centro fundamental de decisiones, sin que ello suponga olvidar las notables prerrogativas de la corona –convocatoria y disolución de las cortes, nombramiento de senadores, etcétera– y, mediante ella, la influencia que podían ejercer personalidades cercanas a la Casa Real, notoriamente militares del fuste de un Arsenio Martínez Campos o un Camilo Polavieja.

Un mecanismo tan concentrado dejaba las decisiones fundamentales en muy pocas manos. Como, por otra parte, los compromisos electorales de los políticos resultaban bastante tenues, estos gozaban de un margen de libertad relativamente amplio para el manejo de los asuntos públicos. Se conformaba así un marco extraordinariamente propicio para la influencia de los vínculos personales en la toma de decisiones. Sin embargo, los políticos tampoco podían permanecer totalmente ajenos a los movimientos de opinión si lo que pretendían era garantizar el equilibrio del sistema.

Y ese era precisamente el objetivo esencial del régimen de la Restauración, empeñado en imprimir dinamismo a la economía y modernizar la vida española, sin producir bruscas transformaciones que pudiesen dañar las bases sociales en que se sustentaba. La formulación de su política se realizaba, por tanto, mediante una sucesión casi infinita de conciliaciones y compromisos entre intereses divergentes. El problema cubano no resultaría una excepción dentro de esta práctica; objeto de invariables forcejeos, las decisiones respecto a Cuba rara vez conseguirían rebasar el plano remedial.

En los límites del proteccionismo

Estados Unidos era ya, en las décadas finales del siglo XIX, el principal socio comercial de Cuba. Pero como ese intercambio se concentraba de forma abrumadora en las compras norteamericanas de productos cubanos –principalmente azúcar–, los intereses comerciales estadounidenses tenían un perfil y unas proyecciones bien diferentes a las observadas en el caso español.

En el sector azucarero, los intereses se presentan claramente divididos en dos vertientes: los compradores de azúcar cubano de un lado y, de otro, sus competidores, los productores nacionales de azúcar. Aun entre los compradores, debe hacerse otra distinción fundamental: los refinadores, para los cuales el azúcar cubano era una materia prima, y los comerciantes, importadores de un azúcar destinado directamente al consumo, así como de mieles finales. La relación entre estos últimos grupos estuvo marcada, como resulta obvio, por el signo de la competencia, y en ella los refinadores no tardaron en imponerse. Favorecidos por la poderosa tendencia proteccionista que se desarrolla desde los años de la Guerra Civil, los refinadores obtuvieron un tratamiento arancelario para el azúcar enteramente favorable a sus intereses, de modo tal que la importación de azúcar de elevada graduación, apta para el consumo directo, experimentó una acusada declinación. Como, por otra parte, el sector refinador ganó notablemente en coherencia y poderío, gracias a la acelerada centralización de capitales que conduciría a la constitución, en 1888, de la Sugar Refineries Company –el llamado trust Havemeyer–, a los efectos del comercio cubano los intereses importadores estadounidenses estarían representados principalmente por ese trust.[26]

La producción de azúcar en Estados Unidos, a mediados del siglo XIX, se encontraba asentada casi exclusivamente en el estado de Louisiana y satisfacía una proporción relativamente pequeña del consumo nacional. Bajo los efectos de la Guerra Civil, esa producción se redujo bruscamente y no conseguiría recuperar los niveles productivos –bastante irregulares– del período *ante bellum* hasta mediados de la década de 1880. Se trataba, por tanto, de un grupo minoritario, poderoso sin duda a escala local, pero cuya influencia descansaba en buena medida en su integración con los intereses más generales de la agricultura sureña. La posición de los productores de azúcar de caña se vería reforzada, de cierto modo, por el desarrollo de una industria azucarera en Hawai, enteramente en manos norteamericanas, cuyo destino era el mercado de la costa oeste de Norteamérica. El peculiar status de Hawai respecto a Estados Unidos, impide considerarlo propiamente como un productor doméstico de azúcar, al menos hasta la anexión formal de ese archipiélago en 1898, pero los intereses allí radicados actuarían, frecuentemente, en concertación con los restantes productores azucareros norteamericanos en lo relativo al comercio con Cuba.

El gran viraje en las características e influencia de este sector de productores domésticos lo constituye la aparición de la industria remolachera. Estados Unidos sólo contaba con una fábrica de azúcar de remolacha, instalada en California, hasta que en 1888, C. Spreckels, prominente azucarero de Hawai, construyó una segunda factoría en ese propio estado. Casi coincidentemente, algunos elementos desgajados del trust refinador iniciaron el fomento del cultivo de la remolacha y la producción de azúcar en Nebraska, Kansas y algunos otros estados del Medio Oeste. Apoyados en su condición de industria naciente y por sus vínculos con comunidades de agricultores que les proveían de materia prima, los remolacheros conseguirían las condiciones propicias para crecer de un modo notable –en producción e influencia– hacia los años finales del siglo.

En el tabaco, segundo renglón de las compras norteamericanas en Cuba, Estados Unidos sí contaba con una importante producción doméstica. Asentada principalmente en los estados de Virginia, Carolina del Norte, Maryland y Kentucky y, en menor medida, en Ohio, Pennsylvania y algunos estados de la Nueva Inglaterra, el tabaco estadounidense satisfacía la mayor parte de la demanda nacional y proporcionaba también grandes volúmenes para la exportación. Gravada con elevados impuestos de consumo, esta producción era –junto a la de alcoholes– la mayor fuente interna de ingresos para el fisco federal, razón por la cual el gobierno también se veía obligado a imponer muy elevados aranceles al tabaco de importación.

Los participantes en el comercio tabacalero cubano eran algunas firmas importadoras de puros habanos, que cubrían las exigencias del limitado segmento de consumidores capaz de pagar los prohibitivos precios que los aranceles vigentes imponían al torcido y, sobre todo, los fabricantes de cigarros que importaban considerables cantidades de hoja cubana para, mediante la mezcla o utilización como capa, mejorar la calidad de su producto. La influencia que estos importadores podían ejercer en materia arancelaria resultaba muy inferior a la de sus homólogos en el sector del azúcar, y menor aún si se la compara con la de sus competidores locales, agrupados en poderosas asociaciones de cultivadores de tabaco.

Para los productores norteamericanos, Cuba era un mercado mucho más potencial que efectivo. Si se exceptúa a los fabricantes de grasas animales y ciertos productos cárnicos, a los cultivadores de patatas, a la industria metalmecánica y otros proveedores que no enfrentaban una sustancial competencia española, el grueso de la industria y la agricultura estadounidense –harineros, textileros y fabricantes de otros bienes de consumo– veía seriamente obstruidas sus posibilidades de acceso al principal mercado antillano por el valladar que representaban los aranceles coloniales. Estos grupos, al igual que numerosas firmas comerciales y empresas navieras de New York y otras ciudades de la costa atlántica que traficaban con Cuba, estaban desde luego ansiosos por expandir sus ventas y abrir el mercado antillano pero, al igual que otras fuerzas agrícolas e industriales norteamericanas, tendrían que materializar sus deseos en medio de las condiciones de singular complejidad que presenta la evolución sociopolítica de Estados Unidos durante las décadas finales del siglo.

En la Norteamérica finisecular, la depresión constituye el signo de los tiempos. Con invariable regularidad –1873, 1882, 1893–, la economía estadounidense sufrió los embates de crisis coyunturales, con una violencia sin precedentes. Aunque, salvo en los años de 1893 a 1897, estas recesiones no se vieron acompañadas por un contracción productiva, la producción creciente debía realizarse a costa de una casi constante reducción de los precios, en medio de una demoledora competencia. Las crisis venían a constituirse así en sepultureras de los productores menos eficientes; solamente en una de ellas, la de 1882 a 1884, las quiebras alcanzaron un ritmo promedio de doce mil firmas anuales.[27] Bajo el imperio de la misma lógica, la producción tendía a concentrarse con rapidez, creándose enormes talleres, donde cientos de miles de antiguos artesanos se veían condenados a las rutinarias operaciones de la producción en serie, bajo una agobiante supervisión, condiciones que hacían de las masas obreras un foco permanente de agitación. La centralización de capitales, iniciada en el sector ferroviario, se extendería a las finanzas y a los principales renglones de la producción, proyectando hacia el proscenio de la vida social a los grandes magnates de la *guilded age*. El ciudadano común, que veía disolverse las pequeñas comunidades que habían dado marco y sustancia a su existencia cotidiana, apenas alcanzaba a comprender los factores de estos cambios que transformaban su vida y se movía desorientado en una sociedad que parecía carecer de todo orden.[28]

Atrapados por la tendencia depresiva, los agricultores intentaban sostener su ingreso incrementando una producción que realizaban cada vez a un menor precio. En el sur, con sus pequeñas fincas hipotecadas y vetustas técnicas de cultivo, así como en las praderas del Medio Oeste, donde la tecnificación inclinaba progresivamente la balanza en favor de las grandes explotaciones comerciales, los campesinos se movilizaron en busca de soluciones que los sacaran de la miseria. El enemigo parecía estar en las grandes ciudades, sede de los bancos, cuyos agentes exigían con implacable puntualidad el pago de las deudas; en las empresas ferroviarias, que arrebataban con sus altas tarifas una parte sustancial de las ganancias; en las grandes compañías, que ejercían un verdadero monopolio sobre los almacenes y las industrias procesadoras. La salida a tan crítica situación debía proveerla un gobierno capaz de regular el servicio ferroviario a bajo costo, construir almacenes públicos, permitir la circulación de la plata –para que la oferta monetaria aumentada proporcionase dinero barato con el cual satisfacer a los acreedores– y que, sobre todo, abriese nuevos mercados exteriores donde la producción sobrante pudiera realizarse, conservando los precios en un nivel remunerativo. Pero los intereses de los agricultores no siempre armonizaban. Si los algodoneros del sur propugnaban bajos aranceles para expandir el comercio exterior, los laneros del norte exigían tarifas protectoras que los resguardasen de la competencia de los tejidos extranjeros. En cualquier caso, su malestar era lo suficientemente profundo como para animar poderosos movimientos que, desde el *Grange* y las Alianzas campesinas hasta el populismo, amenazaban durante estos años la estabilidad de la sociedad norteamericana y la hegemonía del gran capital de las ciudades.[29]

En la industria, la depresión provocó reacciones diferenciadas. La superproducción constituía un serio problema para los productores de bienes de consumo no duraderos o intermedios, cuya conservación resultaba difícil o demasiado costosa, pero también afectaba a los fabricantes de medios de producción –fertilizantes, maquinaria, equipos eléctricos y otros–, imponiéndoles una inmisericorde competencia. La tendencia generalizada fue la de enfrentar la caída de los precios con el incremento de la productividad, siguiendo la famosa fórmula del magnate del acero Andrew Carnegie, quien aseguraba que era menos costoso mantener la maquinaria funcionando aunque no hubiese mercados a la vista, que desmantelar las fábricas. Tal camino era el de la competencia, y estaba jalonado de víctimas. Por ello, simultáneamente, se desarrolló la tendencia hacia los acuerdos comerciales, las fusiones, los trusts, y otras formas de integración que permitiesen controlar los precios mediante la monopolización de sectores cada vez más extensos del mercado. Los grandes consorcios emergentes de ese proceso de centralización se orientaron, desde luego, hacia los mercados exteriores. Apoyados en su notable productividad o en el control de patentes de invenciones, compañías como la Standard Oil, la United States Steel, la Bell, Eastman Kodak, McCormick, Singer y otras, lograron abrirse paso en el mercado internacional, demostrando su superior competitividad. Gracias al empleo de hábiles y novedosas técnicas de mercadeo, estas firmas no requerían de un especial apoyo gubernamental para expandir sus ventas, ni tampoco, obviamente, de tarifas protectoras para controlar el mercado doméstico, por lo cual su interés en política comercial era menos definido y se orientaba, en todo caso, hacia un régimen que posibilitase la mayor fluidez de las operaciones mercantiles.[30]

Muy diferente era, sin embargo, la situación de la mayoría de la industria norteamericana, todavía compuesta por miles de medianas y pequeñas firmas que difícilmente podían soportar la competencia europea. En clara actitud defensiva, esta burguesía industrial se mantuvo apegada al proteccionismo como fórmula para preservar su control sobre el mercado nacional. Pero como dicha postura no entrañaba solución alguna al problema de la superproducción, un número creciente de estos empresarios comenzó a inclinarse hacia una actitud expansiva, demandando del gobierno la adopción de una política comercial activa que les abriese nuevos mercados.[31] Tal era el caso, por ejemplo, de la industria textil fomentada en los estados sureños tras la Guerra Civil, que colocaba buena parte de sus géneros inferiores en mercados de Asia y Latinoamérica, así como el de otros fabricantes que en 1895 fundarían la National Association of Manufacturers, corporación que no tardaría en convertirse en un influyente grupo de presión en favor de la apertura de los mercados exteriores.[32]

La expansión comercial devino así un singular punto de coincidencia entre intereses agrarios e industriales, contrapuestos en otros asuntos como el monetario, ya que los grupos industriales y comerciales de las grandes ciudades, por sus vínculos con el mercado internacional de capitales, se mantenían apegados al patrón oro, de acuerdo al cual realizaban sus principales operaciones financieras. El tema de la expansión comercial tenía como eje la política arancelaria, materia de un viejo debate, cuyas raíces se remontaban hasta Hamilton y su famoso *Informe sobre las Manufacturas*. Esta controversia había permanecido solapada por mucho tiempo en el conjunto de las contradicciones entre el sur esclavista y exportador y el norte industrial. Con la Guerra Civil y la victoria norteña, el proteccionismo, en su versión más desaforada, se había impuesto como doctrina oficial. Exponentes del nacionalismo económico, los proteccionistas proclamaban que la industria era indispensable para la preservación de la independencia, por lo cual resultaba una obligación esencial del Estado promover el desarrollo económico mediante una política de altos aranceles. El crecimiento de la industria, argumentaba esta tendencia, redundaría en beneficio de todos los ciudadanos, promoviendo la armonía social, pues proporcionaría productos cada vez más baratos a los consumidores, al mismo tiempo que aumentaría el empleo y sostendría salarios elevados, asegurando de esa forma a los agricultores un mercado mucho más confiable que el mercado exterior. Con clara voluntad hegemónica, la burguesía industrial proteccionista presentaba al arancel como el escudo protector de los trabajadores, campesinos y otros pequeños productores, frente a la persistente amenaza de las baratas mercaderías europeas, especialmente las británicas.

Dadas las circunstancias, era imposible encontrar la formulación de una postura librecambista que de manera desembozada enfrentase semejante discurso. Los contradictores del proteccionismo se presentaban como «reduccionistas», partidarios de un arancel que respondiese, ante todo, a intereses fiscales. En su argumentación acusaban al proteccionismo de quebrar la natural armonía entre los mercados doméstico e internacional, de encarecer artificialmente el costo de la vida, de descargar una injusta masa de impuestos sobre las espaldas de los trabajadores para favorecer las ganancias de las grandes empresas y, en esta misma línea, de auspiciar los monopolios mediante una intervención del Estado, que siempre terminaba por favorecer a ciertos grupos en detrimento de otros. Al asegurar que la prosperidad de la agricultura dependía de la elevación de sus exportaciones, los reduccionistas se apoyaban en la realidad de que el mercado doméstico no podía absorber la totalidad de la producción agraria, pero pasaban por alto las notables diferencias internas de este sector en beneficio de los grandes intereses exportadores agrícolas y pecuarios, así como de las poderosas firmas comerciales de los puertos del este.[33]

En una vida política de acentuado parroquialismo, como la que caracteriza a la Norteamérica finisecular, la cuestión arancelaria constituyó uno de los escasos temas capaces de movilizar a la opinión a todo lo largo del país y cimentar las débiles lealtades partidistas. Republicanos y demócratas hicieron del asunto un punto esencial en sus programas, elevándolo a la categoría de elemento decisivo en varias de sus confrontaciones electorales. En esto influyó también, en buena medida, la reforma del Servicio Civil aprobada en 1883, la cual desplazó progresivamente al procedimiento de reparto de cargos públicos –*spoil system*– como fuente de financiamiento político, con lo cual el desarrollo de las campañas electorales descansó cada vez más en las contribuciones secretas de las grandes empresas, para las que el arancel resultaba un factor de notable incidencia en la marcha de sus negocios.

Caracterizado como el partido de la Unión, el Republicano descansaba en el inmenso prestigio que le reportara su victoria en la Guerra Civil y, consecuente con su postura nacionalista, se presentaba como el portaestandarte del proteccionismo. En el primer año de la guerra, sus legisladores habían aprobado la tarifa Morrill, que revirtió la tendencia descendente de los derechos aduaneros, y posteriormente, apoyados en las necesidades financieras del esfuerzo militar, continuaron empujando los aranceles hasta elevar sus tasas impositivas a un 250%, para satisfacción de los intereses industriales de los estados del nordeste, que constituían el soporte fundamental del partido.[34] En la medida en que los ecos de la guerra se apagaban y los problemas derivados de ella pasaban a segundo plano, la política republicana fue haciendo de la cuestión arancelaria el centro de sus campañas. En el marco de una propaganda que exaltaba las virtudes domésticas y el patriotismo, los republicanos defendían el arancel protector como fuente de la prosperidad general. Aunque el proteccionismo era mostrado como una panacea para trabajadores y campesinos, en realidad la ardorosa defensa de tal política constituía un claro reflejo de la creciente influencia de los grandes intereses industriales dentro del Partido Republicano, prácticamente convertido en una maquinaria aseguradora de beneficios para la comunidad de negocios.[35]

La política republicana se beneficiaba de la debilidad del Partido Demócrata, cuya posición en favor de la autonomía de los estados le había granjeado cierta fama de deslealtad durante el conflicto secesionista. Con sus principales raíces en las regiones agrarias, los demócratas disponían de una amplia base social, pero con intereses más heterogéneos y movedizos. Sin negar la utilidad del arancel como recurso protector, el Partido Demócrata adoptó una posición reduccionista, poniendo énfasis en los trastornos que ocasionaban los superávits presupuestarios generados por las elevadas recaudaciones aduanales, pues buena parte de esos recursos se dedicaba a la amortización de la deuda pública, incrementando la presión deflacionaria que tanto inquietaba a los agricultores. Receptivos ante las demandas de los granjeros en favor de la ampliación de los mercados exteriores, los demócratas harían de su reduccionismo la base de una campaña en favor de la expansión comercial. En la fundamentación de esta tesis desempeñó un destacado papel David Wells, un experto economista, con notable influencia entre importantes legisladores demócratas como William Morrison, Abram Hewitt y Thomas Bayard. Defensor del desarrollo tecnológico, Wells apuntaba que este conduciría irreversiblemente a la superproducción, cuyos consustanciales problemas sociales únicamente podrían evitarse mediante la apertura de mercados exteriores. Para conseguir esto se hacía necesaria una reducción de aranceles, tal como reclamaban los agricultores, sólo que los demócratas no reivindicarían la disminución generalizada de los derechos aduanales, sino el otorgamiento de franquicias a las importaciones de materias primas, mecanismo que abarataría el costo de la producción industrial y los precios a los consumidores, sin afectar los salarios de los trabajadores ni los ingresos de los industriales. Con tales postulados, el Partido Demócrata, además de capitalizar las demandas expansionistas de los medios agrarios, servía a ciertos intereses industriales –sobre todo metalúrgicos– que requerían cantidades crecientes de materias primas, así como a los influyentes grupos comerciales de algunas ciudades como New York.

El avance de los demócratas en las elecciones legislativas a finales de la década de 1870, hasta conseguir el control de ambas cámaras en 1879, llevó a ciertos medios republicanos a la reconsideración de sus posiciones en materia arancelaria. La figura capital de esta revisión fue James G. Blaine, un carismático líder partidista, senador por el nororiental estado de Maine, que disponía de excelentes conexiones en los círculos de negocios.[36] Preocupado por la pérdida de influencia de los republicanos sobre las masas campesinas, Blaine consideraba indispensable plasmar una fórmula que satisficiese los intereses expansionistas de esa clase, sin enajenarse a la burguesía industrial y otros partidarios del proteccionismo. La fórmula se encontró en un procedimiento de política comercial ya practicado: los tratados de reciprocidad. Mediante estos instrumentos resultaba posible, sin abandonar el arancel proteccionista, efectuar una selectiva reducción de derechos a mercancías de países que, a cambio, estuviesen dispuestos a abrir sus mercados a la producción estadounidense. Aunque la primera experiencia de este tipo de convenio, el tratado firmado con Canadá en 1854, terminó siendo repudiada por los agricultores, otra experiencia más reciente, el tratado hawaiano de 1875, indicaba las pautas a seguir en el empleo de este recurso. Se trataba de conveniar, principalmente, con aquellos países que proporcionaban materia prima a la industria norteamericana y cuyos mercados podían absorber tanto los productos de esta, como los de la agricultura. En el marco de esa estrategia, los países de América Latina y Asia se perfilaban como los objetivos más apropiados para la expansión comercial, y Cuba, dadas las características de su intercambio con Estados Unidos, constituiría una prueba casi paradigmática de sus posibilidades.[37]

La reciprocidad se afirmaba como un recurso político de excepcional utilidad. Podía satisfacer las aspiraciones expansionistas de los agricultores y ofrecer a los industriales materias primas baratas, sin renunciar al escudo proteccionista, arrebatando de tal forma algunos de sus principales argumentos a la plataforma demócrata, en lo relativo a la cuestión arancelaria. Incluso, posibilitaba flanquear hasta cierto punto la enojosa cuestión monetaria –en la que los republicanos no estaban dispuestos a contentar las demandas bimetalistas– pues, como Blaine proclamaría con estridencia, la reciprocidad permitiría ganar a Gran Bretaña la supremacía comercial aun dentro del sistema del patrón oro. Personalidades republicanas, entre las que se contaban el congresista John Kasson o John W. Foster y el propio presidente Garfield, no tardaron en advertir las ventajas políticas de la nueva fórmula, pero esta enfrentó la incomprensión y el rechazo de un poderoso e influyente grupo de legisladores en el seno del partido, como los congresistas William McKinley, Joseph Cannon y Thomas B. Reed, y los senadores John Sherman y Nelson Aldrich. Representantes, en algunos casos, de estados que –como Ohio– estaban en plena fase de desarrollo industrial o poseían empresas que derivaban importantes ganancias del resguardo arancelario, estas personalidades repudiarían la reciprocidad por considerarla una intolerable concesión al reduccionismo demócrata, capaz de provocar graves perjuicios a la economía nacional.

Dadas las características funcionales del sistema político norteamericano en esta época, tal oposición demostraría ser un formidable obstáculo. El poder ejecutivo experimenta una visible declinación durante el último cuarto del siglo XIX, ausente de guerras o situaciones de emergencia que exigiesen la concentración de los poderes públicos. Los presidentes, que no ejercían un liderazgo efectivo sobre sus partidos y las legislaturas, se situaron en una posición defensiva y dejaron las manos libres a un «gobierno congresional». Pero ni el propio Congreso, donde las diferencias partidistas resultaban formales y las lealtades sumamente fluidas, conseguiría actuar como una efectiva maquinaria para la formulación de políticas. Los legisladores empleaban su talento en vacuos torneos oratorios o se dedicaban al tráfico de influencias en beneficio de los intereses que financiaban sus campañas, bloqueándose mutuamente las iniciativas y postergando hasta lo absurdo la toma de decisiones sobre asuntos de verdadera trascendencia nacional. Las determinaciones en materia arancelaria, indispensables para implementar cualquier política comercial, quedarían así al arbitrio de frecuentes vaivenes de opinión o, una vez adoptadas, resultarían castradas por innumerables enmiendas. Las aspiraciones comerciales respecto a Cuba, debieron promoverse, por tanto, en circunstancias de considerable incertidumbre, que habrían de complicar y dilatar el proceso de su materialización.

Notas

[1] Para un examen del alcance social de este problema, *cfr*. Carlos Marx: «Discurso sobre el problema del intercambio», *Escritos económicos varios*, México, Grijalbo, 1962.

[2] Entre las principales firmas de comerciantes banqueros figuraban Suárez, Girbal y Cía., en Pinar del Río; Bea, Bellido y Cía., en Matanzas; Castaño e Intriago, en Cienfuegos; Thode, Meyer y Cía., en Trinidad; J. Bueno y Cía., en Santiago de Cuba. Como cabe imaginar, las casas más poderosas se encontraban en La Habana, como Manuel Calvo y Cía., N. Gelats, J.A. Bances, H. Upmann y Cía., entre otras. *Cfr*. Susan Fernández: «Banking, Credit and Colonial Finance in Cuba». (Tesis doctoral, University of Florida, Gainesville, 1987.)

[3] Tales fueron los casos de las familias Samá, Zulueta y Sánchez de Toca o de descendientes de la vieja oligarquía, como el conde de Peñalver o el marqués de Casa Montalvo. Para un análisis general de este fenómeno, *cfr*. A. Bahamonde y J. Cayuela: *Hacer las Américas*, Madrid, Alianza Editorial, 1992.

[4] Un sucinto y preciso panorama de las características de la sociedad cubana en esta etapa lo ofrece María del Carmen Barcia en su trabajo «El reagrupamiento social y político. Sus proyecciones (1878–1895)», capítulo IV de *Las luchas por la independencia nacional y las transformaciones estructurales* (La Habana, Editora Política, 1996), segundo volumen de la *Historia de Cuba*, elaborada por el Instituto de Historia.

[5] *Cfr. Boletín de la Junta General de Comercio de La Habana*, no. 28, 30 de noviembre de 1881, p. 5. Este tipo de asociación fue creada también en Santiago de Cuba, Cienfuegos y otras plazas comerciales de la Isla.

[6] *El Siglo*, La Habana, 4 de noviembre de 1863, p. 2.

[7] *Cfr. Información sobre reformas en Cuba y Puerto Rico*, New York, Hallet & Breen, 1867, pp. 233 y ss.

[8] Para oponerse a los amagos abolicionistas durante los años de la «Revolución Gloriosa», los propietarios esclavistas de Cuba promovieron la constitución en España de los Centros Hispano-Ultramarinos. Al primero de estos, creado en Madrid, en 1871, bajo la presidencia del marqués de Manzanedo, seguirían otros en Barcelona, Santander, Palma de Mallorca y otras ciudades, integrados, en su mayoría, por comerciantes e industriales proteccionistas fuertemente involucrados en el mercado cubano. La movilización de esos Centros resultó decisiva para frustrar el proyecto

abolicionista para Puerto Rico, elaborado por el gabinete de Ruiz Zorrilla a finales de 1872, que consideraban un preámbulo a la temida abolición en Cuba. *Cfr.* J. Maluquer de Motes: «El problema de la esclavitud y la revolución de 1868», *Hispania*, 1971, t. XXXI, pp. 55-76.

[9] Con la liquidación de esta firma y el traslado de sus titulares a España, la poderosa casa de Manuel Calvo y Cía. quedó como gerente de este préstamo. *Cfr.* E. Pardiñas: *Memoria sobre la creación, servicios prestados y ulteriores trabajos de la Excma. Junta de la Deuda de la Isla de Cuba*, La Habana, Imp. del Gobierno y Capitanía General, 1885, p. 6.

[10] La amenaza norteamericana se materializó en las presiones que sucedieron a la instrucción 266, dictada por el secretario de Estado Hamilton Fish en noviembre de 1875, donde se advertía que de no terminar España con la situación existente en Cuba, los Estados Unidos se verían obligados a intervenir. Un penetrante análisis de esta singular coyuntura puede encontrarse en Javier Rubio: *La cuestión de Cuba y las relaciones con Estados Unidos durante el reinado de Alfonso XII*, Madrid, Biblioteca Diplomática Española, 1995, cap. VIII.

[11] Antonio López fue designado presidente del Banco, con Manuel Girona como vicepresidente y el cubano Pedro de Sotolongo –de la extinta firma Samá, Sotolongo y Cía.– como gerente general. Sobre la fecha de constitución de este banco existen contradicciones, pues mientras Francesc Cabana, en *Bancs y banquers a Catalunya* (Barcelona, Edicions 62, 1872) afirma que fue el 30 de septiembre, Pedro Voltes y Bou en *La banca barcelonesa de 1840 a 1920* (Barcelona, Ayuntamiento, 1963) asegura que fue el mismo día, pero del mes de octubre. Un excelente análisis del empréstito y primeras actividades del Hispano-Colonial lo ofrece Martín Rodrigo y Ahalarilla en su *Antonio López y López (1817-1883), primer marqués de Comillas. Aportación a la historia de la empresa.* (Memoria de doctorado presentada en la Universidad Autónoma de Barcelona, 1995.)

[12] El delegado designado por el Banco para la supervisión de las aduanas fue Mariano Cancio Villamil, un experimentado funcionario que ya se había desempeñado como intendente de Hacienda en Cuba. *Cfr.*: «Expediente sobre el empréstito de Cuba en lo relativo a las relaciones de la Sociedad concesionaria con el Gobierno Supremo», Archivo Histórico Nacional: *Ultramar*, leg. 806, exp. 39.

[13] Nacido en Vizcaya, en 1817, Manuel Calvo Aguirre se trasladó a Cuba siendo todavía un adolescente. En la Isla se dedicó a los trajines comerciales, en virtud de los cuales trabó una estrecha relación con Antonio López y su hermano Claudio, cuando estos iniciaban sus empresas mercantiles en Santiago de Cuba; junto a ellos fundó una empresa naviera. Ya con casa comercial constituida en La Habana, Calvo se dedicó al comercio tabacalero, creando una línea de cabotaje para el transporte del tabaco desde Vueltabajo. Durante la Guerra de los Diez Años fue particularmente activo

como representante en Madrid de los intereses de los peninsulares integristas de Cuba y, aunque como regla gustaba de mover sus influencias tras bambalinas, devino una prominente personalidad en el mundo de los negocios y la política. Fue el representante de los inversionistas insulares en la concertación del empréstito de 1876, pero a la larga mutaría su posición para convertirse en el representante de los intereses del Banco Hispano-Colonial en la Isla. Muy vinculado a los López, su firma comercial Manuel Calvo y Cía., sería también la representante en Cuba de la Compañía Trasatlántica Española. Un estudio exhaustivo de esta figura, así como de las actividades del grupo de presión financiero peninsular, lo constituye la monografía –aún inédita– de María del Carmen Barcia «Élites y grupos de presión, Cuba 1878-1898».

[14] Para una presentación más extensa y analítica del programa librecambista, *cfr.* Antón Costas Comesañas: *El apogeo del liberalismo en la Gloriosa*, Madrid, Siglo XXI, 1988, pp. 34-47.

[15] Elena Hernández Sandoica: «Polémica arancelaria y cuestión colonial en la crisis de crecimiento del capital nacional. España, 1868-1900», *Estudios de Historia Social*, nos. 22-23, julio-diciembre de 1982, pp. 281-287.

[16] P. Alzola y Minondo: *Relaciones comerciales entre la Península y las Antillas [...]*. Madrid, Imp. de la viuda de Minuesa, 1895, pp. 88-89 y Z. Espejo: «El proteccionismo y la importación de cereales», *Conferencias agrícolas de la provincia de Madrid*, Madrid, 1879, t. III, pp. 548-583.

[17] Los trigueros actuaban, además, a través de las Cámaras de Comercio de las principales ciudades de la región productora castellana, como Valladolid y otras asociaciones de agricultores. *Cfr.* José Varela Ortega: *Los amigos políticos. Partidos, elecciones y caciquismo en la Restauración, 1875-1900,* Madrid, Alianza Editorial, 1977, especialmente pp. 271-283.

[18] Las contradicciones de intereses entre industriales algodoneros y laneros, por una parte, y las diferentes concepciones acerca de la política proteccionista, dieron lugar a diversos movimientos corporativos. En 1876, Bosch encabezaría una escisión, constituyendo el Fomento de la Producción Española, mientras que los remanentes del Fomento original se fusionarían con el Instituto Industrial de Cataluña, tres años después, para dar lugar al Instituto de Fomento del Trabajo Nacional. Finalmente, en 1889, se produciría la definitiva integración de estas fuerzas en una sola corporación: el Fomento del Trabajo Nacional. La obra clásica sobre estas corporaciones es la de Guillermo Graell: *Historia del Fomento del Trabajo Nacional* (Barcelona, Imp. de la viuda de Tassó, 1911); una exposición sucinta de la evolución corporativa de la burguesía catalana puede encontrarse en J. Vicens Vives: *Cataluña en el siglo XIX*, Madrid, Rialp, 1961, pp. 201-207.

[19] Durante el segundo tercio del siglo XIX, los catalanes alcanzan una posición predominante en el comercio interior de Cuba, y su influencia en este sector continuaría siendo muy notable durante el resto de esa centuria.

Cfr. J. Maluquer de Motes: «La formación del mercado interior en las condiciones coloniales: la inmigración y el comercio catalán en las Antillas españolas durante el siglo XIX», *Santiago*, no. 69, 1988.

[20] En este sentido, resulta particularmente ilustrativo el cuadro 4 que presenta Miquel Izard en su ya citada *Manufactureros, industriales y revolucionarios*, obra en la cual puede encontrarse abundante información sobre los nexos cubanos con la burguesía catalana durante la década de 1870.

[21] Para un análisis de las actividades de la Trasatlántica en sus relaciones con el Estado español y Cuba, *cfr.*, de Elena Hernández Sandoica: «La navegación a Ultramar y la acción del Estado: España, siglo XIX», *Estudios de Historia Social*, nos. 44-47, 1988 y «El transporte por mar y la acción del Estado en la España del siglo XIX: Cuba y Filipinas en la concurrencia naviera por la subvención oficial», *Hispania*, no. 167, 1987.

[22] Los derechos fijados eran de 5,50 pts. por cada 100 kg al azúcar crudo y de 8,50 al refino. Los conciertos permitían pagar el impuesto sobre la base de un estimado de la producción total a realizar, el cual usualmente era bastante inferior a la producción efectiva. *Cfr.* Manuel Martín Rodríguez: *Azúcar y descolonización*, Granada, 1982, pp. 86-87 y «El azúcar y la política colonial española», ponencia presentada por el mismo autor al Seminario «Antecedentes y consecuencias económicas del 98», Valladolid, 1995.

[23] El problema de la relativa autonomía de la «clase política» en la Restauración es abordado por Varela Ortega en su ya citado *Los amigos políticos...* –especialmente en las páginas 206-215–, aunque sus conclusiones resultan en algunos casos demasiado absolutas. Una aproximación al fenómeno militar puede encontrarse en Manuel Espadas Burgos: «El factor ultramarino en la formación de la mentalidad militar española», *Estudios de Historia Social*, no. I/IV, 1988, pp. 311-326.

[24] Miguel Artola: «El sistema político de la Restauración», en: M. Artola, G. Tortella y otros: *La España de la Restauración*, Madrid, Siglo XXI, 1985 y José María Serrano Sanz: *El viraje...*, ed. cit., pp. 133-135.

[25] Un excelente análisis de este proceso lo presenta M. Tuñón de Lara: «La burguesía y la formación del bloque de poder oligárquico: 1875–1914», *Estudios sobre el siglo XIX español*, Madrid, Siglo XXI, 1874.

[26] El estudio más completo sobre la formación y actividades del trust azucarero es el de A.S. Eichner: *The Emergence of Oligopoly*, Westport, Greenwood Press, 1978.

[27] W. La Feber: *The New Empire*, London, Cornell University Press, 1963, p. 8.

[28] Una excelente caracterización de estas circunstancias puede encontrarse en Robert H. Wiebe: *The Search for Order*, New York, Hill and Wang, 1985, cap. 2.

[29] W. A. Williams, en *The Roots of the Modern American Empire* (New York, Random House, 1969) ofrece un amplio y documentado estudio del papel de los intereses agrarios en la fundamentación de la expansión norteamericana a finales del siglo XIX.

[30] B. A. Baack y E. J. Ray: «The Political Economy of Tariff Policy: A Case Study of the United States», *Explorations in Economic History*, no. 20, 1983, p. 83.

[31] William H. Becker: *The Dynamics of Business-Government Relations. Industry & Exports 1893-1921*, Chicago, University of Chicago Press, 1982, pp. IX-X.

[32] Sobre esta corporación de industriales y sus primeras actividades, *cfr*. Martin J. Sklar: «The N.A.M. and the Foreign Markets on the Eve of the Spanish-American War», *Science and Society*, no. 23, 1959, p. 133 y ss.

[33] Tom Terrill: *The Tariff, Politics and American Foreign Policy*, Westport, Greenwood, 1973, pp. 54-57.

[34] W. La Feber: *The American Search for Oportunity, 1865-1913*. (Volumen II de la *Cambridge History of American Foreign Relations*), New York, Cambridge University Press, 1993, p. 4.

[35] Expresión de esa realidad lo sería la presencia de importantes hombres de negocio detrás de cada uno de los presidentes republicanos de esta época, como Amasa Jones en el caso del presidente Garfield, el magnate metalúrgico Wharton Barker tras Benjamin Harrison y el connotado Mark Hanna como factótum de la administración McKinley. Un estudio detallado de la política proteccionista republicana lo ofrece C. A. Stern: *Protectionist Republicanism. Republican Tariff Policy in the McKinley Period*, Ann Arbor, 1971.

[36] Nacido en Pennsylvania, en 1830, Blaine había tenido una rápida y brillante carrera como congresista, llegando a ser *speaker* de la Cámara. Como senador, había encabezado la fracción republicana que logró derrotar al cacique político newyorkino Roscoe Conkling, en el debate sobre el sistema de reparto de cargos públicos. Muy sensible a los intereses económicos e inversionista él mismo en la industria y los ferrocarriles, Blaine mantenía estrechas relaciones con magnates industriales, como Andrew Carnegie, con comerciantes y navieros que —como W. R. Grace y John Roach— operaban en América Latina, así como con los grandes empresarios agroindustriales, llegando a emparentar con Cyrus McCormick, por vía del casamiento de sus respectivos hijos.

[37] Para el papel de Blaine en la instrumentación de la reciprocidad como fórmula de expansión comercial, *cfr*. W. A. Williams: ob. cit. y Tom Terrill: ob. cit., pp. 41-43.

CAPÍTULO 3

De las reformas a los paliativos

El Pacto del Zanjón (1878) marcó un punto de declive en las tendencias independentistas dentro de la sociedad cubana, para dar paso a la transitoria hegemonía de fuerzas políticas que consideraban factible la modernización del país, integrado o al amparo, del Estado español. Dicho proceso debería concretarse mediante la «reforma» del régimen colonial, un concepto ambiguo que adquiría muy diversa connotación según los intereses de los grupos, sectores y clases que, tanto en Cuba como en la metrópoli, participaban en el proceso político. Entre las reformas que suscitaban mayor expectativa, figuraban las que habrían de dar solución a los acuciantes problemas económicos de la colonia antillana.

Retos de una paz

Diez años de continuas hostilidades habían quebrantado profundamente la economía cubana, particularmente en la mitad oriental de la Isla, donde las pérdidas humanas y materiales fueron cuantiosas.[1] Cerrar esas heridas resultaba una necesidad apremiante, pero en modo alguno era ese el único o siquiera el más grave de los problemas que enfrentaba la economía insular.

En el mismo lapso en que tuvo lugar el conflicto independentista, y por causas ajenas a este, la posición económica de Cuba experimentó un vuelco trascendental, claramente reflejado en el estado de los intercambios externos, según puede apreciarse en la tabla siguiente:

Tabla 3.1

CUBA: DISTRIBUCIÓN DE LAS EXPORTACIONES SEGÚN DESTINO (%)

País	1861-1863*	1878
España	14,0	6,0
Estados Unidos	41,5	82,5
Inglaterra	26,6	3,6
Francia	6,3	1,8
Alemania	4,4	1,7
Otros	7,2	4,4
TOTAL	100,0	100,0

* Calculado sobre el promedio anual del trienio.
Los cálculos fueron hechos con datos de la *Balanza general del Comercio de la Isla de Cuba en los años 1861, 1862 y 1863* y «Estado comparativo de los valores exportados por países..., 1878», AHN: *Ultramar*, leg. 892, caja 3.

Las exportaciones cubanas, cuyos destinos se hallaban relativamente diversificados en los años previos a la guerra, evolucionaron hacia una acusada concentración en el mercado norteamericano. Tal tendencia era el resultado de la pérdida de los mercados europeos para el azúcar cubano, fenómeno que se produce de un modo bastante brusco a mediados de la década de 1870, al extremo de que sólo en el trienio 1875-1878 las ventas azucareras a Europa, incluida la metrópoli, experimentaron una baja de 135 mil tm.[2] Las dificultades comerciales venían a entrelazarse con una declinación productiva que, aunque perceptible desde 1875, se hizo evidente sobre todo en la zafra de 1877, cuyo monto –516 268 tm– resultaba el más bajo de los últimos quince años. Cuba retrocedía a ojos vistas entre el concierto de los productores azucareros; si en la década de 1860 sus ingenios habían aportado la cuarta parte del azúcar consumida en el mundo, al iniciarse los años 1880 esa proporción se reduciría a un 15%.[3]

El deterioro de la posición mercantil de Cuba representaba un reto formidable para la supervivencia del régimen de comercio colonial. España había podido sostener durante casi medio siglo su arancel ultraproteccionista de cuatro columnas gracias a un conjunto de circunstancias: de un lado, la demanda creciente y los precios relativamente altos de que gozaba el azúcar cubano; de otro, la distribución de este producto –y también del tabaco– entre diversos mercados. Tales condiciones posibilitaban eludir o amortiguar las represalias que pudiese suscitar el prohibitivo sistema comercial.

Ahora, la situación tomaba un sesgo diferente. Devenido en el primordial socio mercantil de Cuba, Estados Unidos estaba en condiciones de presionar con efectividad para promover sus intereses, como lo demostrara el desastroso efecto que para la marina mercante española tuvo el recargo arancelario impuesto en 1867. Aunque la participación de las mercaderías españolas y norteamericanas en el mercado cubano resultaba relativamente similar en 1877, el conjunto del intercambio mercantil con la Isla dejaba para España un balance favorable de 12,3 millones de pesos, mientras que para Estados Unidos representaba un déficit de 38,8 millones.[4] Tan acusado desequilibrio comercial no podría perdurar, tanto más, cuanto la reconstrucción de Louisiana, un reciente tratado de comercio con Hawai y frecuentes noticias sobre los ensayos de producción de azúcar de sorgo y de remolacha en Estados Unidos, indicaban que ese país podía inclinarse hacia una reducción de sus compras a Cuba.

GRÁFICO I

CUBA, 1877: DISTRIBUCIÓN PROPORCIONAL
DE LOS VALORES IMPORTADOS SEGÚN SU ORIGEN

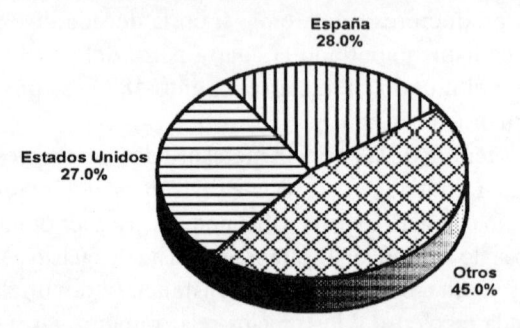

- España 28.0%
- Estados Unidos 27.0%
- Otros 45.0%

Calculado con datos del Archivo Histórico Nacional, Madrid: *Ultramar*, leg. 892, caja 3.

Los productores cubanos necesitaban afianzar sus posiciones en el mercado estadounidense, así como reducir el costo de sus producciones, ante una perspectiva de precios declinantes. Eliminar los obstáculos que la metrópoli española interponía a la consecución de tales objetivos constituía, por tanto, un punto cardinal de las reformas esperadas.

La primera de esas trabas era la enorme carga fiscal en que España sustentaba su presencia en Cuba. El primer presupuesto de posguerra (1879-1880) estipulaba ingresos por 60,1 millones de pesos, sobre una renta líquida calculada en 57 millones. Doce años antes, los delegados a la Junta de Información habían considerado excesivo un presupuesto de ingresos de 32,8 millones de pesos, cuando la renta líquida se estimaba en 64 millones. Ese enorme presupuesto destinaba una de sus partidas fundamentales de gastos –el 15,3%– al servicio de una deuda cercana a los 130 millones de pesos, la cual todavía se vería incrementada en 1878 con un nuevo empréstito de 25 millones. Pero el grueso de las erogaciones presupuestarias lo consumían los gastos militares, estipulados en casi 30 millones de pesos, los cuales eran objeto de una administración de notoria ineficiencia y dudosa moralidad.[5] Otras partidas nada despreciables se destinaban a gastos metropolitanos –sostenimiento del ministerio de Ultramar, pagos de pensiones a funcionarios, etcétera– e incluso a sufragar los gastos de las representaciones diplomáticas españolas en toda América y de la colonia de Fernando Poo. Pero quizás el dato más ilustrativo de la concepción presupuestaria vigente lo constituye el hecho de que la partida dedicada a «Fomento» –128 450 pesos– resultaba inferior en unos 35 mil pesos al monto total de los haberes anuales asignados a las nueve principales autoridades de la Isla.

Para asegurar tan crecida recaudación, España había elevado progresivamente las contribuciones durante los diez años de la guerra, de modo tal que todas las actividades económicas de la Isla estaban gravadas con un 30% sobre su renta líquida, amén de otros impuestos de diversa naturaleza, como las contribuciones municipales, impuestos de consumo y los derechos de exportación, reimplantados en 1871 después de haber sido abolidos por la reforma fiscal de 1867. Como resultado de este conjunto de exacciones, la producción azucarera debía aportar al fisco algo más de la cuarta parte de sus ingresos brutos, una situación que se reproducía de forma más o menos gravosa en los demás renglones productivos del país.

Como cabe esperar, los aranceles de aduana no escaparon a esta desenfrenada espiral tributaria. En 1870 se implantó un nuevo arancel, «puramente fiscal», con el propósito de aumentar los rendimientos aduanales. Compuesto por seiscientas catorce partidas, la nueva regulación eliminaba las franquicias que existían para la importación de maquinarias, y mantenía las cuatro columnas tradicionales, elevando sus adeudos de modo tal, que los productos españoles –menos gravados–

adeudaban entre un 11,25 y un 12,50% *ad valorem*, mientras que los extranjeros debían satisfacer hasta un 46,25%.[6] Dada la magnitud de las tarifas, no ha de sorprender que los viajeros de la época considerasen a La Habana como la segunda ciudad más cara de América, sólo superada por New York.

Tan abigarrado y confuso cuadro hacendístico servía de cobertura a una corrupción desmedida que afectaba todos los ramos de la administración. Los contribuyentes se quejaban de los padrones y evaluaciones inexactas con que se fijaban sus contribuciones, pero apelaban sistemáticamente al soborno de los recaudadores para escapar a la presión fiscal. La situación era particularmente grave en la administración aduanal. La estadística comercial simplemente había desaparecido, y bajo diversos pretextos, los funcionarios a cargo de las aduanas se negaban a remitir los datos solicitados sobre sus operaciones, modo de esquivar la comprobación de las constantes denuncias de fraudes y contrabando.[7]

Las reformas económicas no figuraban entre las estipulaciones del Pacto del Zanjón, pero como las medidas tributarias adoptadas durante la guerra lo habían sido a título explícitamente provisional o por plazos sucesivamente prorrogados, cabía esperar que, concluidas las hostilidades, se produjese un paulatino retorno a la normalidad. Ello era tanto más necesario dadas las dificultades económicas existentes y las previsibles complicaciones que entrañaría la inevitable –y próxima– abolición de la esclavitud. Tal era el sentir expresado en sus «exposiciones» por las corporaciones económicas insulares durante los años 1878 y 1879, cuyas demandas se vieron reflejadas de un modo u otro en los programas de los recién surgidos partidos políticos coloniales.

Los liberales y la Unión Constitucional habían coincidido en inscribir dentro de sus programas la supresión de los derechos de exportación, la necesidad de concertar tratados comerciales, particularmente con Estados Unidos –aunque más enfáticamente manifestada por el texto liberal–, así como la realización de una reforma arancelaria que, concebida por los liberales con un criterio librecambista, era expuesta en términos más moderados por el programa constitucional. Ambas agrupaciones concordaban igualmente en la ampliación del comercio con la metrópoli, pero mientras el Partido Liberal se limitaba a solicitar la rebaja de derechos a los productos coloniales en la Península, los integristas iban mucho más allá, al propugnar la adopción de un régimen de cabotaje. La Unión Constitucional enunciaba también otras demandas económicas, como la reducción de impuestos y el gasto público, así como el arreglo de la deuda, aspectos no formulados por el liberalismo.[8]

La mayor amplitud del programa económico constitucional llama la atención, sobre todo por la conservadora actitud de ese partido en materia social –se pronunciaba por abolir la esclavitud, pero insinuaba se dilatasen los plazos de ejecución– y sobre todo política, en la cual había manifestado un criterio asimilista frente a la postura descentralizadora de los liberales. Esa «audacia» económica del integrismo amerita una breve consideración.

Al aparecer el programa de Unión Constitucional cuatro meses después de publicado el documento liberal, invitaba de algún modo a sus redactores a «subir la parada» y el terreno económico resultaba, sin duda, el más propicio para ello. Pero más que esto, es la presencia en la directiva de Unión Constitucional de las figuras representativas de la élite económica insular la que puede explicar su mayor «sensibilidad» en este dominio. El programa constitucional, por tanto, reflejaba básicamente las preocupaciones del capital asentado en la Isla, posición que hubo de granjearle severas críticas por parte de otros españoles, mucho más conservadores y de momento al margen del partido, como Gil Gelpi –corresponsal del *Diario de Barcelona* en La Habana y representante de grupos económicos catalanes– o los editores de *La Voz de Cuba*, quienes asumían la defensa de los intereses económicos metropolitanos.[9]

Las demandas integristas constituían una elocuente evidencia de los graves términos en que los grupos dominantes en la Isla apreciaban los problemas de la economía cubana y la urgencia con que demandaban su solución.[10]

Expectativas frustradas

De ello no tardó en percatarse Arsenio Martínez Campos cuando, ya investido como Gobernador General de Cuba, adoptó sus primeras medidas efectivas de orden económico. Anunciadas en octubre de 1878, al publicarse el presupuesto insular, estas consistían en una reducción de la contribución directa al 25% –efectiva a partir de 1880– y la rebaja de un 10% en los derechos de exportación. Tan moderadas y cautelosas disposiciones suscitaron, ya no el desencanto, sino la manifiesta disconformidad de los círculos económicos habaneros, situación que obligó al general a convocar una asamblea de «notables», en la cual figuraban los principales dirigentes de la Unión Constitucional, el liberalismo y las corporaciones económicas. Frente a los reclamos de reducir aún más la contribución directa y, sobre todo, de suprimir totalmente los derechos de exportación, Martínez Campos adujo las limitaciones derivadas de la intervención aduanera del Banco Hispano-Colonial y trató de ganar tiempo, eludiendo la celebración de nuevas reuniones.

Pero el Pacificador había tomado conciencia de que se necesitaban medidas económicas más profundas para apuntalar la precaria estabilidad política conseguida en Cuba. Ello motivaría la carta que el 5 de enero de 1879 dirigiría al ministro de Ultramar, José de Elduayen, proponiéndole disminuir la contribución directa de las propiedades rurales a un 10% y, dada la imposibilidad de reducir los aranceles –una medida que propondría «tal vez después de mucho estudio»–, la apertura de los puertos peninsulares a los productos cubanos en una condición de «casi cabotaje», decisión esta que entendía indispensable para revitalizar el comercio y estrechar los vínculos económicos con la metrópoli frente a la creciente y peligrosa influencia de Estados Unidos. Conocedor de los riesgos que la situación creada entrañaba para su prestigio, Martínez Campos presionaba al ministro, sugiriéndole que, en caso de no aceptarse sus propuestas, viniese este a Cuba para hacerse cargo del gobierno, aceptando él entonces una condición subordinada.[11]

La actitud asumida por Martínez Campos colocaba en una incómoda posición al gabinete presidido por Cánovas. Aunque este último había comenzado a cumplir lo pactado en el Zanjón, las decisiones tomadas, principalmente el régimen para los gobiernos municipales y provinciales y la ley electoral, indicaban claramente el sentido restrictivo con que el ministerio conservador contemplaba los cambios en la administración colonial.[12] Ahora el gobernador de Cuba prácticamente obligaba a Madrid a introducirse en el problemático terreno económico, proponiendo medidas que podrían ocasionar trastornos a la Hacienda y concitar la repulsa de poderosos intereses en la Península. Y lo más grave de todo era que, dado el inmenso prestigio de Martínez Campos, el gobierno no podía arriesgarse a un enfrentamiento público.

En tal circunstancia, Cánovas realizó una jugada maestra. Llamó al capitán general a consultas a Madrid y, después de algunas conversaciones, presentó su renuncia, proponiendo a Martínez Campos para presidir el gobierno. El general no pudo menos que aceptar la designación –desde luego, a insistencia del rey Alfonso XII– y encabezar un gabinete integrado por hombres de la confianza de Cánovas, contando además con unas Cortes de mayoría conservadora. Aunque el astuto político malagueño había comprometido su apoyo irrestricto al jefe militar, en realidad la gestión gubernativa de este quedaría a su arbitrio.[13]

El nombramiento de Martínez Campos trastocó en verdadera euforia los recelos con que los círculos reformistas de

Cuba habían acogido la llamada del gobernador a Madrid. Sus esperanzas parecieron estar bien fundadas al conocerse, en julio, un decreto por el cual se rebajaba a un 2% la contribución directa de las fincas azucareras y a un 16% el de las restantes actividades económicas y propiedades rurales y urbanas. Y todavía más al mes siguiente, cuando se creó una comisión encargada de proponer lo que se perfilaba como todo un programa de reformas sociales y económicas.

La comisión, presidida por el general Jovellar, estaba integrada por algunos militares y otras personalidades directamente vinculadas con Martínez Campos –incluso su hermano Miguel–, así como por prominentes comerciantes y hacendados de Cuba. Sin embargo, la virtual ausencia de cubanos entre los comisionados, así como la numerosa participación de personalidades relacionadas con el Banco Hispano-Colonial –siete de los diecinueve comisionados, incluyendo al propio Antonio López y a Manuel Calvo– despertó resquemores entre algunos órganos de prensa habaneros. Que esas prevenciones tenían cierta justificación lo demostraría el acuerdo adoptado en la comisión respecto al crucial problema de la esclavitud, tanto más candente cuando el Partido Liberal de la Isla acababa de proclamarse a favor de la abolición inmediata y sin indemnización. Un dictamen favorable a la abolición gradual fue aprobado por mayoría, para entera satisfacción de los grandes propietarios integristas.

Por el contrario, los dictámenes sobre los no menos peliagudos problemas económicos fueron aprobados por absoluta unanimidad. El primero, sobre «relaciones comerciales», recomendaba la adopción del cabotaje para el comercio entre la Península y su colonia, entendía conveniente la abolición del diferencial de bandera y sugería atender a las necesidades específicas del comercio cubano con otros países, particularmente los Estados Unidos. La subcomisión arancelaria reconocía los graves problemas que entrañaba una reforma integral del arancel, pero consideraba una necesidad urgente su inmediato estudio. Mientras tanto, respaldaba la fórmula del cabotaje y recomendaba una rebaja de derechos a los artículos de primera necesidad. En el dictamen relativo a la tributación, sostenía la rebaja decretada meses antes y proponía ciertas medidas para atenuar su impacto, el cual consideraba sería compensado por la reanimación económica y la moralización de la administración, así como por los menores requerimientos presupuestarios del ramo de la Guerra, una vez restaurada la normalidad; si ello no resultase suficiente, sugería la renegociación de la deuda, disminuyendo su servicio y extendiendo los plazos de amortización.[14]

Las propuestas de la comisión sirvieron de base a dos proyectos de ley que presentaría el gobierno de Martínez Campos a las Cortes en noviembre de 1879. El primero de ellos, relativo a la abolición de la esclavitud, fue objeto de enconado debate. La directiva de Unión Constitucional presionaba desde La Habana en favor de una ampliación del período de patronato –mediante el cual se ejecutaría la abolición gradual–, posición que defendió agresivamente en el legislativo la facción conservadora, acaudillada por Romero Robledo. Tras enfrentamientos y forcejeos, se encontró una fórmula de transacción y la legislación abolicionista quedó en condiciones de ser aprobada.

Otra suerte correría el proyecto económico elaborado por el ministro de Ultramar, Salvador Albacete. Considerado como una compensación a las pérdidas que ocasionaría una abolición no indemnizada, el proyecto convalidaba las reducciones introducidas a la contribución directa y preveía la eliminación de los derechos arancelarios fijados al intercambio comercial entre la Península y su colonia, en un plazo de cinco años. Para conservar el equilibrio presupuestario, Albacete proponía la introducción de un impuesto sobre consumos, otro gravamen de un 2% y la renegociación de la deuda con el Banco Hispano-Colonial –reduciendo en 3 millones de pesos anuales su servicio– pero, sobre todo, el ministro confiaba en que una mejor administración tributaria garantizaría la situación hacendística.

La reforma comercial, orientada hacia el cabotaje, concitó la repulsa de poderosos intereses económicos peninsulares; en primer término, los azucareros andaluces, quienes elevaron una protesta al ministro de Hacienda, donde argumentaban que la apertura del mercado a los azúcares antillanos reportaría para estos muy poco beneficio, dado el limitado consumo español y la escasa probabilidad de desarrollar una industria refinadora en la Península; en cambio, arruinaría la producción azucarera doméstica.[15] En Cataluña, si bien el sector proteccionista de «frente amplio» liderado por Bosch Labrús se había manifestado favorable al cabotaje, era apreciable la reticencia de otros grupos, temerosos de que este condujese a la abolición del diferencial de bandera, con el consiguiente perjuicio para los navieros barceloneses.[16]

El proyecto de Albacete encontró también una formidable oposición en el seno del propio gabinete. El ministro de Hacienda, marqués de Orovio, secundado por el de Fomento, manifestó su absoluto desacuerdo con medidas que, a su entender, dejarían «indotado» el presupuesto de Cuba, lo cual ocasionaría un grave daño al Tesoro español. Pese a los esfuerzos de Martínez Campos por conjurar la crisis –se propuso una cláusula que permitiría suspender las medidas en caso de déficits–, ambos ministros presentaron sus renuncias y fueron finalmente acompañados en su decisión por Francisco Silvela, ministro de Gobernación, quien alegó que el proyecto nunca sería aprobado por las Cortes. Los funcionarios dimitentes eran todos allegados a Cánovas, cuya manifiesta oposición a las medidas económicas propuestas constituía el verdadero escollo que haría naufragar al proyecto reformista. Carente de un efectivo respaldo para llevar a cabo su política, Martínez Campos optó por dimitir.

Varios son los factores involucrados en esta crisis. Resulta imposible ignorar la influencia de los poderosos intereses opuestos a la reforma económica; la esposa de Silvela era una Loring Heredia, familia de prominentes azucareros andaluces también relacionada con Cánovas, quien, por cierto, había pasado sus últimas vacaciones parlamentarias en Barcelona, disfrutando de las atenciones que le dispensara Manuel Girona, el vicepresidente del Banco Hispano-Colonial. Tampoco puede desdeñarse la lógica en que sustentaba su posición el marqués de Orovio, pues su actitud, aunque sospechosamente inflexible, resulta coherente con la gestión de todos los ministros de Hacienda durante estos años, verdaderamente obsedidos por preservar el equilibrio presupuestario.

Muy poderosas eran también las motivaciones políticas de Cánovas, a las que algunos analistas han otorgado un peso decisivo. En una obra reciente, por ejemplo, Javier Rubio considera que la crisis de diciembre de 1879 fue el resultado de una celada, habilidosamente urdida por Cánovas para sofocar los empeños reformistas de Martínez Campos y, sobre todo, quebrantar irremediablemente el prestigio de este, eliminando así la influencia de los militares en la vida política de la Restauración.[17]

El modo en que estos y otros factores se articularon para producir la caída de Martínez Campos es algo que la historiografía debe aún dilucidar, pero la significación histórica del hecho parece mucho más evidente. Con la crisis de diciembre de 1879, una concepción reformista, esbozada desde una perspectiva relativamente coherente del problema cubano, sería sustituida por una política remedial, formulada al calor de las circunstancias.

La política de Cánovas

Evidencia mayor de esa mutación la ofrece el propio gobierno de Cánovas, que asume el poder tras la renuncia de Martínez Campos. Su primera medida respecto a Cuba, la abolición de la esclavitud, era en realidad obra del anterior ministerio, por lo cual sólo se trataba de hacerla aprobar por las Cortes, lo cual Cánovas consiguió pese a la oposición de los representantes de Cuba, quienes consideraban que la abolición debía implantarse de conjunto con las reformas económicas. Pero el gabinete no parecía tener un criterio claro en ese delicado asunto y se tomó todo un mes para definir sus posiciones.

Estas se concretaron en el proyecto de presupuesto de Cuba para 1880-1881, que el ministro de Ultramar, José de Elduayen, presentó a las Cortes el 19 de febrero de 1880. Los ingresos –ordinarios y extraordinarios– se fijaron en un monto de 43,8 millones de pesos, cifra engañosa, pues si bien representaba una considerable reducción respecto al anterior, esta era principalmente resultado de haberse eliminado del cálculo presupuestario los ingresos y gastos de la lotería, operación que por sí sola implicaba una disminución de 10 millones de pesos. Dada su condición de fundamental instrumento hacendístico, el presupuesto Elduayen no podía evitar pronunciarse sobre las anteriores propuestas de Albacete, pero las abordaba con una óptica bien diferente.

Si bien se aceptaba la reducción general de la contribución directa a un 16%, se rechazaba en cambio la tasa de un 2% propuesta para las fincas azucareras, la cual quedaba ahora fijada en un 10%. La principal concesión a los productores cubanos, una reducción del 10% en los derechos de exportación, constituía una simple treta, pues dicha proporción se reimplantaba de inmediato a título extraordinario, bajo el pretexto de la necesidad de incrementar los gastos militares. Dicho aumento se justificaba con el estallido de la Guerra Chiquita, un breve episodio insurreccional, cuya principal trascendencia fue la de advertir a España que los anhelos independentistas cubanos no habían quedado sepultados con el Zanjón. Otra jugada similar afectaría la rebaja de derechos concedida al azúcar cubano que se introducía en la Península, pues una «instrucción de aduanas» dictada *a posteriori* excluyó de tal beneficio a todos los azúcares superiores al número 14 de la escala holandesa, que eran precisamente los exportados por Cuba. En materia arancelaria, se concedía una reducción del 25% a los derechos pagados por los productos alimenticios pero, en cambio, se postergaba cualquier decisión en lo relativo al cabotaje, pues su implantación –según Elduayen– ocasionaría una pérdida de más de un millón de pesos en las recaudaciones aduaneras de la Península y de casi cuatro millones en las cubanas, amén de las dificultades que reportaría a la operación del estanco tabacalero y el daño potencial a la producción azucarera española. Significativamente, el proyecto de ley solicitaba autorización para revisar el diferencial de bandera y estudiar una rebaja de derechos a las harinas extranjeras, indicio del probable interés del gobierno de Cánovas por negociar un acuerdo comercial con Estados Unidos.[18]

El presupuesto de Elduayen resultaría muy controvertido. Los diputados de Cuba, frustrados en sus expectativas de un alivio en la presión fiscal y por la ausencia de medidas concretas en favor de la expansión de las exportaciones, impugnaron el proyecto, tratando de obtener mayores concesiones. Por otra parte, las corporaciones económicas peninsulares reaccionaron alarmadas ante la perspectiva de una abolición del diferencial sin que se adoptase el cabotaje. Los cerealeros castellanos, que consideraban que la rebaja arancelaria de un 25% a los alimentos reducía peligrosamente el margen protector de sus harinas, manifestaron temor ante los probables efectos de un convenio comercial con Estados Unidos e intentaron pasar una enmienda –promovida por Alonso Pesquera– que les asegurase la diferencia arancelaria de que disfrutaban, además de pronunciarse calurosamente a favor del cabotaje. Otro tanto sucedía en Cataluña, donde, a los temores de armadores y navieros por la posible supresión del diferencial de bandera, se sumaron las prevenciones de ambos «Fomentos» contra una modificación arancelaria en Cuba y el generalizado reclamo del cabotaje.[19]

Tranquilizando a unos y contentando a otros, el gobierno de Cánovas hizo valer su mayoría mecánica para la aprobación del presupuesto. Este incluía un acápite que merece consideración aparte: la renegociación de la deuda cubana. De hecho, las conversaciones sobre este asunto con el Banco Hispano-Colonial habían transcurrido paralelamente al debate presupuestario, lo cual posibilitó la rápida adopción de una ley –en junio de 1880– que sancionaba el acuerdo logrado. A tenor de este, se realizaría una emisión de 75 millones de pesos en bonos, que serían negociados por el Hispano-Colonial, con la cual se pagaría la deuda preexistente con ese propio banco y con el Banco Español de la Isla de Cuba. Si bien con este acuerdo el gobierno reducía de inmediato el servicio de la deuda y se libraba de la intervención del Hispano-Colonial en las aduanas cubanas, el Banco, por su parte, realizaba un estupendo negocio, pues a los más de 12 millones de pesos ya ingresados como pago de la deuda desde 1877, sumaba una bonificación de 2,5 millones de pesos al rescindirse el contrato original, más las ganancias derivadas de la colocación de los nuevos títulos en el mercado de valores y una comisión del 2,5% sobre la cantidad pagada anualmente por la amortización y servicio de la nueva deuda.[20]

Pero la operación tuvo además otras dos importantes consecuencias. Primero, la virtual eliminación de los tenedores cubanos de títulos de la deuda, pues el nuevo empréstito fue íntegramente colocado en París y varias ciudades españolas. La segunda fue la fractura que se produjo en la Unión Constitucional con motivo de este asunto. Durante la discusión del presupuesto, los diputados integristas habían mantenido una posición unificada en sus críticas al proyecto y, en lo relativo a la deuda, exigieron que, al renegociarse esta, tuviera «la garantía de la Nación», es decir, que sus obligaciones no sólo pesaran sobre Cuba sino sobre el Estado español en su conjunto. En el curso de las discusiones, tres diputados unionistas, Francisco Gumá, Francisco de los Santos Guzmán y Francisco de Armas –los dos primeros muy vinculados al Hispano-Colonial– rompieron la unidad partidista y apoyaron al gobierno, alegando la obtención de fútiles concesiones. Para sorpresa de muchos, su posición sería respaldada por la directiva habanera de la Unión Constitucional, la cual daba así un franco giro a la derecha. El incidente resultó una evidencia de que los elementos más conservadores –y cercanos a los grupos económicos metropolitanos– habían llegado a predominar dentro del partido, pero también atestiguaba que este se hallaba minado por una divergencia de intereses que, con el decursar de los años, conduciría a su fragmentación.[21]

A principios de 1881 Cánovas abandonaba el gobierno, sin haber aportado una sola solución sustancial a los problemas económicos cubanos. Para algunos autores, la cerril oposición del sagaz malagueño a la política ensayada por Martínez Campos y su inefectiva gestión de gobierno, significaron la pérdida de la última oportunidad española de conseguir un arreglo de la cuestión colonial en Cuba. La certeza de esta tesis es materia discutible a la luz de la maduración alcanzada por el independentismo cubano. Pero no cabe duda de que una política orientada a mitigar las contradicciones podría haber dilatado y amortiguado un desenlace que era ya inevitable. Los fundamentos de la postura de Cánovas ameritan, por tanto, cierta consideración, sobre todo porque representan la primera evidencia de una línea que –con variaciones y matices– será seguida por los sucesivos gobiernos españoles hasta 1898.

Sin desconocer su importancia, es posible dejar de lado en este análisis el interés de Cánovas por eliminar la influencia de Martínez Campos y el estamento militar en la España de la Restauración, pues todo parece indicar que, con independencia de ello, la perspectiva canovista de la cuestión cubana no contemplaba la necesidad de una profunda reforma del régimen colonial.

En el curso de los debates sobre las reformas cubanas en las Cortes de 1880, Cánovas comenzó por declarar que no tenía formado un pensamiento sobre estas, no obstante autocalificarse más adelante como un profundo conocedor de la situación antillana, avalado por un «pedigrí» que remontaba a su gestión como ministro de Ultramar en 1865. Enfrentado a los reclamos de quienes aducían los compromisos del Zanjón, el político malagueño argumentó que este convenio, en el fondo «no otorgaba nada, ni hacía nada nuevo» y, casi acorralado, llegaría a proclamar que «la cuestión de Cuba es ante todo de recursos y de armas...».[22] Se trata de una posición que, por lo cerrada, raya en lo incomprensible, pero que sostenida por una figura política de fuste debe tener una explicación, la cual podría ensayarse a la luz de la concepción canoviana de la «nación», sin duda un concepto central en el ideario de este político.

Heredero de una larga tradición de construcción nacional «desde arriba», Cánovas era el artífice de un régimen que tenía su norte en la preservación de la «integridad nacional» mediante el compromiso social y la constante concertación de intereses. Desde esta perspectiva, es probable que el astuto malagueño considerase que de emprender en Cuba el camino de las reformas podía llegar a perder el rumbo. Pero no al extremo de ignorar la necesidad de cambios, tanto más, cuando su propia gestión gubernativa no estaba exenta de ellos, aunque fuesen de un carácter limitado. En realidad, lo que se percibe en Cánovas es el rechazo a formular una política de reformas, al extremo de desconocer la necesidad de estas, quizás convencido de que en las condiciones españolas y cubanas, el diseño de un programa reformista provocaría un enfrentamiento de intereses de tal magnitud que lo haría impracticable. Y lo imposible, para Cánovas, quedaba fuera del cálculo político.

Con sentido esencialmente pragmático, la política cubana de Cánovas –y de sus sucesores– se haría al andar, conciliando intereses y ajustándose al imperativo de cada circunstancia.

El cabotaje como solución

Las esperanzas reformistas tendrían un nuevo aliento en febrero de 1881, al producirse la caída del ministerio Cánovas e instalarse un gobierno liberal, encabezado por Práxedes Mateo Sagasta. La mayor parte de las personalidades que integraban el liberalismo «fusionado», incluyendo al propio Sagasta y a Fernando León y Castillo –designado ministro de Ultramar–, habían defendido resueltamente las reformas para Cuba durante los debates parlamentarios del año precedente y, para mayor confianza, el propio Martínez Campos figuraba en el nuevo gabinete como titular de la cartera de Guerra. El posterior nombramiento del general Prendergast como gobernador de Cuba, vendría a reforzar la imagen reformista del gobierno.

Las primeras decisiones tomadas por el liberalismo fusionista respecto a Cuba, guardaron correspondencia con la posición asumida meses antes por los hombres de ese partido desde la bancada opositora. En abril se promulgaba en Cuba y Puerto Rico la Constitución de 1876, sacando a las dos Antillas de la suerte de limbo institucional en que vivieran desde los acuerdos del Zanjón. Simultáneamente, se extendió a Cuba la ley de imprenta vigente en la Península. Ambas disposiciones constituían un claro progreso para los habitantes de la colonia en materia de libertades individuales, y respondían al criterio de *asimilar* la Isla a las condiciones metropolitanas, pero en este último sentido exhibían limitaciones que no dejaron de ser criticadas por la prensa cubana. La constitución reconocía la necesidad de leyes «especiales» para la colonia, circunstancia por la cual los esclavos adscritos al patronato mantendrían su condición servil y, en el caso de la ley de imprenta, la libertad de expresión se veía limitada, al considerarse delito la emisión de ideas contrarias a la «integridad de la Patria», además de facultarse a las autoridades para secuestrar cualquier publicación que violase lo normado.

Esta filosofía de un «asimilismo restringido» animaría también las soluciones arbitradas por el gobierno de Sagasta para el problema comercial de Cuba. La fórmula liberal retomó la propuesta del cabotaje, incluyéndola dentro del paquete de más de una veintena de proyectos legislativos presentado por el ministro de Hacienda, Juan Francisco Camacho, a las Cortes del Reino, en octubre de 1881.

Las propuestas de Camacho suponían una vasta transformación del sistema financiero del Estado español, mediante una conversión y consolidación de la deuda pública, que reducía el monto de su servicio anual, y una drástica reforma fiscal que eliminaba unos impuestos e implantaba otros. Su finalidad era conseguir el ansiado equilibrio presupuestario, propósito que, en lo inmediato, se vio coronado por el éxito, al obtenerse un superávit de casi 37 millones de pts. en las liquidaciones de los presupuestos de 1882 y 1883.[23] En el terreno comercial, las reformas de Camacho se proyectaban con un sentido liberalizador, al levantar la suspensión de la famosa base quinta del arancel Figuerola de 1869, si bien ya no con el objetivo de conseguir una reducción gradual de los derechos de importación –cual era el propósito original de aquella disposición–, sino para hacer de ella un recurso en la negociación de tratados comerciales. En realidad, lo que se pretendía era aprovechar la favorable coyuntura creada por la plaga de la filoxera, para afianzar la exportación vinícola española, mediante una serie de tratados que le abriesen o asegurasen los mercados; el más importante sería el firmado con Francia en mayo de 1882.

Tanto las medidas fiscales propugnadas por Camacho –en particular los nuevos gravámenes a la industria y el comercio– como su política comercial, suscitaron la reacción adversa de importantes sectores de la sociedad española. En Cataluña, la reimplantación de la base quinta y, sobre todo, el tratado francés, concitaron la ira del Instituto de Fomento y otras corporaciones proteccionistas, las cuales promovieron bajo cuerda violentos desórdenes en Barcelona.

En este contexto vino a insertarse la solución propuesta por Camacho a la «cuestión comercial» cubana. En la medida en que la situación mercantil de la Isla había permanecido sin solventarse, el debate en torno a ese asunto se mantenía candente, aunque centrado en torno a la abolición del diferencial de bandera, posibilidad que, como se ha visto, dejó abierta la ley del presupuesto insular de 1880-1881. En Cuba existía un generalizado sentimiento en contra del diferencial, si bien la beligerante posición de las corporaciones se presentaba de forma mucho más atenuada en las opiniones emitidas por diversas instancias de la administración colonial.[24] La eliminación del diferencial era la demanda que encabezaba la Petición presentada en marzo de 1881 por un grupo de treinta y dos senadores y diputados de Cuba y Puerto Rico al ministro de Ultramar, abarcador documento que constituye uno de los hitos fundamentales en esta fase del debate. Los legisladores, entre los cuales figuraban tanto autonomistas como integristas, solicitaban también la inmediata concertación de un tratado de comercio con Estados Unidos, la abolición del recargo arancelario de un 25% implantado con motivo de la Guerra Chiquita y, sobre todo, insistían en la necesidad de que el gobierno cumpliese su promesa de reducir los derechos pagados por las harinas extranjeras.[25]

Con su proyecto, Camacho intentaba eludir algunos de los aspectos más espinosos del debate comercial –y, en particular, lo relativo al diferencial de bandera– para concentrarse en el planteo del cabotaje, fórmula que había ganado un consenso bastante generalizado entre las corporaciones y partidos en las Antillas y en la Península. La propuesta no dejaba de ser un tanto engañosa, pues mientras proclamaba de inicio el otorgamiento de franquicias a todos los géneros coloniales al ser introducidos en la metrópoli, inmediatamente excluía de tal beneficio el azúcar, el café, el tabaco, los aguardientes y el cacao, productos que constituían el grueso de dicho tráfico mercantil. Estos artículos sólo entrarían libres de derechos al cabo de cinco años, durante los cuales sus adeudos se irían reduciendo en una proporción de un 20% anual. Para mayores garantías –y tranquilidad de los inevitables opositores– una cláusula final dejaba abierta la posibilidad de suspender la vigencia de la ley, si así lo exigieran los intereses del Tesoro o de las industrias.

En la Isla, el proyecto fue saludado con gran alborozo por los periódicos integristas, al considerar que este colmaba el gran desiderátum del programa económico de la Unión Constitucional, pero la prensa liberal se expresó en forma bastante circunspecta, destacando las trabas impuestas a los productos principales y la necesidad de una franquicia absoluta, de no adoptarse el libre cambio, fórmula que muchos consideraban la genuina solución del problema comercial. Como cabía esperar, los azucareros andaluces manifestaron su ardorosa oposición al proyecto; presididos por Cánovas, sus diputados lograrían imponer una transacción durante el proceso de discusión de la ley en las Cortes. El resultado fue la prolongación hasta diez años del plazo inicialmente fijado para otorgar plena franquicia a los productos de las colonias, así como la reducción a un 10% anual de la rebaja de sus adeudos. En el caso del azúcar, estos últimos se diferenciaban, reduciéndose a 5,50 pts. por cada 100 kg los derechos del dulce de menor polarización, pero incrementándose hasta 12 pts., el arancel de los azúcares superiores a 14 en la escala holandesa. Con esto –y dada la vigencia de impuestos transitorios y municipales que también gravaban al azúcar– los productores andaluces conservaban un holgado margen de 14,05 pts. por cada 100 kg a su favor, mientras los azúcares cubanos de mayor polarización quedaban virtualmente excluidos del mercado, circunstancia esta que produjo manifiesto desagrado entre los más poderosos azucareros de Cuba. A cambio, los representantes cubanos sólo consiguieron afianzar la vigencia de la ley, mediante la supresión de la cláusula que permitía suspender su aplicación.

El 30 de junio de 1882 era aprobada la ley de Relaciones Comerciales, a la cual complementaría otra disposición legislativa votada por las Cortes el 20 de julio, según la cual los derechos de introducción de las mercancías peninsulares en las colonias serían progresivamente disminuidos hasta su total extinción, en un plazo de diez años. Como parte de ese proceso, se extinguiría también el derecho diferencial de bandera, hasta quedar definitivamente abolido en 1892, cuando el cabotaje funcionase plenamente entre España y sus colonias.

Tal complemento aseguraba un prometedor mercado a los textileros catalanes –aquejados por una notable contracción en la demanda peninsular–, y satisfacía igualmente los intereses de los cerealeros castellanos y otros abastecedores de las colonias. El cabotaje –al igual que las rebajas concedidas a las materias primas en el arancel de España– representaba así una suerte de «premio de consolación» a las fuerzas proteccionistas peninsulares, irritadas por las medidas liberalizadoras y la política de tratados promovidas por el gobierno de Sagasta.[26] Si el establecimiento de este régimen comercial lograba superar ahora obstáculos que un par de años antes parecían insalvables, ello se debía, en buena medida, a su papel como parte del reajuste general sufrido por la política comercial española.

Como solución al problema comercial cubano, las llamadas «leyes de relaciones» resultaban extremadamente limitadas. La porción del mercado peninsular que se abría al azúcar cubano, representaba una parte ínfima –menos de un 10%– de las exportaciones totales de la Isla y para el tabaco su efecto era prácticamente nulo, toda vez que las compras españolas estaban sujetas al sistema de contingentes fijado por el estanco. La reducción de los derechos a los productos españoles importados en Cuba tampoco redundaría en beneficio de los consumidores insulares, al menos mientras no se rebajaran los aranceles de sus similares extranjeros, y todo ello sin descartar las probables medidas fiscales compensatorias que podría provocar la reducción de las recaudaciones aduaneras. Tales insuficiencias y peligros eran destacados en los comentarios de los autonomistas y otros críticos del «nuevo modelo comercial», quienes advertían que la situación mercantil no experimentaría un cambio significativo, a menos que se emprendiera una reforma general de los aranceles cubanos.[27] La percepción del independentismo fue expresada desde su exilio newyorkino por José Martí, quien enfatizaba la futilidad de las «soluciones» metropolitanas:

> Todos esos proyectos, muy voceados, tienden a hacer libre el tráfico, de aquí a diez años, entre España y Cuba. Mas ¿qué con ellos? Es como dar una cáscara de nuez a quien pide embarcación con que surcar los mares [...]. Cuba no vive del tráfico con España. –En el tráfico de que vive Cuba, en el tráfico con los Estados Unidos, en ese no legislan [...]. Y en otros males voraces no legislan. Toda Cuba está en prenda, o en quiebra. Todas las propiedades están en hipoteca. Todas las fortunas en concurso. Embargadas las haciendas y sus rentas[...]. En suma: quedan en pie, sombríos e insolubles todos los problemas.[28]

La fórmula del cabotaje encuadraba perfectamente dentro de la estrategia asimilista del gobierno liberal, por cuanto tendía a hacer de Cuba parte integrante del mercado español; pero al mismo tiempo, resultaba un fiel reflejo de las contradicciones y limitaciones de tal política, pues mientras en la Península y en las «provincias de ultramar» rigiesen aranceles diferentes para la importación de los productos extranjeros, ese mercado nacional «integrado» continuaría siendo una ficción.

Las inconsecuencias del gabinete sagastino se harían palmarias en el plano político, al considerarse un grupo de medidas indispensables para la unificación del sistema de gobierno en todo el reino español. La primera de ellas era la extensión a las Antillas de la nueva ley provincial de la Península que, de aprobarse, traería aparejada una modificación en el régimen electoral. Otra se refería a las atribuciones del capitán general, y propugnaba la separación del mando civil y militar en la colonia. Estas disposiciones fueron rechazadas por los conservadores de ambos lados del Atlántico, bajo cuyas presiones Sagasta relevó a León y Castillo en la cartera de Ultramar, cargo para el cual designó al poeta Gaspar Núñez de Arce, una figura cuyos vínculos con el integrismo eran notorios.[29]

Con ese cambio, los arrestos reformistas del liberalismo peninsular pasarían al olvido. Casi como un gesto de despedida –el gabinete Sagasta caería en octubre de 1883–, el gobierno liberal obsequió a los cubanos con una rebaja en el impuesto directo de las fincas rústicas y en los derechos de exportación, al aprobarse el presupuesto para 1883-1884. Una vez más se trataba de paliativos, aplicados con toda urgencia ante nuevos –y muy alarmantes– síntomas de deterioro en la situación económica de la mayor de las Antillas.

Crisis y peligros

Desde el verano de 1883, en Cuba comenzaron a acumularse evidencias de un creciente malestar económico. Una zafra azucarera decididamente pobre había venido a coincidir con la contracción de los precios del dulce, probable efecto de la crisis coyuntural que desde el año anterior afectaba a Estados Unidos, Francia y Gran Bretaña.[30] Las perspectivas de la nueva cosecha ensombrecerían aún más el panorama, pues al iniciarse esta, en diciembre de 1883, el diario habanero *El Triunfo* advertía que los precios continuaban bajos y había muy escasa actividad compradora en la plaza, de modo que los nuevos azúcares comenzaban a llegar a los almacenes sin que se hubiesen liquidado enteramente los de la zafra anterior.[31]

Tales dificultades se registraban en el contexto de una notable carencia de liquidez. Por ley aprobada en julio de 1882, se había autorizado una nueva emisión de valores públicos, con el propósito de convertir los bonos de algunas deudas pendientes y amortizar 50 millones de pesos en billetes que se hallaban en circulación,[32] medida que había agravado la situación monetaria, ya muy comprometida por el drenaje de algo más de 30 mil pesos diarios en metálico que suponía el servicio de la deuda con el Banco Hispano-Colonial. Resultado de ello fue la fuerte depreciación sufrida por los billetes en circulación que, en noviembre de 1883, ya se canjeaban a razón de 2,14 pesos por cada peso en metálico, situación que determinó que los comerciantes minoristas se negasen a admitir los pagos en billetes. En lógica reacción, los gremios comenzaron a celebrar tumultuosas asambleas y estallaron huelgas en diversos sectores laborales.

Las complicaciones financieras constituyeron un ingrediente inevitable de tan difícil situación. Desde junio de 1883, diversas casas de comercio –Ricardo Kohly y Cía., Gumá y Hermanos, Goyri y Cía.– anunciaron la suspensión de sus negocios; en octubre suspendía los pagos y entraba en liquidación el banco de Santa Catalina, una firma que poseía además almacenes de azúcar en el puerto habanero. En enero, la principal institución financiera del país, el Banco Español, anunciaba pérdidas por 960 mil pesos, sobre un capital de 8 millones, mientras que las pérdidas admitidas por la Caja de Ahorros –500 mil pesos– resultaban iguales al capital declarado por esa casa bancaria.[33]

El sistema de pignoración mediante el cual se financiaba la zafra, establecía una estrecha interdependencia entre hacendados y comerciantes, y de ambos respecto al precio del azúcar, cuyos estimados servían de fundamento a toda la operación. La imposibilidad de resarcir parte del financiamiento de la zafra de 1883, la persistente tendencia a la baja en las cotizaciones y la carestía monetaria, provocaron así una seria contracción del crédito, que vino a agravar las condiciones operativas del sector azucarero. Al referir las perspectivas de la zafra de 1884, el cónsul norteamericano en Matanzas, David Vickers, apuntaba que a los hacendados se les hacía muy difícil obtener préstamos sobre la cosecha venidera, ni siquiera a la elevada –y usual– tasa de un 12% de interés, de modo que muchos propietarios habían tenido que vender la madera y el ganado de sus haciendas y sacrificar la alimentación y el equipamiento de su personal para poder mantener activos sus ingenios.[34]

Aunque las condiciones climáticas resultaban favorables y los rendimientos azucareros indicaban una recuperación productiva, la zafra de 1884 se realizó bajo constantes noticias de un acusado descenso en los precios del dulce. Entre enero y agosto, el precio del azúcar centrífuga en Londres experimentó pérdidas de un 33%, y la situación resultaba todavía peor para las clases inferiores. En 1884, por primera vez en la historia, el azúcar se cotizaría en puerto cubano a menos de 3 ctvos. por lb.[35]

Tan estrepitosa caída de precios se vio acompañada por un verdadero caos financiero. El 6 de marzo de 1884, la prensa habanera reportaba el suicidio de Joaquín Limendoux, director de la Caja de Ahorros, y la suspensión de pagos de esa institución, una de las más antiguas de la Isla. Con una enorme cuantía de créditos incobrables, de los cuales 3,7 millones de pesos correspondían a préstamos otorgados en 1883, la quiebra de la Caja entrañaba pérdidas incalculables para más de catorce mil depositantes. En meses sucesivos se conocería de la suspensión de pagos por J. Barbón y Cía., Tapia & Eguilior, Ramos y Cía. y otras firmas de comerciantes banqueros, mientras que el Banco Industrial, mortalmente herido por la crisis, iniciaba un proceso que conduciría a su liquidación en 1887.[36] El balance publicado por los escasos bancos sobrevivientes en julio de 1884, indicaba pérdidas de 3,7 millones de pesos oro y 9,4 millones de pesos en depósitos, contra igual fecha del año precedente, mientras se aseguraba que las dieciocho mayores empresas que cotizaban sus valores en la Bolsa Oficial de La Habana, cuyo capital ascendía en conjunto a 41 millones de pesos, habían experimentado una baja de 29 millones, de acuerdo con las cotizaciones vigentes de sus valores.[37] Los cubanos no recordaban un desastre similar desde el famoso «pánico» de 1857.

Pero, a diferencia de aquel sorpresivo descalabro, esta era una crisis largamente anunciada. Desde el verano del 83 comenzaron a subir de tono en la prensa y en la tribuna las denuncias —sobre todo por los autonomistas— de los males que estaban impulsando hacia el abismo a la economía insular. Mientras las exacciones fiscales abrumaban a los productores, las liquidaciones presupuestarias cerraban con déficits cada vez más abultados —casi 7 millones de pesos en el ejercicio 1881-1882— y en el comercio prosperaban el contrabando, el agio y todo tipo de operaciones especulativas, con grave riesgo para el crédito de los negocios.

Las graves implicaciones políticas de tal situación no tardaron en ponerse de manifiesto. El 11 de agosto, el conde Francisco F. Ibáñez, uno de los más poderosos hacendados de la Isla y prominente figura de la Unión Constitucional, lanzaba la iniciativa de celebrar una junta de productores que, por encima de las diferencias partidistas, impusiera al gobierno de las más urgentes necesidades del país. La idea tomó cuerpo en un pliego de demandas formulado poco después, donde se solicitaba la extinción de la tributación directa, la moralización de la administración, la firma de tratados comerciales y, sobre todo, la reducción del presupuesto insular a no más de 25 millones de pesos, debiendo examinarse este por una corporación legalmente autorizada. La prensa conservadora —principalmente *La Voz de Cuba* y el *Diario de la Marina*— hicieron un llamado de alerta con el propósito de desacreditar tal iniciativa, lo cual, unido al patente desagrado de las autoridades coloniales, consiguió paralizar el movimiento en ciernes.[38]

Este resucitaría, sin embargo, con mayor magnitud y alcance a principios de 1884. El 5 de enero, la directiva del Círculo de Hacendados emitía un informe –publicado en la *Revista de Agricultura*– donde, tras destacar la necesidad de «un cambio radical y completo con reformas profundas», reiteraba las consabidas demandas de supresión de derechos de exportación, firma de tratados comerciales y plena apertura de los puertos peninsulares a los productos cubanos. El documento en sí no significaba mucho y venía a sumarse a otros que en igual sentido habían emitido durante los meses anteriores el propio Círculo, la Junta General de Comercio y otras corporaciones. Pero lo importante en este caso, es que tal informe serviría de base a una convocatoria librada por el Círculo a la Sociedad Económica de Amigos del País, a la Junta de Comercio y a la de Agricultura e Industria, para celebrar una reunión preparatoria de una «Junta Magna» a la cual concurrirían todas las clases contribuyentes.[39]

Aunque las demandas iniciales del Círculo se concentraban en torno a la supresión de los derechos de exportación, el alcance de estas se fue extendiendo en la medida en que el asunto era discutido en el seno de las distintas corporaciones, y por los representantes de estas, integrados en la comisión gestora de la Junta Magna. Tras un mes de deliberaciones, la comisión concluyó la redacción de un programa para la Junta Magna, en el cual, después de analizar los principales males económicos que aquejaban a Cuba, se solicitaba:

> ...que el mercado nacional se abra y franquee a sus productos, a la par que con sabias medidas se aumente la facilidad de nuestras relaciones comerciales con Estados Unidos; que desaparezcan los ruinosos derechos de exportación [...] que se abarate la vida mediante una amplia reforma arancelaria [...] que se reorganice la pública administración, acomodándose su costo y aun su estructura al angustioso estado del país y que se limiten por ende las cargas públicas a lo estrictamente necesario.[40]

Simultáneamente, el movimiento iba cobrando cuerpo en las mayores ciudades del país, como Cienfuegos, Matanzas y Santa Clara, ciudad esta última donde se celebró una amplia reunión de contribuyentes, presidida por el gobernador provincial.

El desarrollo de una movilización de tales proporciones en los medios de la burguesía insular, de la cual participaban peninsulares y criollos, autonomistas e integristas, descalificaba en la práctica el papel de los partidos coloniales –y en particular de la dominante Unión Constitucional– como vehículo de las aspiraciones de los habitantes de la Isla. Para colmo, era el propio presidente de la Unión, el conde de Casa Moré, quien en su condición de presidente del Círculo de Hacendados aparecía como figura tutelar de todo el movimiento. Mientras la prensa integrista desataba una virulenta campaña contra la Junta Magna, asegurando que los peninsulares que participaban en el proyecto eran víctimas de un ardid autonomista, la dirigencia del PUC ponía todas sus fuerzas en tensión para abortar el movimiento. A la cabeza de esta maniobra figuraba Francisco de los Santos Guzmán, abogado de Manuel Calvo y verdadero factótum de los «coloniales» –así llamados por sus vínculos con el grupo de interés formado en torno al Banco Hispano-Colonial y la Compañía Trasatlántica– dentro del partido, quien contó con el respaldo de representantes de otros intereses económicos metropolitanos y de connotadas figuras del «aparato político» de la Unión, como el conde de Galarza y J. Vérguez. Estas fuerzas parecen haber ejercido una influencia decisiva sobre el Gobernador de la Isla, general Ignacio M. del Castillo, quien, finalmente, manifestaría su desaprobación a la proyectada Junta.

Atrapado en semejante conflicto, el conde de Casa Moré –que había permanecido recogido en su finca durante buena parte de estos acontecimientos– optó por abandonar el movimiento y autorizó la publicación de un suelto en el *Diario de la Marina,* donde aseguraba que

...no ha suscrito ninguna circular invitación [...] que no ha facultado a persona alguna para que así use su respetable nombre, haciéndole responsable de esta suerte de un plan económico cuyo conjunto no acepta y pugna además con el práctico y patriótico principio que defiende el partido Unión Constitucional.[41]

Si la deserción de Moré hizo abortar la Junta Magna, el fracaso de esta no significaba en modo alguno la superación de los problemas que la habían motivado. Lejos de ello, la crisis se adentraba en su fase más aguda y las repercusiones políticas de tal situación resultaban amenazadoras. El movimiento independentista se reponía del descalabro de la Guerra Chiquita, y los cónsules españoles en Estados Unidos y diversas ciudades del Caribe reportaban una febril actividad en los medios de la emigración revolucionaria. Por lo general, se trataba de iniciativas aisladas, pero la publicación de un plan, el 30 de marzo de 1884, calzado por las firmas de Máximo Gómez y Antonio Maceo, evidenciaba la voluntad de unificar e imprimir beligerancia a las gestiones separatistas. En abril se produciría el desembarco de Carlos Agüero al frente de una pequeña partida, en lo que muchos consideraban el preludio de un nuevo levantamiento. No por más subrepticia, resultaba menos peligrosa la tendencia anexionista, cuyo repunte advertía desde su exilio madrileño Juan Gualberto Gómez, en un fascículo dedicado a evaluar la compleja situación cubana. «Esta aspiración –señalaba Gómez– cuenta con un reducido número de prosélitos, pero estos se reclutan lo mismo entre el elemento insular que en el peninsular. Los hombres ricos de Cuba, cubanos o peninsulares, que creen a España impotente para salvar sus intereses, ponen los ojos en los Estados Unidos.»[42]

Ante tales circunstancias, la Unión Constitucional desplegó un formidable esfuerzo para preservar su supremacía política y, sobre todo, para reagrupar bajo su divisa al elemento peninsular, muy dividido a consecuencia de la frustrada iniciativa de la Junta Magna. Con motivo de las inminentes elecciones generales, la directiva del partido emitió una circular en la que reclamaba la disminución de los gastos públicos y la simplificación de la administración, la plena implantación del cabotaje —incluyendo la libre venta de tabaco cubano en la Península—, la solución del problema monetario y la progresiva reducción de las contribuciones. La estratagema reformista del integrismo fue denunciada por los autonomistas que, desde las páginas de *El Triunfo*, realizaron una crítica demoledora del cabotaje, al cual calificaban como un pobre e ineficaz subterfugio frente a la impostergable reforma arancelaria.

Los amagos reformistas de la Unión eran tanto más sospechosos a la luz de la candidatura conformada por ese partido. Frente a una virtual ausencia de cubanos, resultaba abrumador el número de candidatos «cuneros» —españoles residentes en la Península—, claro indicio del predominio de la facción «colonial» —de Calvo, Santos Guzmán y sus asociados— dentro de la directiva integrista, y del vivo interés de esta por granjearse el apoyo de los grupos económicos hispanos. Ejemplo bien ilustrativo lo constituye el caso de Víctor Balaguer, quizás el político más representativo del proteccionismo catalán, seleccionado como candidato —y elegido diputado— por la provincia de La Habana.[43]

Pero la situación cubana era demasiado grave para poder solventarla con simples maniobras demagógicas, y la Unión Constitucional no podía desconocer paladinamente los reclamos de la opinión pública insular. De ello se había percatado también el gobierno metropolitano, presidido una vez más —desde enero de 1884— por Antonio Cánovas del Castillo. Los cambios resultaban ineludibles si se pretendía sacar a Cuba de la crisis; el problema radicaba una vez más en el alcance de estos y la forma de introducirlos. En la apertura de las Cortes, el gobierno había manifestado su disposición a proveer soluciones para las dificultades cubanas, pero advirtiendo que estas deberían adecuarse a los requerimientos de los servicios públicos y las necesidades de otras provincias.

Un sector de los representantes integristas, temeroso de que los remedios demandados pudieran ser escamoteados una vez más por el gobierno, se mostró partidario de que estos fuesen adoptados por las Cortes a título de leyes. Sin embargo, la existencia de discrepancias en el seno de la diputación –sobre todo por parte de la facción «colonial»–, condujo a negociaciones internas, de las cuales emergió como solución la presentación de una enmienda que comprometería al gobierno a adoptar un conjunto de medidas, entre las cuales figuraban la reducción del presupuesto insular a 24 millones de pesos, la inmediata declaración del cabotaje, una rebaja considerable de los derechos de exportación y la firma de tratados comerciales en beneficio de Cuba. Pese a la adopción de un acuerdo formal para apoyar la enmienda, las disensiones internas persistían –alentadas en buena medida por el propio Cánovas– y estas fueron aprovechadas por el líder conservador para introducir una fórmula que le significara el mayor margen de libertad posible en el manejo de la situación.[44]

Convertida en ley el 25 de julio, dicha fórmula se limitaba a facultar al gobierno para adoptar cierto número de disposiciones respecto a Cuba. La «ley de autorizaciones» –como se le conocería–, no entrañaba compromiso alguno y, en cambio, dejaba a la absoluta discreción gubernamental la adopción de las medidas necesarias para «auxiliar» a Cuba. La estrategia canovista de las «soluciones» circunstanciales se reiteraba ahora, mediante un mecanismo que permitía al gabinete ministerial tomar decisiones, relativamente libre de las presiones que pudiesen ejercer los grupos de intereses cubanos y peninsulares. En términos bastante vagos, el gobierno quedaba autorizado para reducir gastos en el presupuesto cubano, acordar prórrogas en la amortización de la deuda, anticipar los plazos de introducción del cabotaje, adoptar medidas que protegiesen a la industria y la producción y celebrar tratados comerciales con otros gobiernos.

Precisamente con este último ingrediente, el ministerio conservador elaboraría el «plato fuerte» de su carta de soluciones para Cuba: apenas una semana después de aprobada la ley, Cánovas anunciaba la apertura de negociaciones con Estados Unidos para la firma de un tratado de reciprocidad comercial.

Maduración de un arreglo comercial

La concertación de un convenio que facilitara el intercambio entre Cuba y Estados Unidos era un proyecto de larga data. Ya en la década de 1860, el reformismo cubano había abogado por el establecimiento de la reciprocidad comercial con el vecino norteño, probablemente animado por el tratado que con esos fines habían firmado Canadá y Estados Unidos en 1854. Sin embargo, la progresión proteccionista que experimentó la política arancelaria norteamericana a partir de la Guerra Civil alejó esa posibilidad y, por el contrario, creó condiciones para la tensa situación de represalias comerciales registrada en 1867, que tan graves consecuencias tuvo para el tráfico marítimo entre la Unión y la mayor de las Antillas. En 1870, España y Estados Unidos lograron un acuerdo para evitar las represalias en su intercambio mercantil, pero Cuba quedó expresamente excluida de aquel arreglo, pues en la colonia se mantenía vigente el derecho diferencial de bandera que para la Península había suprimido el arancel Figuerola.

En el clima posterior al Zanjón, cuando la firma de un tratado comercial emergió de modo casi unánime en las demandas de las corporaciones y partidos coloniales, el gobierno madrileño parece haber contemplado la eventualidad de una negociación, según lo manifiestan ciertas instrucciones cursadas a los funcionarios de la Hacienda colonial y a la representación española en Washington. En respuesta a estas y ante el estudio de una revisión arancelaria por el Congreso norteamericano, el ministro español en Estados Unidos se acercó al representante Fernando Wood, figura prominente de la comisión de Medios y Arbitrios de la Cámara, para sondear las posibilidades de un acuerdo. La respuesta resultó poco alentadora; el congresista Wood había advertido el carácter extremadamente desigual del intercambio entre la Unión y Cuba, señalando que sería muy difícil llegar a un acuerdo, a menos que España estuviera dispuesta a conceder sustanciales rebajas de derechos en las harinas, tejidos, hierro, acero y otros productos. Las posibilidades de un arreglo no parecían, por tanto, inminentes, y el ministro español consideraba que podría ganarse tiempo, pues la revisión arancelaria se orientaba en un sentido reduccionista. Por otra parte, se hacía evidente la falta de consenso entre los legisladores, particularmente con respecto al azúcar; los pequeños refinadores, apoyados por los importadores de azúcar cubano para consumo directo, estaban promoviendo una tarifa única *ad valorem* que eliminara el tratamiento favorable a los crudos de muy baja polarización, del cual se beneficiaban los grandes refinadores.[45]

Como se esperaba, el Congreso norteamericano fue incapaz da acordar un nuevo arancel en 1880. Las condiciones no eran favorables para ello. Desde 1876, los Estados Unidos experimentaban un notable auge en sus exportaciones, particularmente de productos alimenticios, cuyo valor total se había duplicado en un quinquenio, hasta alcanzar en 1880 un monto de 488 millones de dólares. Aunque este crecimiento había servido para poner de manifiesto la importancia del mercado exterior en la dinámica económica estadounidense –al favorecer las tendencias expansionistas–, la mayoría demócrata en el poder legislativo intentó infructuosamente sustentar dicha expansión mediante una reducción arancelaria, en contraposición a los sentimientos proteccionistas prevalecientes.

Esta situación experimentó un vuelco considerable en 1881. Ese año se registraba una seria contracción –algo más de un 15%– en las exportaciones alimenticias norteamericanas, resultado de las medidas proteccionistas adoptadas por las naciones europeas, frente a lo que percibían como una incontenible avalancha de productos estadounidenses. Simultáneamente, llegaba al poder la administración de James Garfield, tras una exitosa campaña electoral, en la cual los republicanos –que también dominaron la Cámara de Representantes– habían hecho de la cuestión arancelaria el eje de los debates. El presidente Garfield colocó en la secretaría de Estado a James G. Blaine, figura de conocida vocación expansionista, claro indicio de su interés por desarrollar una política exterior agresiva que favoreciese la unidad y hegemonía del Partido Republicano.[46]

La estrategia expansionista de Blaine tenía su foco en las naciones latinoamericanas, a las cuales consideraba una prometedora alternativa para la realización, no sólo de los productos agrícolas, sino de las manufacturas, ante las dificultades que presentaba el mercado europeo. Con el propósito de crear un clima favorable al desarrollo de los negocios, el secretario de Estado centró su política en la solución de los conflictos existentes entre diversos Estados de América Latina; en particular, la Guerra del Pacífico que entonces enfrentaba a Chile y Perú. A tal efecto, libró una convocatoria para la celebración de una Conferencia Internacional de las naciones americanas, cuya finalidad sería el establecimiento de un sistema de arbitraje en los conflictos. La preferencia otorgada por Blaine a las cuestiones estrictamente diplomáticas sobre las económicas, en el desarrollo de su política, parece indicar que el impetuoso secretario aspiraba a obtener algunos triunfos en ese terreno, antes de adentrarse en la propuesta de tratados comerciales que pudiesen enfrentar la oposición del sector ultraproteccionista del Partido Republicano, bien representado en el legislativo por figuras tan prominentes como William McKinley, Justin Morrill y Th. S. Reed.

El asesinato del presidente Garfield en el verano de 1881, representaría un momentáneo revés para el expansionismo. El vicepresidente, Chester Arthur, pertenecía a la facción *stalwart* que enfrentaba a la encabezada por Blaine en el seno del Partido Republicano. Por añadidura, el secretario de Estado se hallaba envuelto en serias complicaciones, debido a los resquemores que sus intromisiones causaban en varios gobiernos latinoamericanos, particularmente en el caso del conflicto chileno-peruano, después de conocerse la vinculación de sus gestiones diplomáticas con los intereses de cierta compañía newyorkina que aspiraba a controlar la extracción del guano en el Perú.

Una de las primeras decisiones del presidente Arthur, fue la de sustituir a Blaine por Frederick Frelinghuysen, un político cauto y conservador, que cancelaría la convocatoria a la conferencia interamericana, e imprimiría un estilo diferente a la política de Estados Unidos hacia América Latina.[47]

Pero si la nueva admistración se mostraba lenta y cautelosa en el diseño de su política, ello no entrañaba un abandono de las intenciones expansionistas. Por el contrario, Frelinghuysen estaba vivamente interesado en anudar más amplios e intensos vínculos comerciales con las naciones del sur del continente, pero consideraba imprescindible obtener cierto consenso legislativo en torno a esa política. Era un criterio sensato, a la luz de la situación congresional. El legislativo se hallaba envuelto otra vez en un engorroso proceso de revisión arancelaria, en medio del cual los demócratas lograron recuperar el control de la Cámara de Representantes. Aunque de acuerdo con sus posiciones tradicionales, ese partido hacía de la reducción de derechos la clave de la expansión comercial, un importante sector de sus legisladores, particularmente los sureños, era partidario decidido de la ampliación de los mercados en Latinoamérica y Asia, por lo cual cabía esperar que respaldasen cualquier iniciativa que en tal sentido formulara la administración Arthur.

En agosto de 1882, el expresidente de Estados Unidos, Ulysses Grant, y el ministro de México en Washington, Matías Romero, iniciaban sigilosas negociaciones que conducirían a la firma de un tratado de reciprocidad comercial entre ambas naciones. La política comercial que de ese modo casi subrepticio inauguraba Frelinghuysen, se revestiría de inesperada audacia y celeridad bajo el impacto de la depresión que, precisamente a partir de 1882, comenzó a castigar la economía norteamericana. Aunque la crisis no ocasionó una severa contracción en la producción y el empleo, sí se dejó sentir con fuerza en el comercio, sobre todo en las exportaciones de alimentos, cuyo valor total en 1883 sería sólo un poco más de la mitad de la cifra récord alcanzada en 1879. En tales circunstancias, la administración Arthur hizo público su interés por negociar tratados comerciales con varios países latinoamericanos –México, El Salvador, Colombia, Santo Domingo y las colonias españolas e inglesas del Caribe–, cuya concertación contribuiría a reanimar el comercio exterior estadounidense. Por otra parte –y esto, desde luego, no se anunciaba– las concesiones arancelarias resultantes de los tratados, al disminuir el superávit del Tesoro federal, restarían argumentos a los demócratas, en su campaña a favor de una generalizada reducción del arancel. En la estrategia de la administración, el sistema de convenios de reciprocidad articularía con la construcción de un canal interoceánico en Centroamérica, objeto de una negociación paralela con Nicaragua, que llevaría a la firma del tratado Frelinghuysen-Zavala en 1884, con el cual los Estados Unidos cancelaban de hecho el compromiso contraído con Gran Bretaña –tratado Clayton-Bulwer– de compartir el control sobre la ruta ístmica.[48]

La firma del tratado con México, mediante el cual Estados Unidos admitiría libres de derechos veintiocho renglones de productos mexicanos, recibiendo a cambio franquicia sobre setenta y tres renglones de sus exportaciones al vecino país, constituyó la primera cristalización de la política emprendida por Frelinghuysen.[49] Este convenio, sin embargo, debía aún conseguir la aprobación del Senado, un proceso que se presumía dificultoso, pues buen número de senadores consideraba que algunas de las concesiones otorgadas redundarían en la mayor competitividad de mercaderías mexicanas con algunas producidas por sus estados. En cambio, resultaba muy extendido entre los legisladores el sentimiento en torno a las ventajas que representaría la firma de un tratado similar con España, relativo a Cuba y Puerto Rico. Con un intercambio total por valor de 82,5 millones de pesos en 1882, Cuba era un importante socio comercial de Estados Unidos, pero las exportaciones a la Isla sólo representaban el 15% de ese tráfico mercantil, pobre proporción que indicaba la necesidad de abrir más su mercado.

El 16 de junio de 1883 presentaba sus cartas credenciales en la corte madrileña el nuevo ministro norteamericano John W. Foster. Portador de instrucciones precisas al respecto, Foster hizo patente su esperanza de que «...mediante mayores y mejores relaciones comerciales, Estados Unidos y España pudiesen contribuir recíprocamente a su mutua prosperidad».[50] Pese a sucesivas entrevistas y otros contactos para entablar negociaciones comerciales, el ministro norteamericano no pudo menos que dejar constancia de las vacilaciones y demoras de las autoridades españolas, dilación que atribuía a la natural inclinación de estas a manejar con lentitud los asuntos públicos y a la probable preocupación hispana por la conclusión de un acuerdo que podría debilitar los vínculos de Cuba con su metrópoli.

En realidad, las mercancías españolas y norteamericanas no se hallaban en una situación de generalizada competencia en el mercado cubano. Algunos artículos estadounidenses, como el hierro, el acero, las maquinarias y la manteca, no concurrían frente a similares hispanos, y en otros casos, como los tejidos, los competidores de la producción española eran los textiles de Inglaterra y Francia y no los norteamericanos.

De tal suerte, la competencia se centraba en algunos artículos alimenticios, como las patatas –rubro en que Estados Unidos contaba con la ventaja de una más fácil conservación–, carnes saladas y, sobre todo, en la harina de trigo, verdadero punto neurálgico del enfrentamiento mercantil. Las harinas norteamericanas se colocaban en puerto cubano a un costo de 690,60 pesos los 100 barriles, pero después de pagar derechos por 675 pesos, su precio en el mercado local era de 1 365, 60 pesos; frente al precio de 1 254 pesos de las harinas españolas, las cuales se colocaban en puerto a un costo de 973 pesos, pero cuyos derechos resultaban un 60% inferiores a los pagados por las norteamericanas.[51]

La demora en iniciar las negociaciones comerciales comenzó a preocupar al gobierno de Washington y también, desde luego, a los círculos de negocios en Cuba, donde las noticias de la concertación del tratado de reciprocidad mexicano y de la negociación de otro similar con Inglaterra –para sus colonias antillanas–, eran percibidos como la fuente de una peligrosa competencia potencial para el azúcar y otros productos cubanos. El encargado español de negocios en Estados Unidos, Enrique Dupuy de Lome, advertía a la cancillería madrileña de los riesgos de la dilación, dado el extendido criterio que existía entre los comerciantes y autoridades norteamericanas de que el principal obstáculo para el desarrollo de su comercio con Cuba eran los elevados aranceles españoles.[52]

El ministerio de Estado madrileño, sin embargo, continuaba el parsimonioso estudio del asunto, empleando para ello, curiosamente, los servicios del propio Foster, en carácter de «consejero privado». En un largo memorándum al ministro Servando Ruiz Gómez, Foster sugería dos vías para el mejoramiento de las relaciones: la administrativa, que consistiría en levantar las represalias existentes a partir de la eliminación del derecho diferencial de bandera, fórmula sencilla pero cuyos beneficios serían limitados; y la firma de un tratado de comercio, que podría reportar mayores ventajas a ambas partes, aunque implicaba procedimientos de indiscutible complejidad.[53]

Quizás inquieto por la demora, y con la evidente finalidad de presionar la apertura de negociaciones, el presidente Arthur incluyó en su mensaje al Congreso del 4 de diciembre de 1883 un párrafo en el cual, tras comentar las medidas discriminatorias contra las mercancías norteamericanas en Cuba, insinuaba la necesidad de investir al Ejecutivo con los poderes necesarios «...para tratar a los buques y mercancías de Cuba y Puerto Rico por las mismas reglas y escala de castigos que se usan para nuestros navíos en las Antillas...».[54] La declaración parece que obtuvo el efecto deseado, pues el 27 de diciembre la gaceta del gobierno español (*Gaceta de Madrid*), publicaba un decreto que revocaba las medidas discriminatorias de 1867, a partir del cual se admitirían, de acuerdo a los derechos de la tercera columna del arancel, las mercaderías norteamericanas en Cuba y Puerto Rico. Foster informaba a su gobierno de las entrevistas sostenidas por tal motivo con los ministros de Ultramar y Estado, en las cuales ambos funcionarios se mostraron favorables a tomar, en breve plazo, otras medidas que beneficiaran al comercio entre Estados Unidos y Cuba.[55]

En realidad, la medida española ya había abierto el camino a la negociación. El 2 de enero de 1884, Foster y el ministro Ruiz Gómez firmaban un *modus vivendi*, mediante el cual España, además de ratificar la concesión de los derechos de la tercera columna a las mercaderías de Estados Unidos, eliminaba los derechos de tonelaje, los derechos especiales sobre el pescado vivo y cualquier otra medida discriminatoria, mientras que Estados Unidos suprimía el recargo de un 10% *ad valorem* que desde 1867 gravaba las mercancías procedentes de las Antillas españolas. Por último, ambos gobiernos se comprometían a «dar principio desde luego» a un tratado de comercio y navegación.

Pero dicho compromiso no quedaría en manos de Ruiz Gómez. Pocos días después de firmado el acuerdo, una crisis ministerial pondría nuevamente al gobierno español en manos de un gabinete conservador, presidido por Cánovas del Castillo.

Un tratado que no fue

El 15 de enero, tres días antes de producirse el cambio de gobierno en Madrid, el ministro Ruiz Gómez había informado a Foster que la supresión de los derechos de tonelaje, acordada en la cláusula tercera del *modus vivendi*, requería la aprobación de las Cortes; no obstante, el ministro consideraba que dicho trámite no supondría mayor dificultad para la puesta en vigor del arreglo el 1ro. de marzo, según lo previsto. Pero la caída del gobierno creaba una natural situación de incertidumbre, que Foster intentó despejar mediante entrevistas con las nuevas autoridades, en particular con el recién designado ministro de Estado, José de Elduayen.

Viejo conocedor de los asuntos cubanos, por su anterior desempeño como ministro de Ultramar, Elduayen manifestó al ministro norteamericano la buena disposición de su gobierno hacia la promoción del comercio en las Antillas, asegurándole incluso que podía considerar vigente el artículo octavo del *modus vivendi*, relativo a la intención de negociar un tratado comercial. Sin embargo, Foster observó que, pese a la cortesía diplomática, el ministro de Estado se había mostrado cauto y reservado, hasta un punto que hacía imposible dejar de lado las preocupaciones acerca de la ratificación del acuerdo. El representante estadounidense advertía que, con la instauración del gabinete conservador, se había generalizado un sentimiento de rechazo hacia los tratados comerciales concertados por el anterior gobierno –particularmente el suscrito con Inglaterra–, clima que aprovechaban los intereses contrarios al *modus vivendi* para ejercer su negativa influencia.[56]

En realidad, la firma del instrumento comercial no había sido recibida con especial entusiasmo. En Cuba, donde ya se respiraba la atmósfera de enfrentamiento que generaría el movimiento de la Junta Magna, los autonomistas restaban importancia al acuerdo, insistiendo en que la solución no estribaba en «la esperanza engañosa de los tratados», sino en una rebaja radical de derechos arancelarios que «... no debía posponerse al ridículo empeño de conseguir iguales ventajas [...] en los mercados de nuestros vecinos...».[57] Del otro lado del arco político, los integristas furibundos de *La Voz de Cuba* habían sido igualmente críticos con el convenio, pero por considerar que este favorecía los proyectos autonomistas, con grave perjuicio para la «producción nacional».

Precisamente eran los representantes de esta última –esencialmente los trigueros castellanos, apoyados por los «panproteccionistas» catalanes de Bosch Labrús– quienes se movilizaban en la Península contra el *modus vivendi*, amontonando sus «instancias» sobre la mesa de trabajo del ministro de Ultramar. Los peticionarios advertían que la eliminación del diferencial de bandera prevista en el acuerdo, haría descender desde 3,29 pesos por cada 100 kg hasta 2,58 pesos la diferencia arancelaria entre las harinas españolas y norteamericanas en Cuba, y esta disminución –de apenas 0,70 ctvos.– «perjudicaría inmensamente a la agricultura».[58] En realidad, el alegato podría parecer ridículo, de no reflejar la desastrosa situación de la producción cerealera hispana, que había exigido la importación de más de 2 millones de quintales en los dos años precedentes; en ese contexto, el control del mercado antillano –donde se realizaban con pingües ganancias no sólo harinas castellanas, sino tambien reexportadas– resultaba un indiscutible alivio. Pero la abolición del diferencial era algo ya decidido desde la aprobación de las leyes de Relaciones de 1882; luego, la movilización proteccionista contra el *modus vivendi*, más que frustrar este acuerdo, perseguía que se adelantasen los plazos de aplicación del cabotaje, para preservar así las diferencias en favor de las harinas españolas.

Pero el gobierno de Cánovas, preocupado por la disminución que pudiesen ocasionar en las recaudaciones aduaneras de Cuba las pequeñas concesiones derivadas del arreglo con Estados Unidos, no se sentía inclinado en modo alguno a tomar decisiones que dañaran aún más la Hacienda colonial. Ya próxima la fecha en que el acuerdo comercial debía ponerse en vigor, Elduayen propuso a Foster una revisión de su texto, de modo que pudiera salvarse el requisito de su aprobación legislativa. El nuevo acuerdo, firmado con fecha 13 de febrero, sólo eliminaba dos cláusulas del texto anterior pero... ¡sorpresa!, entre las suprimidas no figuraba el controvertido artículo tercero –causa aparente de todas las dificultades– sino el quinto, que eliminaba todo recargo no contemplado en el trato otorgado a la nación más favorecida y, sobre todo, el octavo, por el cual ambos gobiernos se comprometían a negociar un tratado más completo. Probablemente para tranquilizar a los intereses contrarios al *modus vivendi*, el gobierno conservador había preferido desechar, en público, todo compromiso de avanzar más allá de lo acordado.

En la medida en que el convenio eliminaba el trato discriminatorio de que eran objeto sus mercancías en Cuba, Estados Unidos podía considerarse satisfecho y eliminar el antiguo recargo del 10%, medida que fue anunciada mediante proclama presidencial. El interés por conseguir un tratado de comercio sobre las Antillas que asegurase a Estados Unidos «un cuasi completo monopolio o el control del rico comercio de esas islas», desde luego que no había desaparecido. Pero en cualquier caso, la negociación de este no parecía inminente, por lo cual Foster solicitó ser llamado a consultas a Washington, con el propósito real de participar en los preparativos del Partido Republicano para la próxima campaña electoral.[59]

En vigor el *modus vivendi*, el interés del gobierno español por la ampliación de los vínculos comerciales de sus colonias con Norteamérica parecía haberse esfumado. A principios de junio, Elduayen –interpelado por el marqués de Muros– había descartado la firma de un tratado comercial con Estados Unidos. Paralelamente, en Cuba, la crisis económica tocaba fondo, al recibirse las alarmantes noticias de la ratificación del tratado mexicano por el Senado norteamericano y la apertura de negociaciones sobre un instrumento similar por parte del ministro dominicano en Washington, Manuel de J. Galván. Las inquietudes que esta situación provocaba en la Isla, así como sus efectos en las gestiones de la diputación antillana en las Cortes, ya han sido referidos, pero a las preocupaciones que dicho acontecer suscitaba en el gobierno madrileño debía añadirse otra: la proclamación de James G. Blaine como candidato presidencial por el Partido Republicano. El ministro español en Washington, el escritor Juan Varela, había estado previniendo a su gobierno sobre los peligros que entrañaba dicha selección, eventualidad ante la cual había sugerido que «...aunque no se haga tratado, debemos mostrar vehementemente empeño en que se haga. Mister Arthur nos conviene más como presidente que mister Blaine, ambiciosísimo personaje que anhela apoderarse de toda América».[60]

Estas circunstancias parecen haber obligado a España a reconsiderar su estrategia. Al menos ello es lo que sugiere el anuncio hecho por Elduayen y Foster el 1ro. de julio, de que ambos estaban animados por los mayores deseos de concertar un convenio comercial.[61] Foster había regresado a la corte madrileña con todo un proyecto de tratado e instrucciones precisas para negociar. Pero sus días transcurrían entre visitas a una u otra dependencia gubernamental, sin que se concretara su trabajo con el ministro de Estado, quien parecía manejar el asunto a regañadientes. Agobiado por tal circunstancia, el norteamericano terminó por imponer personalmente a Cánovas de las dificultades. Pocos días después, ya aprobada la ley de Autorizaciones, se anunciaba en Madrid la designación de Salvador Albacete como plenipotenciario español para las negociaciones. Con el nombramiento del exitoso negociador del tratado con Francia, Cánovas enfatizaba su disposición de llevar el convenio a buen término; pero la jugada debe haberle sabido muy mal al ministro de Estado, quien se vio suplantado por un adversario en el más trascendente asunto de su despacho.

El arduo trabajo de los diplomáticos se desarrollaría en secreto, bajo una atmósfera de presiones, expectativas y las más diversas especulaciones. Mientras en la Península circulaban noticias acerca de las exigencias de los diputados castellanos respecto a las harinas, y se publicaban las advertencias de las corporaciones catalanas sobre los necesarios límites de la «abnegación» española, en La Habana los autonomistas insuflaban una dosis de escepticismo al entusiasta ambiente creado por los conservadores en torno al tratado, al cual «...le conceden influencia decisiva para salvar la situación económica...».[62] Las negociaciones se prolongaban y Foster, resuelto a quebrar la rigidez española, decidió «hablar claro», advirtiendo a su contraparte que el fracaso del tratado crearía gran disgusto y resentimiento en Estados Unidos, cuyo gobierno optaría por concertar otros acuerdos con competidores de Puerto Rico y Cuba; además, el poderoso sentimiento contra España que despertaría entre los cubanos tal frustración, inevitablemente conduciría a la «temprana pérdida de la Isla para la Corona española».[63]

Enfrentadas a tan dura perspectiva, las autoridades hispanas terminaron por ceder; el 18 de noviembre ambos plenipotenciarios firmaban el tratado, cuyo texto no fue hecho público, dejando amplio margen a la especulación. El trecho cubierto en la reformulación de las relaciones comerciales había sido escabroso, pero aún restaba lo peor. En virtud de la ley de Autorizaciones, el convenio no tendría que someterse a las Cortes españolas, pero sí debería ser ratificado por el Senado estadounidense en sesiones que se vislumbraban sumamente engorrosas.

Las condiciones en que debería conseguirse la aprobación senatorial eran realmente complejas. A pocos meses de entregar su mandato al presidente recién electo, el demócrata Grover Cleveland, la administración Arthur debía obtener de un Senado también saliente, no sólo la ratificación del tratado Foster-Albacete, sino también la de los convenios concertados con Santo Domingo y Nicaragua –este último sobre el canal interoceánico–, así como una propuesta de ampliación del tratado de reciprocidad con Hawai. El ambiente político era decididamente poco favorable. Los demócratas, eufóricos por su victoria, no parecían dispuestos a ofrecer sus votos a la administración como regalo de despedida, mientras que las filas republicanas se mostraban profundamente divididas, pues Blaine –resentido por el pobre apoyo de Arthur a su fracasada campaña– se manifestaba partidario de la concertación de una suerte de *zollverein* americano, como alternativa preferible a los tratados bilaterales propugnados por Frelinghuysen.[64]

Desde que se tuvo conocimiento de la concertación del tratado de reciprocidad con las Antillas españolas, este se convirtió en objeto de controversia, y ello pese a que sus detalles eran desconocidos, pues se había acordado que el texto sería considerado a puertas cerradas por el comité de Relaciones Exteriores del Senado. Mientras importantes casas comerciales newyorkinas y algunas firmas industriales del noreste ponderaban las seguras ventajas del acuerdo, los fabricantes de tabacos de Cayo Hueso y otras ciudades se movilizaban ante la posibilidad de que se hubiese concedido una rebaja del 50% a los derechos del tabaco torcido, cuyos efectos consideraban desastrosos. Tales opiniones, hijas de la especulación, comenzarían a tener un sólido fundamento a partir del 8 de diciembre, cuando el *New York Times* publicó en su primera plana el texto íntegro del tratado. Dos días después, el diario newyorkino revelaría que había obtenido la copia de «cierto caballero» madrileño y que su texto –de noventa y seis páginas– fue trasmitido por su corresponsal, en una maratónica sesión telegráfica desde la capital española.[65]

Era un serio contratiempo para el gobierno. Sin perder la compostura, el 11 de diciembre el presidente Arthur remitía el tratado al comité de Relaciones Exteriores del Senado, acompañado por una extensa comunicación de Frelinghuysen. Esta colocaba todo el énfasis en las concesiones obtenidas de la parte española –franquicias a la manteca, el pescado, arroz, vegetales y otros alimentos, así como a materiales de construcción, artículos de hierro y acero, maquinaria, etcétera, y una rebaja del 50% a las polémicas harinas–, destacando los beneficios inmediatos y futuros que ellas reportarían a los ciudadanos norteamericanos.[66]

Pero estos también conocían las concesiones hechas por su gobierno. Los temores de los tabacaleros se vieron confirmados; efectivamente, se rebajaban en un 50% los derechos de la rama y del torcido. Junto a ello, se otorgaba franquicia a las mieles, el café, frutas frescas y otros productos alimenticios, incluyendo los azúcares hasta el grado 16 de la escala holandesa. Esta última y trascendental concesión, puso en pie de guerra a los refinadores, que se ya se veían colocados ante una avalancha de azúcar directamente apta para el consumo. A las quejas de estos, se unirían las de la National Sugar-growers Association, la Cigar-Makers Union, numerosas asociaciones de cultivadores de tabaco y otras corporaciones, que en los días finales de 1884 y primeros de 1885 inundaron las páginas de la prensa. Naturalmente, no todos eran detractores; firmas comerciales como Maitland, Phelps & Co., navieros como James H. Ward y numerosos industriales –Singer Manufacturing, Howe Machine, Weymouth Iron– se pronunciaron a favor del convenio y también hicieron llegar sus opiniones a los periódicos.[67]

En Cuba, las resonancias del tratado habían sido igualmente amplias, aunque, desde luego, mucho más consonantes. La Unión Constitucional envió una calurosa felicitación al gobierno, mientras el *Diario de la Marina* proponía una condecoración para Albacete, la cual debería entregársele junto con un regalo en metálico que ya colectaban los senadores y diputados de Cuba. Los autonomistas, aunque sin abandonar enteramente sus reservas, se sumaban al coro de los entusiastas, destacando sobre todo el favorable efecto que tendrían para el costo de la vida las rebajas concedidas a los artículos de Estados Unidos. Pero el júbilo comenzó a disiparse con las noticias del rechazo que suscitaba el tratado entre poderosos sectores de la opinión norteamericana. A finales de diciembre, los hacendados hacían pública su disposición a que la franquicia se redujera sólo a los azúcares hasta el grado 13, en un evidente esfuerzo por ganar el respaldo de los refinadores. Como la zorra de la fábula, círculos económicos integristas comenzaron a manifestar menosprecio por el tratado que poco antes les hiciera batir palmas, y *El Triunfo* se mofaba del *Diario de la Marina* que, en un artículo a finales de enero, ponderaba las ventajas que reportaría al presupuesto insular la no ratificación del convenio comercial.[68]

A todas luces, el acta de defunción del convenio se estaba extendiendo de modo un tanto apresurado. Desde Washington, el ministro Varela hacía llegar a su gobierno algunas noticias alentadoras: el senador J. F. Miller, presidente del comité de Relaciones Exteriores, era partidario de la ratificación, y Blaine se había pronunciado a favor de esta, según se decía, a instancias de un poderoso comerciante newyorkino a quien el líder republicano «debe muchos favores». Foster le había comunicado que consideraba posible vencer la oposición, si la rebaja de derechos al tabaco se circunscribía sólo a la rama y la franquicia al azúcar se limitaba al grado 13. El representante español pedía autorización para negociar y reiteraba que no escatimaría esfuerzos para la consecución de un voto favorable del Senado. Sin embargo, Varela confesaba sus escrúpulos ante cierta clase de gestiones, como la promovida por un grupo de comerciantes habaneros, en contacto con un cabildero de Washington, quienes aseguraban que con 800 mil pesos comprarían los votos necesarios para la ratificación.[69]

Finalmente, el camino seguido fue la renegociación. Como resultado de esta, el texto del tratado se modificó, eliminándose la franquicia a los minerales y limitando la del azúcar hasta el grado 13; las rebajas concedidas al torcido fueron transferidas al tabaco en rama y se prolongó hasta el 18 de mayo de 1885 el plazo para la aprobación del convenio, disposición ineludible esta, toda vez que Arthur había llegado al final de su mandato y el asunto tendría que ser tramitado ahora por la administración demócrata presidida por Cleveland.

Aunque el nuevo secretario de Estado, Thomas Bayard, aseguró a la representación española el interés de su gobierno por llevar el asunto a buen término, lo cierto fue que Cleveland retiró el tratado de la consideración del Senado pocos días después de la inauguración presidencial. En modo alguno ajeno a inclinaciones expansionistas, el presidente demócrata era, sin embargo, un liberal que confiaba en promover el comercio mediante la reducción de aranceles, particularmente a las materias primas, concepción muy en línea con los intereses de ciertos grupos comerciales e industriales del este que lo habían aupado al liderazgo de su partido. No obstante, Cleveland tampoco podía permanecer de espaldas a las aspiraciones de los agricultores –de tan poderosa influencia en las filas demócratas– que, aquejados por la superproducción y el descenso de los precios, continuaban presionando en favor de la apertura de nuevos mercados. Así, con sentimientos un tanto ambiguos, el nuevo presidente tomó en sus manos el tratado español, un asunto vital para el futuro de las relaciones con Cuba, territorio que algunos de sus asesores consideraban como «el de mayor importancia entre los que debieran anexarse a Estados Unidos».[70]

Evidencia del interés del nuevo gobierno norteamericano por el tratado, fue la designación de Foster para hacerse cargo de la legación en España, no obstante la reconocida militancia republicana de este. Pero ahora, el asunto debía de ser manejado con perfil propio y no como una herencia de la anterior administración. Portador, por tanto, de nuevas exigencias –entre ellas la extensión del convenio a Filipinas–, Foster fue recibido con frialdad en la corte madrileña. Las autoridades españolas no entendían que se intentase negociar un nuevo tratado cuando había otro pendiente, y dejaron sentada la imposibilidad de incluir las Filipinas, pues dichas islas no estaban comprendidas dentro de las facultades otorgadas por la ley de Autorizaciones. Consciente de que las negociaciones habían sido engavetadas, el ministro estadounidense presentó la renuncia y regresó a su país.

Se cerraba así un episodio especialmente ilustrativo en la evolución del complejo problema comercial cubano. Las causas del fracaso del tratado Foster-Albacete deben buscarse, esencialmente, del lado norteamericano. Presentado por una administración débil, casi al final de su mandato, el convenio había sido combatido tanto por los librecambistas, que lo consideraban una artimaña para eludir la reforma arancelaria, como por los proteccionistas, para quienes constituía una grieta inadmisible en el sistema protectivo. El *New York Herald* –partidario fervoroso de la ratificación– consideraba absurdo que el mismo Congreso que había urgido al presidente Arthur a expandir las relaciones comerciales, terminase rechazando los resultados de esa gestión, sin percatarse que ella involucraba una cuestión más importante que la estrictamente comercial: «...la del destino de nuestra nación de dominar sobre este continente».[71] Pero era evidente que si el sentimiento en favor de la expansión se había generalizado en Estados Unidos, las discrepancias en torno a los medios para realizarla resultaban todavía demasiado profundas para dar forma a una política consistente.

En Cuba, las circunstancias que rodearon este asunto no resultan menos reveladoras. Los autonomistas, considerados desde su aparición como los abogados de la reciprocidad, se mantuvieron reticentes respecto al tratado; lo saludaron por entender que entrañaba una rebaja parcial de los aranceles y, sobre todo, por considerar que la concertación de un acuerdo exclusivo para Cuba y Puerto Rico, constituía una demostración palmaria de la imposibilidad de la asimilación de estas «provincias» a su metrópoli. Desde su perspectiva, el tratado sólo representaba un intento español de resolver los problemas de la Isla mediante el «privilegio de fuera», como medio de eludir las genuinas soluciones internas.[72]

Más difíciles de precisar son las posiciones respecto al tratado de la otra gran fuerza política cubana: el independentismo. Los criterios económicos de esta corriente no resultaban frecuentes y sería peligroso generalizarlos, tanto más en esta década de 1880. A juzgar por las ideas que sustentaba la minúscula agrupación demócrata, en la cual militaban algunas figuras independentistas, y por la ideología liberal que de un modo u otro resultaba predominante en el independentismo, la alternativa comercial de esta corriente era el libre cambio, punto de vista que, por cierto, tambien sustentaba Martí en esta etapa. Sin embargo, el caso de Martí amerita una breve consideración. Salvo una alusión a que el tratado de comercio entre Estados Unidos y las Antillas «asegura sin duda a aquellos la dictadura comercial en estas», no existe en su obra una verdadera valoración de ese convenio. Pero sí la hay, en cambio, del tratado de reciprocidad mexicano, «acontecimiento de gravedad mayor» que examinó con toda cautela y evidente prevención, al extremo de felicitarse por su fracaso. Pese a su librecambismo, Martí no ignora ya en este momento los peligros que podían derivarse de una «especial» relación comercial de las naciones latinoamericanas con Estados Unidos.[73]

Resulta que, paradójicamente, los más entusiastas partidarios del tratado en Cuba eran los grandes empresarios españoles radicados en la Isla. Se presentan dentro de este grupo diversos matices: mucho más firme se aprecia la adhesión de los azucareros, mientras los tabacaleros, resueltos partidarios en un principio, retiran su apoyo cuando se desechan las rebajas al torcido. Pero, en cualquier caso, no deja de ser significativo que una colectividad que dos años antes hacía del cabotaje la panacea al problema comercial cubano, al verse sumida en una crisis pavorosa, confiase la solución a un recurso que en modo alguno podía considerarse apropiado sustento económico de la «integridad nacional».

Queda por último analizar la curiosa evolución de la posición española. Parece evidente que el gabinete conservador no era, al principio, partidario de suscribir un tratado comercial, y que esta posición fue mantenida por algunos de sus miembros, singularmente por José de Elduayen. Es, sin embargo, tan notorio el cambio de actitud de Cánovas que invita a la especulación. Otra vez la explicación se sustentaría en los factores políticos, en esta ocasión los involucrados en una coyuntura que el jefe conservador debe haber evaluado como especialmente peligrosa. Por una parte, el interés expansionista norteamericano, circunscrito de momento a lo ecónomico, pero cuya frustración podría traer graves consecuencias. Por otra, el desconcierto, fragmentación y hasta presumible deslealtad de las fuerzas sociales que dentro de Cuba sustentaban el status colonial. La conjunción de ambos factores resultaría nefasta para el futuro de España en las Antillas.[74]

Estas consideraciones estaban, sin duda, tras el cambio de actitud de Cánovas. La crisis cubana colocó al político malagueño ante la opción de emprender profundas y duraderas reformas económicas en la Isla –con todas sus consecuencias para la estabilidad del sistema colonial–, o confiar la solución esencial a la instauración de un nuevo régimen de comercio con Estados Unidos, variante también gravosa, pero que anularía las presiones que sobre él se ejercían tanto desde Washington como desde Cuba y que, sobre todo, contaba con la probabilidad –cierta– de que el tratado no fuese ratificado por el Senado estadounidense. De suceder así, España demostraría su disposición al «sacrificio» por sus súbditos antillanos y quedaría liberada de responsabilidades. La jugada resultó exitosa, pero tuvo un precio: el reconocimiento oficial por España de que Estados Unidos desempeñaba un papel determinante en la vida económica de Cuba.

Era la evidencia de un trascendental desplazamiento en el equilibrio de poderes. Y si alguna duda quedaba, el gobierno español –ya para entonces liberal– se encargaría de despejarla. En 1886 se produciría un serio diferendo entre Estados Unidos y España, respecto a la interpretación de una cláusula del *modus vivendi*. Según Madrid, dicho convenio había dispensado los derechos de la tercera columna a los artículos producidos en Estados Unidos, pero no a todos los procedentes de dicha nación. Washington, que entendía lo contrario, tramitó su discrepancia por canales diplomáticos, pero ante la dilación española en ofrecer una respuesta satisfactoria, reimplantó el recargo del 10%. Dicha medida produjo una verdadera conmoción en Cuba, que determinó la aceptación casi inmediata de la interpretación norteamericana por el gobierno madrileño.[75]

No en balde el Partido Autonomista podría declarar sin tapujos en su plataforma electoral de 1886:

> Nuestra metrópoli en política es España; pero fuerza es reconocer que en ella no está el porvenir de nuestra riqueza ni la prenda de nuestra prosperidad, sino en los Estados Unidos que, por obra de la naturaleza y de los hombres, debemos considerar como nuestra metrópoli mercantil.[76]

El alcance de los remedios

Frustrado el convenio comercial con Estados Unidos, la reanimación de la economía cubana quedó a expensas de las soluciones arbitradas por España en el marco de la ley de Autorizaciones. El gobierno de Cánovas, que había sido cauto en la formulación de la ley, se mostraría aún más moderado en su aplicación.

Para enfrentar la crítica situación azucarera, se decretó –en julio de 1834– una rebaja en los derechos de exportación, medida encaminada a facilitar la salida de los azúcares que se venían acumulando en los almacenes cubanos. Simultáneamente, se anunciaba la decisión de franquear el mercado peninsular al azúcar colonial, lo cual se concretaría meses después, al suprimirse los derechos arancelarios pagados en España por el dulce antillano, como un adelanto en la aplicación del cabotaje. La medida, que modificaba sustancialmente las condiciones de concurrencia, fue complementada con la elevación del arancel fijado a los azúcares extranjeros hasta 32,25 pts. por cada 100 kg, tasa que en la práctica reservaba el mercado español a los productores nacionales. Sin embargo, el equilibrio entre estos también había sido alterado y los azucareros andaluces se movilizaron en demanda de un tratamiento que preservase su competitividad. Cánovas, que no podía permanecer indiferente a los intereses que tantas veces había representado, encontró una solución por la vía de los impuestos de consumo. Mientras los azúcares antillanos pagarían a plenitud los derechos municipales y transitorios –que totalizaban entre ambos 17,60 pts. por cada 100 kg–, los conciertos de los productores domésticos fueron reducidos a la mitad, con lo cual estos conservarían una diferencia a su favor de 14 pts., margen suficiente para sostener su costosa producción.

Estas medidas posibilitaron que las exportaciones de azúcar cubano a España se elevaran hasta 40 mil t en 1886, recuperando el nivel de ventas de que disfrutaran treinta años antes. El incremento, unas 23 mil t respecto a lo exportado en 1884, representaba, sin embargo, poco más de un 3% sobre las ventas azucareras de Cuba y no podía considerarse un alivio sustancial. El precio del azúcar se mantenía por debajo de los 0,3 ctvos. por lb, por lo cual, los hacendados estimaban que la zafra de 1886 se realizaría con pérdidas superiores a los 4 millones de pesos.[77] El Círculo aducía que el peso de las contribuciones, las dificultades financieras y la carestía de brazos resultante de la abolición de la esclavitud –en 1886 se liquidaba el patronato– imposibilitaban la recuperación de la industria. Es difícil establecer hasta qué punto tales apreciaciones eran exactas y, sobre todo, generalizables. Una parte considerable de los hacendados se veía impedida de enfrentar las transformaciones que imponían las circunstancias –se aseguraba que aún eran escasos los ingenios capaces de obtener rendimientos superiores al 9%–; por lo cual, las quejas podrían resultar, en buena medida, expresión de aquellos a quienes el desarrollo capitalista condenaba a perecer. Pero sin dudas, la presión fiscal y los desajustes monetarios y financieros agravaban su situación.[78]

Otro sector en condiciones críticas era el tabacalero. Las exportaciones de torcido, que alcanzaban 208 millones de unidades en 1874, una década después se habían reducido apenas a unos 100 millones, descenso compensado hasta cierto punto por el crecimiento de las ventas de tabaco en rama. Un factor importante de dicha evolución era el desarrollo de la industria tabacalera en Estados Unidos, donde la hoja cubana se ligaba con otras –sobre todo de Sumatra–, logrando un puro de aceptable calidad y más bajo precio.[79] Por ello, los productores tabacaleros confiaron sus mayores esperanzas a las rebajas previstas por el tratado Foster-Albacete, cuyo fracaso supuso una seria frustración. En realidad, para los productores tabacaleros el mercado español no era una alternativa, pues el régimen del estanco entrañaba un límite a las exportaciones y permitía la paradoja de que las fábricas de la Península procesaran materia prima norteamericana. Las demandas de los tabacaleros cubanos se orientaron así a obtener una ventaja similar a la ofrecida para el azúcar, tratando de que las importaciones españolas se circunscribieran al tabaco en rama colonial. Aunque la ley de Autorizaciones enunciaba de modo expreso una medida en tal sentido, nada se hizo, probablemente por temor a los efectos que ella pudiera tener sobre el presupuesto de la metrópoli. En cambio, sí se autorizó el libre tráfico de tabaco entre las colonias españolas, decisión que produjo hondo malestar entre los cosecheros cubanos, ante la posibilidad de que la industria local comenzara a utilizar las hojas más baratas, procedentes de Puerto Rico y Filipinas.[80]

Por su repercusión sobre todas las ramas de la economía, la cuestión financiera tenía un peso considerable entre los factores de la crisis cubana. Los continuos déficits presupuestarios, derivados de un régimen de gastos muy superior a las posibilidades contributivas del país, tenían su causa fundamental en el servicio de la deuda, que regularmente consumía un tercio del presupuesto. La tesis autonomista de que la deuda debía ser asumida por el Tesoro nacional en su conjunto, ganaba terreno en la misma medida en que ciertos sectores del integrismo comprendían que era ese el único medio de reducir la gravosa partida de amortización. Para colmo, tanto la disminución de los valores producidos por la Isla, como las medidas de alivio adoptadas –reducción de los derechos de exportación, rebajas de aranceles derivadas del *modus vivendi* concertado con Estados Unidos y otras disposiciones, como la franquicia otorgada a los vinos españoles–, hacían cada vez más tensa la situación de la Hacienda cubana que, a finales de 1884, informaba un déficit de 350 mil pesos en las recaudaciones de aduana correspondientes al trimestre cerrado el 30 de septiembre. Los ingresos presupuestados para el ejercicio 1884-1885, sumaban 32 millones de pesos, pero las recaudaciones apenas sobrepasaron los 23 millones, razón por la cual se hizo necesario contratar reiterados préstamos con el Banco de España para satisfacer las necesidades más apremiantes del gobierno colonial.[81]

Pese a que el arreglo de la deuda estaba contemplado de modo expreso por la ley de Autorizaciones, el gobierno de Cánovas no tomó decisión alguna al respecto, y se limitó a dictar medidas financieras cosméticas, como la aceptación de los billetes para el pago parcial de derechos de exportación. El asunto quedó así en manos del gabinete liberal que ascendió al poder tras la muerte del rey Alfonso XII. En mayo de 1886, su ministro de Ultramar, Germán Gamazo, anunció la emisión de un empréstito de 620 millones de pts., destinado a la conversión de la deuda cubana. En virtud de esta operación, el plazo de amortización se extendería hasta cincuenta años, pero el servicio se reduciría a 5,5 millones de pesos, cuatro menos de lo requerido por la deuda preexistente.[82] La operación se hacía con la garantía del Tesoro de la Península, pero no con cargo a este, y su ejecutor sería una vez más el Banco Hispano-Colonial, que además de obtener pingües ganancias por sus servicios de agente, extendía de este modo sus tentáculos al conjunto del sistema tributario cubano.

Con la conversión, anunciaba Gamazo, podría conseguirse la tan ansiada nivelación del presupuesto cubano; efectivamente, los gastos presupuestados para 1886-1887 ascendían a 25,9 millones de pesos, frente a ingresos estimados en una cantidad similar. Pero... ¡vanas ilusiones!, las recaudaciones efectivas de ese ejercicio fueron sólo de 23 millones de pesos, con lo cual la Hacienda colonial debió encajar un nuevo déficit de 2 456 477 pesos.[83] Esta situación inesperada, provocó que el ministro de Ultramar –ahora Víctor Balaguer– extremara sus presiones sobre el intendente de Hacienda de Cuba, pues las causas del déficit se atribuían a la demora en el cobro de las contribuciones y, sobre todo, a los fraudes fiscales, particularmente graves en las aduanas, donde el contrabando producía una evasión calculada en más de 3 millones de pesos.

Mal congénito de la administración colonial, la hidra de la corrupción afectaba a todas sus dependencias y asomaba una cabeza en cada aduana de la Isla. El cónsul de España en New York advertía a Balaguer que, si bien el contrabando se originaba en Estados Unidos, sus autores residían en Cuba, pues «...resulta claramente probado que los empleados de aduana de nuestros puertos son por lo general quienes favorecen en gran escala el contrabando [...] los funcionarios españoles no ya consienten, sino que animan a los comerciantes al infame tráfico...».[84] En agosto de 1887, tras la noticia de una notable baja en la recaudación, el Gobernador General de Cuba dispuso la intervención de las aduanas; ya para septiembre, las dependencias intervenidas duplicaban la recaudación de julio, pero tan pronto fue levantado el «estado de excepción» aduanal los ingresos volvieron a descender. Dadas las circunstancias, se fue extendiendo la opinión –compartida por algunos funcionarios coloniales– de que la única solución sería arrendar las aduanas a un banco, al menos por el tiempo necesario para que dicha institución sanease su administración. Era una grave confesión de impotencia.[85]

Mientras la sociedad cubana se conmovía ante las reiteradas noticias de escándalos de corrupción y actos de bandolerismo, tomaban cuerpo nuevamente las exigencias de las corporaciones en pro de una reducción de la presión fiscal. Su objetivo inmediato era la completa eliminación de los derechos de exportación, exigida por los hacendados de Sagua, Matanzas, Santiago y Manzanillo, en un movimiento que daría lugar a un extenso informe del Círculo, en demanda de reformas económico-administrativas. Dentro de la propia Unión Constitucional ganaban terreno las posiciones reformistas, de lo cual resultaba un claro indicio la serie de editoriales que, bajo el título «Las reformas se imponen», publicaba el *Diario de la Marina* a principios de 1887. La necesidad de estas medidas era comprendida incluso por las más altas autoridades de la Isla, como el intendente de Hacienda o el propio Gobernador, quien llegaría a solicitar de modo explícito que se transfiriese parte del servicio de la deuda al Tesoro de la Península, al conocer que el presupuesto de 1887-1888 se había confeccionado previendo un déficit de 3 millones de pesos.[86]

Transcurrida una década desde el Pacto del Zanjón, España había extendido a Cuba muchas de sus leyes, pero la asimilación de la colonia a la metrópoli no dejaba de ser una ilusión; recorte tras recorte, los presupuestos insulares se habían reducido casi a la mitad, sin que la economía cubana lograra superar su estado de crisis recurrente. Los paliativos metropolitanos podrían, pues, proporcionar momentáneo alivio a una u otra de las dolencias que aquejaban al régimen colonial, pero difícilmente restablecerían la salud de ese cuerpo minado por una enfermedad mortal.

Notas

[1] Calculado en términos gruesos, la guerra había ocasionado la desaparición de más de cuatrocientos ingenios, trescientos cafetales y tres mil vegas de tabaco en la mitad oriental, así como la virtual extinción de la ganadería en Camagüey, principal región ganadera del país. Estas pérdidas pueden apreciarse mediante la comparación de las estadísticas oficiales de 1862 y 1877. *Cfr.* en el Instituto de Historia de Cuba: *Las luchas por la independencia nacional y las transformaciones estructurales,* La Habana, Editora Política, 1996. (Anexo estadístico, tabla 13.)

[2] Los factores que determinaron la pérdida del mercado británico para el azúcar cubano no han sido todavía dilucidados, pero hay indicios de que ese fenómeno no puede achacarse enteramente a la competencia remolachera. En el primer semestre de 1883, cuando el azúcar de Cuba había desaparecido virtualmente de Inglaterra, ese país importó algo más de 265 mil t de azúcar de caña, procedentes, en su mayoría, de las Indias Occidentales británicas, Java y Brasil. *Cfr.* datos de J. del Perojo: *Ensayos de política colonial,* Madrid, 1885, p. 120.

[3] A ello se unía el descenso del precio del azúcar, pues en 1879 la cotización promedio del quintal de azúcar en Londres resultó inferior a 20 chelines por primera vez en el siglo. *Cfr.* Deer: *The History of Sugar,* London, 1950, t. II, p. 531. Los datos de producción provienen de la ya citada obra de Moreno Fraginals, t. III, cuadro I.

[4] En ese año España exportó a Cuba un valor total de 16,3 millones de pesos e importó 3,9 millones de pesos; EE.UU., en cambio, exportó 15,8 millones e importó 54,7 millones. AHN: *Ultramar,* leg. 892, caja 3. Según fuentes norteamericanas –U.S. Treasury Dept.: *Commerce of the United States with Mexico, Central America, the West Indies and South America,* Washington, Government Printing Office, 1886, p. 42– las exportaciones a Cuba totalizaron 12,7 millones de pesos, lo cual incrementaría el déficit de su balanza cubana hasta 42 millones de pesos.

[5] Servando Ruiz Gómez, en su ya citado *Examen crítico...* de este presupuesto (pp. 26-31), destacaba la elevadísima proporción de oficiales respecto a la tropa, así como los gastos igualmente desproporcionados del presupuesto de Marina, a tenor de lo que importaban los gastos efectivos del mantenimiento de los buques y su personal de a bordo. Con relación a la administración militar, una investigación realizada por la Contaduría General de Hacienda en 1875, reveló la existencia de 14 385 036 pesos

cuyo destino no estaba justificado, atribuyéndose a «gastos dispuestos de orden superior». AHN: *Ultramar*, Madrid, leg. 842, no. 39.

[6] *Gaceta de La Habana*, 5 de octubre de 1870.

[7] En enero de 1877, el administrador general de Aduanas alegaba escasez de personal para justificar el no envío de estadísticas sobre importación de harinas solicitado por una comisión de las Cortes y, pocos meses después, se originaba un conflicto entre los ministerios de Ultramar y Estado, pues al solicitar el segundo datos sobre el movimiento comercial entre Cuba y Estados Unidos, se le había remitido la estadística norteamericana, a cuyos datos «...aun cuando pueden ser exactos [...] el Gobierno no ha de darles carácter oficial...». AHN: *Ultramar*, leg. 811, exp. 13. Las denuncias de contrabando son igualmente frecuentes, al extremo de que, en 1880, el representante español en Estados Unidos manifestó al ministro de Estado en Madrid que «en vista de que no puedo conseguir que el Gobierno General de la Isla de Cuba me dé conocimiento de los resultados de las denuncias que le trasmito de fraude contra la renta en la introducción de mercaderías por las Aduanas de la misma, he resuelto informar a V.E. de cuanto manifesté a dicho gobierno...». AHN: *Ultramar*, leg. 885, exp. 16.

[8] En 1878, la corriente liberal se presentó escindida en tres agrupaciones: el Partido Liberal, mayoritario, cuyo programa es el aquí comentado; el Partido Liberal Nacional, que al año siguiente se fusionaría con el anterior, y el Partido Liberal Democrático, una pequeña agrupación de profesionales y comerciantes, fervorosamente adherida al libre cambio, la cual subsistiría durante varios años en posición muy marginal. Para los programas comentados, *cfr*. L. Estévez Romero: *Desde el Zanjón hasta Baire*, La Habana, 1974, t. I, pp. 51-57 y 67-74.

[9] Inés Roldán, en *La Unión Constitucional y la política colonial de España en Cuba, 1868-1898*. (Tesis doctoral, Universidad Complutense de Madrid, 1991, pp.165-188), adelanta esta idea, a la vez que ofrece una caracterización socioeconómica de la directiva original del partido y aporta datos sobre la polémica con otros grupos peninsulares.

[10] En una comunicación al ministro de Ultramar en enero de 1879, Martínez Campos le advertía que «...los más exigentes contra las contribuciones son los peninsulares». L. Estévez Romero: ob. cit., t. I, p. 121.

[11] Preocupado por la creciente influencia de Estados Unidos, el general apuntaba que: «...la vida material de Cuba depende de la vecina república: a ella se acerca Cuba por instinto, por ideas, por necesidad». Estas cartas sólo se conocen fragmentariamente, a partir de la lectura que de ellas hiciera Martínez Campos en la sesión del Congreso de Diputados del 11 de marzo de 1880. Aquí se toman del texto reproducido por L. Estévez Romero: ob. cit., t. I, pp. 115-119.

[12] El decreto del 21 de junio de 1878 extendió a Cuba las leyes orgánicas municipales y provinciales, con criterio francamente centralizador, pues

el Gobernador General quedaba obligado a nombrar a los alcaldes –y tenientes alcaldes– en condiciones que los hacían funcionarios a sueldo del gobierno central. La ley electoral quintuplicaba en un caso y más que duplicaba en otro las tasas contributivas establecidas en España, para que en Cuba un ciudadano pudiese ser considerado elector. *Cfr.* Javier Rubio: *La cuestión de Cuba y las relaciones con Estados Unidos...*, Madrid, 1995, pp. 257-266.

[13] *Cfr.* E.R. Beck: *A Time of Triumph and Sorrow. Spanish Politics under the Reign of Alfonso XII*, London, 1979, pp. 111-113.

[14] *Documentos de la Comisión creada por Real Decreto de 15 de agosto para informar al Gobierno acerca de los proyectos de ley que habrán de someterse a las Cortes*, Madrid, 1879.

[15] *Cfr. Contestación elevada al Excmo. Señor Ministro de Hacienda por los representantes de la industria azucarera peninsular refutando el informe de la comisión nombrada por el Ministro de Ultramar respecto a establecer el cabotaje con la Isla de Cuba*, Madrid, 1879.

[16] La directiva del Fomento de la Producción Española respaldó la propuesta del cabotaje, por considerarla un factor de «unificación» del mercado nacional, según puede apreciarse en *Fomento de la Producción Española* (no. 143, 1879, pp. 227-236) y otros números (135, 139, 163) de esa publicación durante el mismo año, en los cuales también se hace manifiesta la preocupación por conservar el diferencial de bandera, sentimiento aún más acusado entre los miembros del Instituto de Fomento del Trabajo Nacional, según reflejan las *Actas* (t. I, pp. 35-71) de esa corporación.

[17] Sobre la influencia política de los andaluces, *cfr.* M. Martín: *Azúcar y descolonización*, Granada, 1982, p. 88; la presencia de Cánovas –y de Romero Robledo– en Barcelona, poco antes de la crisis, es apuntada por E.R. Beck: *A Time of Triumph and Sorrow. Spanish Politics...*, London, 1979, p. 114. Rubio desarrolla su tesis en su ya citada *La cuestión de Cuba...*, pp. 280-282.

[18] Con la concentración de las exportaciones cubanas en EE.UU., la vigencia del diferencial de bandera no sólo resultaba un elemento ensombrecedor para las perspectivas comerciales de la Isla, sino una pérdida considerable para la marina mercante española, que había quedado prácticamente excluida del tráfico Cuba-EE.UU., a causa de las represalias norteamericanas. Sobre el presupuesto 1880-1881, *cfr.*: *Presupuestos generales de gastos e ingresos de la Isla de Cuba para el año económico 1880-81*, Madrid, 1880, y el discurso pronunciado en Cortes por Elduayen en defensa de este, en J. de Elduayen: *La Hacienda de Cuba*, Madrid, 1880.

[19] Mientras el Fomento de la Producción Española se oponía a la supresión del diferencial de bandera y consideraba más favorable el fenecido proyecto Albacete por la instauración del cabotaje (*cfr.*: *Fomento de la Producción Española*, no. 194 [1880], pp. 203-205 y el tomo II de las *Actas* de esta corporación), el Instituto de Fomento apelaba a Víctor Balaguer en

Madrid, para que le mantuviera al tanto de cualquier movimiento respecto al arancel cubano, designaba una comisión para estudiar el asunto y se dirigía a Cánovas, solicitándole no se tomase medida alguna sin consultar previamente a las corporaciones. Instituto de Fomento del Trabajo Nacional: *Actas*, t. I, pp. 205-244. En AHN: *Ultramar*, leg. 887, pueden encontrarse numerosas exposiciones de corporaciones peninsulares contrarias a la abolición del diferencial, así como los criterios de los cónsules hispanos en diversas ciudades sobre este particular.

[20] Criterios sobre esta negociación pueden verse en J. de Ruete: *El empréstito de Cuba*, Madrid, 1880; *Apuntes sobre los bonos del Tesoro de la Isla de Cuba*, Madrid, 1880; y E. Pardiñas: *Memoria sobre la creación, servicios prestados y ulteriores trabajos de la Excma. Junta de la Deuda de la Isla de Cuba*, La Habana, 1885; así como la ya citada memoria de Martín Rodrigo, pp. 184-188.

[21] En la crítica al arreglo de la deuda se dejaba sentir también la posición de tenedores de otros títulos, distintos a los del Hispano-Colonial y el Banco Español, casi todos ellos negociantes radicados en Cuba, quienes consideraban desatendidos sus intereses. La importancia de la decantación apuntada en el seno de la Unión Constitucional ha sido agudamente analizada por Inés Roldán en su obra *La Unión Constitucional y la política colonial...*, pp. 243-245.

[22] Citado por J. Rubio: *La cuestión de Cuba y las relaciones con Estados Unidos...*, pp. 349-350.

[23] *Cfr.* Serrano Sanz: *Los presupuestos de la Restauración*, Madrid, 1987, pp. 87-101.

[24] Estas exposiciones y criterios se encuentran recogidos en AHN: *Ultramar*, leg. 892, caja 3. El único criterio favorable al mantenimiento del diferencial era el del director general de Hacienda, quien consideraba que la abolición de este debía condicionarse a la firma de un acuerdo comercial con EE.UU.

[25] Los legisladores advertían que habían visto con disgusto cómo dicho compromiso fue sustituido por «...cierto vago ofrecimiento de concertar con la República de los Estados Unidos un tratado de comercio ...[el cual] vino a reemplazar con toda la deficiencia e incertidumbre de lo eventual, contingente y hasta poco probable, a la positiva y real disminución que en parte al menos, atendía a las exigencias del consumo en las Antillas españolas». «Petición de 32 senadores y diputados de Cuba y Puerto Rico al Ministro de Ultramar», AHN, leg. 885, exp. 35.

[26] Así la evalúa acertadamente Serrano Sanz en su ya citado *El viraje proteccionista en la Restauración*, Madrid, 1987, pp. 65-76. Sin embargo, el efecto político parece haber sido muy relativo, al menos en lo inmediato, pues el *Fomento de la Producción Española* y *El Eco de la Producción* –órganos de las dos principales corporaciones proteccionistas catalanas– informaron sobre las leyes de Relaciones Comerciales y hasta reprodujeron su texto, pero sin manifestar particular entusiasmo en sus escasos comentarios sobre estas.

[27] Los criterios autonomistas pueden encontrarse en el periódico *El Triunfo* (La Habana), principalmente en los meses de marzo y julio de 1882, y de manera más concentrada, en «Los autonomistas y el cabotaje», *Revista de las Antillas*, Madrid, 8 de junio de 1882.

[28] José Martí: *Obras completas*, t. XIV, pp. 504 y 505.

[29] Núñez de Arce había sido corresponsal del diario ultraderechista *La Voz de Cuba*, y en el momento de su designación ocupaba la corresponsalía en Madrid del *Diario de la Marina*, virtual órgano de la Unión Constitucional. Todo este proceso es examinado en detalle por Inés Roldán: *La Unión Constitucional y la política colonial de España en Cuba, 1869-1898*, pp. 295-311.

[30] Aunque, según la serie construida por Moreno Fraginals (ob. cit., t. III, cuadro I) el monto de la zafra de 1883 –601 426 tm– sólo habría sido inferior en unas 19 000 tm a la del año precedente, otras fuentes –R. Guerra en *Azúcar y población en las Antillas*, La Habana, 1970, Apéndice 3, y Deer: *The History of Sugar*, London, 1950, t. I, p. 13– registran una producción inferior a 500 mil t, lo cual implicaría una reducción de aproximadamente un 20% en el volumen de la cosecha. Tan notable contracción parece validarse por la información ofrecida en la época, tanto por las autoridades españolas como por los cónsules norteamericanos. El precio del azúcar (F.O.B. Hamburgo) habría descendido –según Willett & Gray– de 4,77 ctvos. por lb en 1882 a 4,40 a finales de 1883. *Cfr.* R. G. Blakey: *The United States Beet Sugar Industry and the Tariff*, New York, 1912, tabla XLVI.

[31] «Revista del mercado», *El Triunfo*, La Habana, 29 de diciembre de 1883, p. 2.

[32] Se trataba de bonos procedentes de empréstitos y operaciones realizadas durante la Guerra de los Diez Años y que no habían sido contempladas en la conversión de 1880. Los billetes serían amortizados mediante «anualidades», a razón de 200 mil pesos mensuales. Sobre esta operación y la gestión de los acreedores insatisfechos, *cfr.*: *Exposición que el Comité Central elegido por sufragio para representar a los acreedores del Estado [...] eleva a los cuerpos colegisladores...*, La Habana, 1883, así como AHN: *Ultramar*, leg. 840, exp. 22.

[33] Inés Roldán: *La Unión Constitucional y la política colonial de España en Cuba, 1868-1898*, pp. 329-330 y «Discurso y rectificaciones del Sr. Güell y Renté», *El Triunfo*, La Habana, 16 de septiembre de 1884, p. 2.

[34] Entre los diversos casos referidos por el cónsul, destacaba el de un hacendado cuyo ingenio producía 5 mil bocoyes –aproximadamente 3 200 tm– de azúcar, quien no había conseguido obtener un préstamo de sólo 25 mil pesos. «The Cuban Plantation», *New York Herald*, enero 7, 1884, p. 3.

[35] J. del Perojo: *Ensayos de política colonial*, Madrid, 1885, p. 106. *El Triunfo* (8 de marzo de 1884, p. 2), al reportar la continua tendencia depresiva de las cotizaciones, comentaba que «la baja que han experimentado las clases de mascabado es tan notable que los hacendados que elaboran esos azúcares prefieren mejor vender la caña que molerla porque no cubre costos».

[36] *El Triunfo*, La Habana, 5 de marzo de 1884, p. 2. *Cfr.* también S. Fernández: «Banking, Credit and Colonial Finance in Cuba», pp. 72-73.

[37] Los depósitos bancarios aparecen reportados en el *New York Herald*, 30 de septiembre de 1884, p. 7. Las cotizaciones de la Bolsa, en *El Triunfo*, 16 de septiembre de 1884, p. 2.

[38] Inés Roldán: ob. cit., pp. 331-333.

[39] El texto de la convocatoria puede verse en N. Palou: «El problema arancelario dentro de la política cubana a finales del siglo XIX», *Revista de la Biblioteca Nacional José Martí*, no. 3, sept.–dic. de 1983, pp. 127-128.

[40] «Real Sociedad Económica. Informe de los señores Zayas y Montoro sobre la Junta Magna», L. Estévez: *Desde el Zanjón hasta Baire*, t. II, pp. 230-231. Este informe, publicado por Luis Estévez entre los anexos a su obra, resume muy documentadamente el proceso de la Junta.

[41] Reproducido por *El Triunfo*, La Habana, 12 de marzo de 1884, p. 2.

[42] Juan G. Gómez: «La cuestión de Cuba en 1884», *Por Cuba libre*, La Habana, 1974, p. 222. Este criterio de Gómez coincidía con el expresado dos años antes por José Martí –*Obras completas*, t. I, p. 169–, con quien había colaborado en la conspiración preparatoria de la Guerra Chiquita. Una percepción similar, aunque desde una posición muy distinta, tenía el cónsul norteamericano en La Habana, R.O. Williams, según se aprecia en sus comunicaciones al Dpto. de Estado, criterios que trascendieron incluso hasta la prensa, en declaraciones como las formuladas por el comerciante norteamericano Royal Phelps al *New York Herald* (6 de diciembre de 1883), donde afirmaba: «La gente está enferma de revolución [...] ningún hombre de dinero e influencia o incluso normalmente decente tomaría parte en ella. Lo que la gente desea es ver a Cuba anexada a los Estados Unidos...»

[43] La Unión Constitucional parece haber obtenido cierto éxito con esta jugada política, al menos a juzgar por la posición adoptada por las corporaciones catalanas frente a la cuestión de Cuba. El 23 de junio de 1884, *El Eco de la Producción* (vol. v, pp. 211-212) anunciaba que se había constituido un «movimiento reparador», integrado por José Ferrer Vidal, Federico Nicolau y otros legisladores catalanes, presidido por Balaguer, para enfrentar los «males» cubanos. Seguidamente, manifestaba su adhesión a los postulados de la Unión Constitucional, «...que no sólo merecen nuestro aplauso, sino que las consideramos reflejo de nuestras propias aspiraciones...»

[44] La nota discordante la dio Santos Guzmán que, muy comprometido con la política canovista, alegaba que no había motivos para desconfiar de las intenciones del gobierno. Inés Roldán: *La Unión Constitucional y la política...*, pp. 351-358.

[45] «Expediente promovido por real orden de 15 de febrero de 1879...». Archivo Nacional de Cuba: *Miscelánea de expedientes*, leg. 47, exp. U. El conflicto en torno a los derechos del azúcar puede verse en Eichner: *The Emergence of Oligopoly*, Westport, 1978, p. 62.

[46] *Cfr.* Tom Terrill: *The Tariff, Politics and American Foreign...*, Westport, 1973, pp. 37-43.

[47] En este viraje parece haber tenido una influencia decisiva Bancroft Davis, designado subsecretario de Estado, quien estaba convencido de que la política de Blaine terminaría por involucrar a Estados Unidos en la Guerra del Pacífico, y rechazaba la idea de una conferencia en la cual su país sólo tendría un voto en las decisiones relativas al destino del continente. *Cfr.* R. H. Bastert: «Diplomatic Reversal: Frelinghuysen's opposition to Blaine's Pan-American Policy in 1882», *The Mississipi Valley Historical Review*, no. 39, 1959.

[48] Esta política se completaba con medidas en favor del fortalecimiento de la Marina de Guerra y la ampliación de la mercante. Sobre el diseño de la política y sus factores determinantes, *cfr.* Williams: *The Roots of the Modern American...*, New York, 1969, pp. 259-265 y La Feber: *The New Empire*, London, 1963, pp. 48-50.

[49] *Treaties, Conventions, International Acts, Protocols and Agreements between the United States and others Powers. 1776-1909*, Washington, 1910, p. 1146.

[50] Michael J. Devine: *John W. Foster: Politics and Diplomacy in the Imperial Era. (1873-1917)*, Athens, Ohio [1981], pp. 30-31. Nacido en 1836, Foster estudió derecho en Harvard y participó en la Guerra Civil, donde alcanzó el grado de coronel en el ejército de la Unión. Activo en las filas del Partido Republicano, fue designado ministro en México en 1872 y, más tarde –1880– ocupó igual posición en Rusia. Al momento de su designación encabezaba un influyente bufete en Washington, que a lo largo de los años realizaría trabajos para México, China, España y otros países. Su extensa carrera se extendería hasta la primera década del siglo XX. Tronco de una familia de diplomáticos, sus nietos John Foster y Allen Dulles, también serían figuras prominentes del servicio exterior norteamericano.

[51] Los datos para este análisis comparativo corresponden al año 1877 y pueden encontrarse en AHN: *Ultramar*, leg. 892, caja 3.

[52] Dupuy, que consideraba que la ocasión era «...muy favorable para intentar un tratado que sería de trascendentales consecuencias...», advertía la necesidad de desplegar una campaña ante la opinión pública que demostrase que los aranceles norteamericanos al azúcar –un 50% *ad valorem*– eran tanto o más elevados que los fijados por España a las harinas, por lo cual los obstáculos existían por ambas partes. *Cfr.* Archivo de Asuntos Exteriores de España: *Correspondencia* (legación EE.UU.), signatura 1478, particularmente el despacho de 19 de octubre de 1883.

[53] *Cfr.*: «Traducción del memorándum privado de J.W. Foster al Ministro de Estado» (30 de noviembre de 1883), AAE: *Tratados. Negociaciones siglo XIX*, serie EE.UU., signatura 0341.

[54] *Chester Arthur State Papers*, Washington, 1885, p. 210.

[55] Foster, carta a Frelinghuysen de 27 de diciembre de 1883. National Archives –EE.UU.– Record Group 59, vol. 108. *Despatches from United States ministers to Spain.* (Microcopies 31, roll. 99.)

[56] Foster quedó tan preocupado por su entrevista con Elduayen que solicitó otra a Romero Robledo –nuevo ministro de Gobernación–, con quien había entablado «amistosas relaciones» desde su arribo a Madrid; este le reiteró la buena disposición del gobierno y le aseguró que trataría el asunto con Cánovas. El proceso puede seguirse en los despachos remitidos por Foster al Departamento de Estado entre enero y marzo de 1884, en: *Despatches of United States Ministers to Spain* (N.A. Records Group 59), National Archives Microfilms Publication, microcopy 31, roll. 99.

[57] *El Triunfo*, La Habana, 7 de enero de 1884, p. 2. Cuatro días antes, el mismo órgano había desechado la opinión de que la solución de la crisis se encontrase en las franquicias comerciales norteamericanas, afirmando que la raíz y remedio de los males debían buscarse en Cuba, cuya ruinosa condición era incapaz de resolver un gobierno atrapado por «una sociedad de capitalistas anónimos, tanto más poderosa e influyente cuanto percibe diariamente todo lo que se recauda en las aduanas»; evidente denuncia de las responsabilidades del Banco Hispano-Colonial en la situación cubana.

[58] Buen número de estas peticiones pueden verse en AHN: *Ultramar*, leg. 888, caja 3.

[59] La cita es de una comunicación de Foster a Frelinghuysen y se toma de Devine: *John W. Foster. Politics and Diplomacy...*, Athens, Ohio [1981], p. 31. Un amigo de Foster, W. Q. Gresham, figuraba entre los precandidatos presidenciales y este trabajó intensa, aunque infructuosamente, por asegurar su candidatura.

[60] Varela al ministro de Estado, 11 de abril de 1884. En sus reiteradas advertencias, Varela informaría –5 de junio– que «...Mr. Blaine me ha dicho en ocasiones distintas y en conversaciones particulares, que España debe abandonar a Cuba para que forme parte de los Estados Unidos y que estos, en agradecimiento apoyarán a nuestra patria en todos sus proyectos sobre Portugal, Marruecos o Gibraltar...». Estas comunicaciones pueden verse en AAE: *Correspondencia*. Legación EE. UU., signatura 1479.

[61] *El Triunfo*, La Habana, 2 de julio de 1884, p. 1.

[62] *Ibid.*, 2 de septiembre de 1884, p. 2. Aunque el autor del artículo daba por segura la conclusión del tratado, advertía que las concesiones españolas no serían «considerables, toda vez que a ello se opondrá la *realidad nacional*». Los criterios de las corporaciones catalanas pueden verse en: *Fomento de la Producción Española*, no. 364, 15 de septiembre de 1884, pp. 665-667, y *El Eco de la Producción*, no. 93, 20 de septiembre de 1884, p. 331.

[63] Foster a Frelinghuysen, 25 de noviembre de 1884. En *Despatches...Spain*, National Archives Microfilm Publication, microcopy 31, roll. 103.

[64] Blaine, pese a su temprana adhesión a la fórmula de la reciprocidad comercial, adoptó en el curso de su campaña esta nueva idea, que había sido lanzada por el influyente industrial republicano Wharton Barker. *Cfr.* Tom Terrill: *The Tariff, Politics and American Foreign...*, Westport, 1973, pp. 81-82.

⁶⁵ *New York Times*, diciembre 10, 1884, p. 4. El incidente dio lugar a una interpelación en las Cortes españolas, a la cual el gobierno respondió con evasivas. Resulta muy difícil establecer el origen de esta filtración –se decía que el documento se había comprado por 2 000 pesos– pero, atendiendo a los móviles y las circunstancias, no sería descabellado ubicar la «garganta profunda» en un lugar muy cercano al despacho del ministro de Estado, José de Elduayen. *Cfr. New York Herald*, diciembre 30, 1884, p.5.

⁶⁶ *Congressional Records*, 48th. Congress, 2nd. session. Senate Executive Document, no. 10.

⁶⁷ Véase, sólo como ejemplo, la larga lista de firmas favorables al tratado que publica el *New York Herald* el 29 de enero de 1885.

⁶⁸ *El Triunfo* aseguraba que tanto los diarios conservadores habaneros, como Elduayen en Madrid, ya se adelantaban a dar por muerto el tratado. La polémica puede seguirse en *El Triunfo* y otros periódicos –*La Tarde, Diario de la Marina*– durante la última decena de enero de 1885.

⁶⁹ Este proyecto de soborno se filtró a la prensa, a juzgar por un comentario aparecido en *El Triunfo*, el 29 de enero de 1885 (p. 2). La correspondencia de Varela con el ministro de Estado durante estos días puede verse en AHN: *Ultramar*, leg. 895, exp. 6.

⁷⁰ Para un examen de los factores que condicionan la política de Cleveland y sus proyecciones respecto a Cuba, *cfr*. Williams: *The Roots of the Modern American Empire*, New York, 1969, pp. 304-311, así como H. Portell Vilá: *Historia de Cuba en sus relaciones con Estados Unidos y España*, La Habana, 1939, t. III, p. 42.

⁷¹ Ver las ediciones del 20 de diciembre de 1884, p. 4 y del 10 de enero de 1885, p. 4.

⁷² Este fue el criterio sustentado en las Cortes por el senador autonomista Bernardo Portuondo, en un discurso que resultaba una suerte de responso por el tratado Foster-Albacete. *Cfr*. B. Portuondo: *El tratado de comercio y el presupuesto de Cuba*, Madrid, 1885, pp. 11-12.

⁷³ La referencia al tratado Foster-Albacete en: *Obras completas*, t. X, p. 221; el tratado de reciprocidad México-EE.UU. en: *Obras completas*, t. VII, pp. 17-28 y 30-33. Para una evaluación de las ideas económicas martianas en esta etapa, *cfr*. Rafael Almanza: *En torno al pensamiento económico de José Martí*, La Habana, 1990, caps. 4 y 5.

⁷⁴ En este sentido, resultan sumamente reveladoras las entrevistas realizadas por el corresponsal del *Herald* en Madrid, en el momento culminante de los debates en torno al tratado, pero no las de Cánovas, Sagasta y otros políticos, que con unos u otros matices expresaron su apoyo al convenio, sino la de dos personajes aparentemente secundarios. El primero de ellos, monsieur Bauer, representante de la poderosa casa Rothschild en España, no tuvo reparo en declarar que el más importante efecto del tratado era político: «la continuidad de Cuba como colonia española depende de él». El otro fue el cubano

José de Armas –fundador y ex-diputado de la Unión Constitucional– quien, al referirse a los orígenes del convenio, afirmó que este era resultado de la amenazadora actitud de los diputados de Cuba –todos peninsulares e integristas–, quienes habían asegurado al gobierno que de no adoptarse inmediatas reformas económicas y, en primer término, un tratado de comercio con EE.UU., «...no podrían hacerse responsables de la lealtad de las Antillas españolas. Esa era realmente la situación. Gran parte del elemento peninsular en Cuba es presto abogado de la anexión a los Estados Unidos». *New York Herald*, enero 5, 1885, p. 5.

[75] La noticia del recargo provocó una inmediata movilización de la Junta de Comercio y de la directiva del PUC, que solicitaron al gobierno la aceptación de las exigencias norteamericanas, actitud que daría pie a un irónico comentario de los autonomistas: «Estos españolísimos, comerciantes o políticos, a vuelta de muchas frases sin sentido y de recomendar al Gobierno que no lastime el honor nacional, le piden, le instan para que ceda a las exigencias y pretensiones del norteamericano a todo trance, sin cuidarse de si el Gobierno español tiene o no la razón...». *El País*, La Habana, 18 de octubre de 1886, p. 2. La correspondencia oficial en torno a este conflicto puede encontrarse en AAE: *Tratados. Negociaciones siglo XIX, EE. UU.*, T.R. 216, exp. 004.

[76] *El País*, 23 de marzo de 1886, p. 2.

[77] Círculo de Hacendados de la Isla de Cuba: *Actas*, t. IV, en: Biblioteca del Ministerio de la Industria Azucarera, La Habana.

[78] En marzo de 1887, el Gobernador General Emilio Callejas ponía en duda los argumentos de los hacendados sobre la carencia de brazos, toda vez que una parte de los 8 mil soldados liberados temporalmente para contratarse en la zafra, no habían sido empleados, y aseguraba que el interés de los productores era disponer de una sobreoferta de mano de obra, de manera que pudiesen abaratarse los salarios. *El País* (10 de septiembre de 1886, p. 2) afirmaba que la carencia de brazos era esgrimida por dirigentes de la Unión Constitucional interesados en conseguir financiamiento oficial para la inmigración de braceros.

[79] Como resultado de esta mezcla, se había desarrollado una próspera industria tabacalera en la costa oeste de EE.UU., que ya en 1882 producía 163 millones de unidades. *Cfr*. J.R. Abad: *Exposición agrícola e industrial del tabaco. Memoria...*, Ponce, 1884, pp. 123-125. Los datos sobre exportación de torcido provienen de J. Stubbs: *Tabaco en la periferia*, La Habana, 1989, tabla 3, y L. Cancio: *La política arancelaria de Cuba*, La Habana, 1911, p. 14.

[80] Las diferencias de intereses entre cosecheros e industriales del tabaco se profundizan en estas circunstancias, al extremo de que en 1884 los segundos deciden independizarse y constituir la Unión de Fabricantes de Tabaco. El libre tráfico intercolonial del tabaco fue decidido por las autoridades españolas como una medida en beneficio de la reducción de costos indus-

triales. *Cfr.* Inés Roldán: *La Unión Constitucional y la política colonial...*, pp. 372-376.

[81] Los anticipos solicitados totalizaron 4 millones de pesos y se autorizaron en concepto de deuda flotante. Sobre la situación de las finanzas públicas puede verse AHN: *Ultramar*, leg. 838, exp. 29, y leg. 976, cajas 1 y 3.

[82] *Cfr.* «Notas sobre la conversión de la Deuda de Cuba», en: museo-biblioteca Víctor Balaguer (Vilanova i la Geltrú), leg. 229, pp. 108-111.

[83] *Presupuestos generales de gastos e ingresos de la Isla de Cuba [...]. 1886-87*, Madrid, 1886. Su liquidación y saldo pueden verse en AHN: *Ultramar*, leg. 1022, caja 1.

[84] «Informe reservado de Don Miguel Suárez Guanes, Cónsul General de España en New York, explicando el modo y forma como se hace el contrabando entre los Estados Unidos y los puertos de la Isla de Cuba», en: museo-biblioteca Víctor Balaguer, leg. 349. El cónsul narra los procedimientos seguidos en La Habana, Matanzas, Cárdenas y otros puertos, así como algunos de los incidentes más sonados.

[85] Véanse las opiniones en torno a este asunto en J. Costa Roselló: *Cuestión de actualidad. El arriendo de las aduanas*, La Habana, 1887. Las incidencias de la intervención de las aduanas y sus resultados, pueden seguirse en la correspondencia cursada por el Gobernador Sabas Marín al ministro de Ultramar, en: museo-biblioteca Víctor Balaguer, leg. 350, t. I.

[86] Sabas Marín a Balaguer, 5 de noviembre de 1887, en: museo-biblioteca Víctor Balaguer, leg. 350, t. II, pp. 138-139. En enero, el intendente González Olivares reconocía que sólo el tabaco en rama podía soportar los derechos de exportación, pero advertía que la supresión de estos entrañaría una pérdida de 3 millones de pesos en las recaudaciones. Seis meses después, francamente desalentado, solicitaba que se le relevase del cargo. *Ibid.*, leg. 336.

CAPÍTULO 4

Un mercado a compartir

Al iniciarse la década de 1890, la economía cubana parecía estar superando algunos de los principales problemas que generara su compleja transformación estructural. Después de oscilar durante varios años en torno a las 600 mil tm, la producción azucarera salta en 1891 hasta las 800 mil tm, punto desde el cual mantendrá una tendencia ascendente durante los años subsiguientes. Aunque en los directorios comerciales de la Isla continuaban registrándose más de un millar de ingenios, lo cierto es que una parte de ellos sólo existía de nombre, mientras la producción se concentraba en unas cuatrocientas fábricas, que de manera más o menos completa habían logrado incorporar una tecnología industrial. El tabaco, que también experimentara dificultades a mediados de los años ochenta, muestra a finales de esa década una clara recuperación, tanto en las exportaciones de hoja como de torcido. El déficit –real o ficticio– de fuerza de trabajo no se manifiesta ya como una contrariedad especialmente aguda, gracias a una creciente inmigración española –en gran medida de tipo «golondrina»– que provee a la producción insular de brazos en los momentos de mayor demanda.[1]

Este cuadro, a primera vista alentador, no es, sin embargo, completo. Si el aparato productivo insular exhibía cierta reanimación, el marco institucional dentro del cual este operaba continuaba presentando serias trabas al funcionamiento de la economía, particularmente en los terrenos financiero y comercial.

El fracaso del cabotaje

La evolución del comercio cubano durante la década de 1880 es difícil de establecer en su conjunto, dada la absoluta carencia de estadísticas oficiales. Es posible, no obstante, aproximar una evaluación de los efectos de las principales modificaciones introducidas en el régimen de comercio colonial, a partir de las estadísticas comerciales de España y Estados Unidos, teniendo en cuenta que el intercambio con estos países totalizaba aproximadamente el 90% de las exportaciones cubanas y la mitad del comercio importador. Las líneas generales de ese intercambio pueden apreciarse en la tabla de la página siguiente.

Lo primero que salta a la vista es el escaso efecto de las medidas arancelarias sobre el comportamiento del intercambio, el cual parece dominado por la situación depresiva que –en volúmenes y precios–, atraviesan los principales renglones exportables de Cuba. Las exportaciones disminuyen y se estancan, de modo que el valor conjunto alcanzado en 1882 –75 millones de pesos– no se recupera en ningún momento del período. El comercio exportador se benefició muy poco con los cambios introducidos en el régimen arancelario colonial. El *modus vivendi* no supuso variación alguna en el tratamiento de que eran objeto las mercancías cubanas en las aduanas de Estados Unidos, pues la eliminación del recargo favoreció exclusivamente a la marina mercante española. Sí se aprecia un incremento notable de las exportaciones a España en 1885, resultado de la franquicia otorgada al azúcar bajo la ley de Autorizaciones. Sin embargo, la inmediata estabilización de las ventas azucareras en torno a las 40 mil

Tabla 4.1

CUBA: EVOLUCIÓN DEL INTERCAMBIO COMERCIAL CON ESPAÑA Y ESTADOS UNIDOS (1882-1890)
–en millones de dólares

	EXPORTACIONES		IMPORTACIONES	
AÑO	ESPAÑA	EE.UU.	ESPAÑA	EE. UU.
1882	4,2	70,4	12,5	11,7
1883	4,4	65,5	10,9	14,5
1884	3,6	57,1	9,8	10,5
1885	6,9	42,3	10,8	8,7
1886	7,2	51,1	12,7	10,0
1887	6,9	49,5	11,2	10,1
1888	6,6	49,3	12,0	9,7
1889	6,4	52,1	15,3	11,2
1890	8,2	53,8	16,0	12,0

Los datos proceden del Anexo estadístico.

tm, ofrecía una clara evidencia de que él estrecho mercado español –al cual continuaban concurriendo los bien protegidos azúcares andaluces–, no constituía una plaza significativa para Cuba. También resultaban vanas las pretensiones de que España desarrollase una industria refinadora capaz de reabrir el mercado europeo al dulce cubano; la ley de 1888, que eximió a los azúcares antillanos destinados a la refinación y reexportación del pago de impuestos interiores en la Península, se mostró absolutamente ineficaz para promover la producción de refinos exportables.

La contracción de los valores exportados redundó en una restricción de la capacidad importadora, algo que se pone de manifiesto por el escaso dinamismo que muestran las compras cubanas a lo largo de estos años. La excepción visible son las importaciones de origen español, que registran un brusco crecimiento al finalizar la década, cuando las rebajas arancelarias a esos productos alcanzan la tasa de un 15% anual, prevista para el último trienio de implementación del cabotaje. En lo relativo al comercio importador cubano, por tanto, el régimen de cabotaje no puede calificarse de inocuo. Aunque el valor alcanzado por las importaciones procedentes de España en 1889 y 1890, representaba un aumento muy similar al conseguido por las ventas de Cuba a la metrópoli –respecto a las cifras de 1882–, gracias al cabotaje las mercancías hispanas incrementaron su participación proporcional en el mercado cubano, algo que puede deducirse fácilmente si se comparan los valores de estas con las importaciones de origen norteamericano, al inicio y al final de la tabla 4.1.[2]

El avance español era especialmente notable en ciertos renglones. Los tejidos de algodón, cuya exportación a Cuba en 1885 había totalizado 2,7 millones de pts., en 1890 ascendían a 12 millones de pts. Aunque más moderado, era también apreciable el avance del calzado, renglón que en el mismo lapso pasaba de 11,0 millones de pts. a 13,2 millones de pts., así como los registrados por el jabón –de 2,6 millones de pts. en 1885 a 3,3 millones de pts. en 1890–, las conservas –de 1,8 millones de pts. a 4,0 millones de pts.– y otros productos alimenticios, como las legumbres y el arroz. Incluso las exportaciones de harinas, que habían retrocedido de modo visible tras la concertación del *modus vivendi* con Estados Unidos –llegando a un mínimo de 4,8 millones de pts. en 1887–, se recuperaron gracias a los beneficios arancelarios del cabotaje, alcanzando en 1890 un valor de 9,4 millones de pts., cifra que superaba el total exportado en 1882.[3]

Contra lo esperado por los promotores del cabotaje en Cuba, las progresivas rebajas arancelarias de que eran objeto las mercaderías españolas no se revirtieron en una reducción sensible del costo de la vida en la Isla. Como los aranceles que gravaban los productos similares extranjeros se mantenían muy elevados, los precios al consumidor tendieron a fijarse sobre la base de esas mercancías sujetas a derechos plenos, de modo que el diferencial actuaba en provecho del exportador peninsular.

Dos años antes de su total aplicación, el régimen de cabotaje era ya objeto de un repudio bastante generalizado en Cuba. Las críticas al sistema, originalmente sólo expresadas por los autonomistas, se habían extendido a las principales corporaciones económicas. Ya en 1885, la Junta de Agricultura, Comercio e Industria, había advertido la necesidad de someter a estudio la declaración de cabotaje, cuyos efectos se iban «...sintiendo de un modo demasiado vivo y perjudicial para Cuba...».[4] Dos años después, en el contexto de un extenso informe sobre la situación cubana, el Círculo de Hacendados se lanzó a un ataque en profundidad, señalando la incongruencia del sistema comercial, dada la inevitable diferencia de regímenes arancelarios entre la colonia y la metrópoli. En este informe se demandaba la abrogación de las leyes de Relaciones y la implantación del librecambio entre Cuba y la Península, en el marco de una reforma que simplificase las partidas del arancel y crease una sola columna con derechos reducidos para los productos extranjeros.[5]

El análisis de los hacendados sustentaba igualmente la necesidad de una reducción del presupuesto –que, pese a su descenso, se continuaba considerando excesivo, por la disminución proporcionalmente superior del producto líquido imponible–, así como la simplificación y descentralización de la administración pública. Al sustentar tales criterios, el Círculo se introducía en una polémica latente dentro de la Unión Constitucional, compartiendo algunos de los argumentos de la llamada «disidencia» de dicha agrupación política. Encabezado por Galarza y Vérguez, ese sector del integrismo se pronunciaba en favor de ciertos cambios económicos y administrativos que el ministro de Ultramar, Víctor Balaguer, habría de presentar en el proyecto de presupuesto cubano para 1888. Entre las medidas contempladas figuraban la eliminación de los derechos de exportación que gravaban al azúcar y sus subproductos, la creación de una comisión para el estudio de una reforma arancelaria y ciertos cambios administrativos y legales –separación del poder civil y militar, mayor autonomía a los municipios, reforma del código penal y los procedimientos judiciales, etcétera– en línea con la tendencia asimilista de los ministerios liberales. De estas medidas, solamente la supresión de los derechos de exportación y el estudio de una reforma arancelaria llegarían a ser aprobadas, pues las restantes quedaron bloqueadas en las Cortes, gracias a la concertación de la mayoría más reaccionaria de la Unión Constitucional –acaudillada por el abogado del Banco Hispano-Colonial, Rodríguez San Pedro– con los conservadores de Cánovas del Castillo.[6]

La situación de la Hacienda colonial constituía un problema recurrente; tras la conversión de la deuda en 1886, se consideró que el déficit presupuestario quedaría controlado, pero apenas dos años después, este acusaba un nuevo y creciente desequilibrio, entre cuyas causas se apuntaban los efectos del régimen de cabotaje. El vital renglón de las recaudaciones aduaneras registraba un descenso de casi ocho millones de pesos en 1889, respecto a lo recaudado en 1882, un tercio de cuya disminución era imputable a los gravámenes de importación. La situación inquietaba a la Sociedad de Estudios Económicos de La Habana que, en noviembre de 1888, decidió unir su voz a los críticos del cabotaje. Poco después, el asunto era retomado por la Cámara de Comercio habanera en una larga «exposición», donde se señalaba que el cabotaje sólo sería conveniente si el déficit que generaba en las recaudaciones aduanales no tuviese que ser asumido de modo exclusivo por los contribuyentes de la Isla. El documento advertía los peligros derivados de la creciente desproporción arancelaria, que estaba permitiendo la introducción en Cuba de harinas norteamericanas «nacionalizadas» en la Península, un procedimiento que podría extenderse a otros productos, hasta hacer desaparecer de los puertos insulares a los buques extranjeros, con natural perjuicio para la exportación de los productos cubanos a terceros países. Por otra parte, la Cámara expresaba el sentir de su sección de Industria, un pequeño pero significativo sector de empresarios que producían para el abastecimiento del mercado interno, cuyos productos comenzaban a ser batidos por la competencia de homólogos peninsulares ya casi libres de derechos, situación especialmente grave en el ramo de la jabonería.[7]

Los temores de los medios económicos cubanos vendrían a confirmarse a principios de 1890, cuando el ministro de Ultramar, Manuel Becerra, presentó un nuevo arancel de aduanas para Cuba, que habría de ponerse en vigor en 1891, al llegar a su plenitud la aplicación del cabotaje. El proyectado arancel introducía profundas –y negativas– modificaciones a las propuestas que tres años antes remitieran las corporaciones insulares a la Comisión de Estudios Arancelarios y, para colmo, su texto se ponía ahora a la consideración de estas, fijándoles un brevísimo plazo para emitir sus opiniones. El procedimiento provocó la airada protesta de la Cámara de Comercio habanera, pues «...la perentoriedad exigida por la Comisión citada, tiende en sus fines de manera evidente a coartar uno de los más preciados derechos de estas Instituciones».[8]

Aún no se habían apagado los ecos de ese incidente, cuando se abría en las Cortes el debate del presupuesto cubano para 1890-1891, en el cual, el ministro Becerra establecía un recargo del 20% en los aranceles y la fijación de un impuesto industrial como recursos para compensar el déficit. La reacción insular quedaría plasmada de inmediato en una exposición conjunta de las Cámaras de Comercio de La Habana y Santiago de Cuba, en la cual estas señalaban que la medida encarecería artículos de primera necesidad y podría provocar represalias por parte de Estados Unidos, además de que daría lugar «...a un monopolio injusto y depresivo, el imponerse el cabotage [sic] con la Metrópoli, que se surtirá de puertos extranjeros para vendernos después, nacionalizadas, las mercancías que podemos adquirir mucho más baratas en sus primitivos mercados...».[9]

Gráfico II

CUBA: BALANCE COMERCIAL CON ESPAÑA BAJO EL RÉGIMEN DE CABOTAJE (en millones de pesos oro)

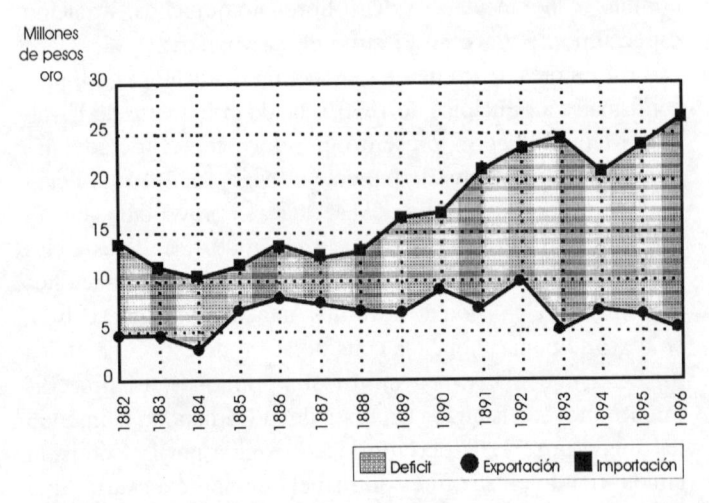

Gráfico elaborado con datos del Anexo estadístico.

Hecha pública en mayo de 1890, la «exposición» de las Cámaras recibió la inmediata adhesión del Círculo de hacendados y otras corporaciones. Casi simultáneamente, comenzaban a publicarse protestas de los importadores de tejidos por los procedimientos de avalúo y otros métodos empleados en las aduanas. La movilización de ese sector conduciría a la constitución, en el mes de julio, de la Liga de Comerciantes Importadores, corporación que salía a la palestra iniciando una virulenta campaña contra el cabotaje, al cual calificaba de «régimen de injusticia y desigualdad y el más irritante monopolio».[10]

Al coro de los críticos se sumaría una voz inesperada. El conde de Galarza, una de las figuras más prominentes del integrismo, se pronunciaba en el Senado madrileño contra el cabotaje. Meses después, ya electo presidente de la Unión Constitucional, tras el fallecimiento del conde de Casa Moré, Galarza enviaría una circular a sus correligionarios con una sorprendente rectificación: «Guiados por un sentimiento expansivo y generoso, escribimos en nuestro programa: Cabotaje con la Península, sin pensar en la especialidad de nuestros ricos productos[...]. Ha venido la realidad implacable y abrumadora a sacarnos de semejante error...»

Tal afirmación constituía un viraje trascendental en las posiciones del partido integrista, que incentivaría aún más la agitación de los medios económicos en Cuba.[11]

El 8 de septiembre, la Cámara de Comercio habanera celebraba una tumultuosa asamblea general extraordinaria, en la cual se aprobaba una memoria presentada por la Directiva, donde se afirmaba que: «...la ley de 20 de julio de 1882 que establece las Relaciones Comerciales entre España y sus provincias ultramarinas, en nada es provechosa a estas...». La memoria, que denunciaba la manera exorbitante en que el régimen de cabotaje hacía descansar las vitales rentas de aduana sobre las importaciones de origen extranjero, dio lugar a una exposición dirigida al ministro de Ultramar que recibió la inmediata adhesión de la Liga Económica de Pinar del Río, la Liga de Comerciantes Importadores, el Círculo de Hacendados, la Unión de Fabricantes de Tabaco, la Unión Obrera y el Centro de Detallistas, respaldo en el cual se perfilaba una tendencia hacia la acción concertada de las principales corporaciones de la Isla.[12]

Tal era la situación reinante en Cuba cuando, el 1ro. de octubre de 1890, el presidente Benjamin Harrison sancionaba en Washington la nueva ley arancelaria de Estados Unidos.

Un arancel en la forja

El nuevo arancel norteamericano era el fruto de casi una década de manejos legislativos. La tarifa precedente, en vigor desde junio de 1883, se había acordado mediante una transacción que dejó insatisfechos a casi todos los interesados. Desde entonces, la cuestión arancelaria se mantuvo latente en el Congreso, sin que se lograse concretar una iniciativa de peso, en gran medida por la ausencia de consenso entre los legisladores. A finales de 1887, el asunto fue proyectado al primer plano por el presidente Cleveland que, animado por aspiraciones reeleccionistas, solicitó formalmente al Congreso la confección de un nuevo arancel. En su mensaje anual al poder legislativo, el líder demócrata, aunque reconocía la validez del sistema proteccionista, se pronunciaba vigorosamente en favor de una reducción de los derechos a las materias primas, pues consideraba que ese sería el medio más efectivo de abaratar el costo de la vida e incrementar la competitividad internacional de la industria estadounidense. En virtud de la propuesta presidencial, el problema arancelario se colocaría en el centro del debate durante la campaña electoral de 1888.

En respaldo a la iniciativa de Cleveland, el representante demócrata R.Q. Mills –presidente de la Comisión de Medios y Arbitrios– presentó a la Cámara un proyecto de ley que proponía una apreciable reducción de derechos a las materias primas. La argumentación de Mills, sustentada en la necesidad de reducir el superávit del Tesoro e incentivar la exportación de productos agrícolas e industriales, fue duramente combatida por los representantes republicanos, pese a lo cual el *bill* consiguió la aprobación de la Cámara por estrecho margen. Otra fue la situación en el Senado, donde los republicanos –que tenían mayoría– lograron congelar el proyecto. Su objetivo era diferir el asunto hasta que se conociesen los resultados de las elecciones.

Estas probaron ser muy reñidas, al extremo de que el candidato presidencial republicano, Benjamin Harrison, fue declarado triunfador en el colegio electoral, sin haber obtenido mayoría de votos populares.[13] General de la Guerra Civil y antiguo senador, Harrison era una figura relativamente poco conocida, que en su campaña se había manifestado como un fervoroso proteccionista. Pero el triunfante candidato republicano también se pronunció enérgicamente en favor de la ampliación de los mercados exteriores, principalmente los de América Latina. La posterior designación de James G. Blaine como secretario de Estado, vendría a subrayar –al margen de otras consideraciones partidistas– el compromiso de la nueva administración republicana con una política expansiva.[14]

Las circunstancias se encargarían de calorizar esa vocación expansionista. La contracción de las exportaciones a Europa en 1888, seguida por una acusada baja de precios en los productos agrícolas, crearon notable inquietud entre los agricultores, desencadenando el movimiento de las *Farmer's Alliances*, que llevaría a la constitución del Partido Populista. Tal movilización, apreciada por los principales dirigentes republicanos como una seria amenaza para las perspectivas electorales de su partido, aceleraría la toma de decisiones de la nueva administración.

La política exterior formulada se proponía sobrepujar a Europa en lo comercial –principalmente a Inglaterra– pero evitando los enfrentamientos políticos. Se otorgaba máxima prioridad a la ampliación del mercado exterior, lo cual no sólo requería de una diplomacia más activa, capaz de establecer un nuevo sistema de relaciones, sino también del desarrollo de la marina mercante y el consiguiente fortalecimiento de la Armada. También se decidió promover la aceptación de la plata como medio de pago a escala internacional, una propuesta de pobres perspectivas, que los republicanos impulsaban más que todo para satisfacer las demandas de los agricultores.[15]

Las aspiraciones expansionistas tendrían su campo fundamental de materialización en América Latina, región que ofrecía un mercado cercano, y además bastante dinámico. El comercio exterior latinoamericano se había incrementado notablemente durante las dos últimas décadas, crecimiento del cual se beneficiaron, en primer término, las naciones europeas que tenían bajo su control los circuitos comerciales del subcontinente. Estados Unidos, con un movimiento mercantil que en 1888 fue valorado en 244,2 millones de pesos, solamente captaba una cuarta parte del comercio exterior de sus vecinos sureños y, además, mediante un intercambio bastante desequilibrado, pues el valor de las importaciones procedentes de América Latina duplicaba el de las ventas realizadas en dicha región. En el mercado latinoamericano, las exportaciones estadounidenses sufrían limitaciones por las insuficiencias del transporte, el pobre conocimiento de la demanda, la carencia de mecanismos crediticios y financieros y los elevados niveles arancelarios existentes en muchos países.[16]

Decidido a corregir tal situación, Blaine delineó una política de amplia perspectiva, para cuya apertura desempolvó su viejo proyecto de celebrar una conferencia entre las repúblicas del continente. Tras el frustrado ensayo de 1881, esa idea se había mantenido latente, en propuestas reiteradas, por diversos legisladores, la última de las cuales dio pie al secretario de Estado para que el Congreso le autorizase a materializar su plan. Manipulador por excelencia, Blaine no se limitó a cursar las invitaciones y asegurar la participación de los representantes latinoamericanos, sino que fue creando con suma habilidad una atmósfera favorable a la reunión en la opinión pública y los medios de negocios de Estados Unidos. Con tal propósito, vinculó a numerosas firmas y corporaciones económicas a los trabajos preparatorios de la conferencia, en particular a la Unión Comercial Hispano-Americana de New York –agrupación de las principales empresas vinculadas al comercio continental–, algunos de cuyos miembros más prominentes integrarían la delegación norteamericana.[17]

Inaugurada el 2 de octubre de 1889, la conferencia inició realmente sus trabajos mes y medio después, ya que –como parte de la táctica de ablandamiento concebida por Blaine– los delegados fueron invitados a una extensa gira por las principales ciudades industriales de la Unión, de la cual se esperaba que los visitantes retornasen fascinados por la modernidad norteamericana. Sin embargo, estas y otras seducciones previstas en el programa de la reunión probaron ser poco efectivas.

Estados Unidos se había trazado ambiciosos objetivos con la Conferencia Internacional de las Repúblicas Americanas. La adopción de un sistema continental de arbitraje, un viejo anhelo que Blaine consideraba indispensable para conseguir un apropiado clima de paz para los negocios, encabezaba la extensa agenda; la cual incluía también el mejoramiento de las comunicaciones marítimas y terrestres, un acuerdo general sobre marcas y patentes, la adopción de un patrón monetario común –en plata– para las transacciones mercantiles, un sistema general de pesos y medidas, así como la creación de una unión aduanera que trajese aparejada la reducción generalizada de aranceles, y estableciese regulaciones uniformes para las aduanas en cuanto a evaluación de mercancías, derechos portuarios, etcétera.

Los resultados de la reunión distaron bastante de tales pretensiones. El sistema de arbitraje fue aceptado sólo como principio, con la salvedad de que este no debía interferir con los intereses nacionales de cada Estado. Mejor destino corrieron las propuestas de mejoramiento del transporte, pues se aprobó que se subsidiaran las comunicaciones marítimas, así como la construcción de un ferrocarril interamericano. También se acordó la creación de un banco que contribuyese a resolver los problemas del crédito comercial, pero las resoluciones en torno a la adopción de un patrón monetario común transfirieron el asunto a una comisión especializada.

El principal revés lo sufrió la proyectada «unión aduanera», pues la comisión que analizó este tema, aunque reconoció como provechoso «...efectuar grandes e importantes rebajas en los derechos de importación que se cobran entre las naciones aquí representadas...», advirtió las enormes diferencias existentes entre los países del continente, y los delegados optaron por desechar la idea de la unión, aceptando sólo la constitución de una oficina –el Buró de las Repúblicas Americanas– que colectase y distribuyese información económica sobre los Estados del continente. La propuesta de unión aduanera de los Estados Unidos había contado con el apoyo de México, Nicaragua y Brasil, pero la oposición, encabezada por Argentina, demostró ser lo suficientemente sólida para frustrar el proyecto, el cual a duras penas pudo ser finalmente sustituido por un dictamen que recomendaba la concertación de tratados bilaterales de reciprocidad comercial, como medio de acercarse a un futuro librecambio continental.[18]

Los resultados de la conferencia panamericana en el terreno comercial no pueden desvincularse del debate arancelario que, de modo casi paralelo, se desarrollaba en el Congreso norteamericano. Tras el furibundo proteccionismo exhibido por los republicanos durante la campaña electoral de 1888, era de esperar que la reforma del arancel ocupase un lugar destacado en la agenda legislativa. Aunque los republicanos habían logrado imponerse tanto en el Senado como en la Cámara, su mayoría en este último cuerpo era tan exigua que los demócratas se hallaban en condiciones de bloquear sus iniciativas. Por ello, tras inaugurarse las sesiones del 51 Congreso a finales de 1889, el habilidoso *speaker* republicano de la Cámara, Thomas B. Reed, concentró todo su esfuerzo en reformar el procedimiento legislativo –en materia de quórum, votaciones, etcétera– de manera que la minoría demócrata se viese imposibilitada de desarrollar maniobras obstruccionistas. Conseguido esto, el presidente de la comisión de Medios y Arbitrios, William McKinley, anunció su propósito de efectuar una revisión general del arancel, a cuyo efecto convocó a un período de audiencias que se prolongaría durante varios meses.[19]

El 16 de abril de 1890, McKinley presentaba al pleno de la Cámara el proyecto de ley –*bill*– que llevaría su nombre. Como cabría esperar, dada la firme militancia proteccionista del representante republicano por Ohio y de buena parte de sus colegas de la comisión, el proyecto arancelario proponía un incremento general de derechos a los artículos producidos por Estados Unidos, particularmente aquellos productos agrícolas que sufrían la competencia canadiense, así como a la lana en bruto y las pieles e incluso a renglones que –como la hojalata– apenas se elaboraban en Norteamérica, pero cuya producción se deseaba fomentar. Como consecuencia de ello, el nivel promedio de adeudos de las mercancías gravadas se elevaba de un 45,1% a un 48,4%. Sin embargo, el promedio general de derechos del nuevo arancel descendía desde un 29,9% –fijado por la tarifa de 1883– hasta un 23,7%, gracias a un notable incremento de las importaciones declaradas libres de derechos.[20]

Así, paradójicamente, un proyecto arancelario que podía calificarse con toda justeza de ultraproteccionista, reducía el nivel general de gravámenes. La paradoja, no obstante, tiene un fundamento fácil de entender a la luz del debate arancelario de los años precedentes. En sus campañas reduccionistas, los demócratas habían esgrimido exitosamente dos argumentos: primero, que las altas tarifas causaban el enorme superávit del Tesoro federal, el cual –desde 1886– venía excediendo año tras año los 100 millones de dólares, a pesar del manifiesto desagrado de la opinión pública. El segundo argumento, muy bien acogido en ciertos medios sociales, era el de las ventajas que entrañaría para la economía norteamericana la rebaja de aranceles a las materias primas. Frente a estos criterios, los redactores republicanos del *bill* McKinley, concibieron una astuta solución: declarar libres de derechos a un grupo de materias primas de amplio consumo, entre las cuales figuraban el café, las mieles, el té y el azúcar crudo. Además, el proyecto arancelario elevaba hasta un 99% los reembolsos —*drawbacks*— de los derechos pagados por aquellos artículos que se importasen en Estados Unidos como insumos para la elaboración de mercancías destinadas a la exportación.

Dentro de la inteligente maniobra proteccionista, el punto clave lo constituía el azúcar. De una parte, se trataba de un producto de amplia demanda, por lo cual su exención de derechos sería apreciada como un aporte a las economías domésticas. De otra, los derechos pagados por el azúcar totalizaban anualmente más de 50 millones de pesos, cifra que representaba la cuarta parte de todo lo recaudado por las aduanas norteamericanas.[21] En consecuencia, la franquicia azucarera no sólo compensaría por sí sola todo el incremento en las recaudaciones que generase la elevación de derechos a otros artículos, sino que contribuiría a reducir en una escala apreciable el superávit presupuestario. En este último sentido, tendría particular incidencia el subsidio previsto por el *bill* para proteger la producción azucarera doméstica —fijado en 2 ctvos. por lb—, el cual se estimaba que representaría un gasto superior a los 30 millones de pesos anuales para el Tesoro federal.

Las propuestas de la reforma arancelaria, conocidas con bastante antelación a la presentación del *bill* a la Cámara, demostraron ser un serio estorbo para los propósitos que Blaine perseguía en la conferencia panamericana. El aumento de derechos a las lanas y los cueros —dos renglones de importancia entre las exportaciones latinoamericanas— fueron utilizados por la delegación argentina como una evidencia del escaso compromiso efectivo de Estados Unidos con la intensificación del comercio continental. Por otra parte, al extender franquicia al azúcar, el café y otros productos, el nuevo arancel otorgaría un considerable beneficio al grueso de las ventas de Latinoamérica, sin obtener nada a cambio. El secretario de Estado se esforzó por hacer comprender esto a la comisión de Medios y Arbitrios, durante una entrevista celebrada el 10 de febrero, de la cual obtuvo muy pobres resultados. Diferencias personales aparte, la escasa receptividad de McKinley y sus colegas, todos proteccionistas ortodoxos, respondía a su acendrado criterio de que la expansión exterior debía subordinarse al aseguramiento del mercado doméstico. En esa perspectiva, la principal modificación solicitada por Blaine –condicionar la franquicia del azúcar a la firma de tratados de reciprocidad comercial– resultaba sumamente riesgosa, pues de no lograrse la concertación de tratados con todos los países abastecedores de azúcar, parte del dulce importado continuaría gravado y no se produciría la deseada reducción del superávit presupuestario; por no ser España partícipe de la conferencia panamericana, Blaine no podía garantizar que el azúcar cubano entrase en Estados Unidos libre de derechos, como resultado de un hipotético convenio de reciprocidad.[22]

El 7 de mayo, el pleno de la Cámara aprobaba el *bill* McKinley con escasas modificaciones –entre estas, el otorgamiento de franquicia a las pieles–, decisión que representaba una amarga derrota para el secretario de Estado. Pero este no plegó sus banderas. En una operación bien concertada con el presidente Harrison, Blaine libraría su batalla ante el Senado, al mismo tiempo que orquestaba una vigorosa campaña pública en favor de la reciprocidad.[23]

A mediados de junio, el secretario de Estado comparecía ante la comisión de Finanzas del Senado y, en un ataque sin precedentes por parte de un funcionario ejecutivo a una iniciativa de su propio partido, calificó de «infame» al *bill* McKinley, asegurando que no encontraba en su texto un solo artículo que promoviese o incrementase el comercio exterior del país.[24] Poco después, el presidente Harrison entraba en la liza, al enviar a los cuerpos colegisladores el extenso informe de Blaine sobre la Conferencia Internacional Americana, acompañado de una carta en la cual criticaba la franquicia concedida al azúcar en el proyectado arancel, y advertía que «la real dificultad en el camino de la negociación de ventajosos tratados de reciprocidad, radica en que hemos otorgado gratuitamente cuanto de valor podríamos conceder en las concesiones mutuas que ese tipo de tratados implica».[25] La ofensiva en el Senado tendría continuidad casi inmediata con la enmienda presentada por el senador Hale –republicano por Maine, el estado de Blaine–, la cual extendía considerablemente las franquicias otorgadas por el nuevo arancel a aquellos países que hiciesen objeto de un trato similar a las mercaderías norteamericanas. Era sólo una treta para la negociación; como parte del juego, Blaine decidía subir las apuestas, impulsando un proyecto que entrañaría una modificación sustancial de la política proteccionista.

Mientras el *bill* McKinley seguía su curso en el Senado, el secretario centró sus esfuerzos en la opinión pública. El departamento de Estado comenzó a enviar circulares, informes y mensajes, con argumentos en favor de la reciprocidad a cientos de corporaciones, asociaciones y firmas industriales y comerciales. Muchas de ellas, incluyendo las influyentes *Farmers' Alliances*, respondieron favorablemente. La prensa se hacía eco de los conflictos que en las filas republicanas estaba originando el asunto de la reciprocidad; como telón de fondo de frecuentes declaraciones y cartas de Blaine, entre las cuales alcanzarían particular resonancia las enviadas al senador William Frye. En una de estas últimas, fechada el 11 de julio, Blaine advertía que España estaba excluyendo los productos agrícolas norteamericanos de los mercados de sus colonias, en clara alusión al recargo de un 20% fijado a los aranceles de importación en el presupuesto cubano de 1890-1891, oportuno argumento que le aseguraría el apoyo de la influyente National Millers' Association y de los agricultores occidentales, para la causa de la reciprocidad.[26]

El punto culminante en la campaña pública del secretario de Estado, fue el discurso pronunciado en Waterville, Maine, el 29 de agosto. Ante una concurrencia de más de cinco mil personas y acompañado por diversas personalidades políticas, Blaine expuso de la manera más completa y sistemática sus ideas sobre política comercial. Tras señalar que los beneficios de la política proteccionista habían posibilitado el desarrollo de numerosas fábricas y el impresionante crecimiento de la producción agrícola, el secretario de Estado advirtió que en las presentes circunstancias, muchas de esas producciones superaban ampliamente la demanda del mercado doméstico; en consecuencia, «...los Estados Unidos han alcanzado un punto en el cual uno de sus mayores deberes es ampliar el área de su comercio exterior». El recurso más eficaz a tal efecto, sería el sistema de reciprocidad por el cual abogaba, que, por cierto, no era contrapuesto sino complementario de la política proteccionista. «Nosotros entraremos en reciprocidad con una nación cuando veamos ventaja en ello. Pero podemos desistir de establecer reciprocidad con otra nación si no nos representa ventaja. La reciprocidad es simplemente una política de circunstancias...»[27]

La persistente y agresiva campaña de Blaine daba cobertura a los movimientos, casi inadvertidos, del presidente Harrison con los senadores de su partido. Dos días antes del discurso de Waterville, el influyente senador republicano Nelson Aldrich había conseguido que el comité de Finanzas del Senado aceptase su enmienda al *bill* McKinley, expresamente encaminada a establecer un mecanismo de reciprocidad. Elaborada en estrecho contacto con el presidente Harrison y sus asesores, la enmienda Aldrich mantenía las franquicias al azúcar y demás materias primas previstas en el *bill*, pero facultaba al presidente para suprimir tales ventajas a aquellos países cuyo tratamiento arancelario a los productos norteamericanos demostrase ser desigual e injusto, y no se aviniesen a practicar la reciprocidad. Al sostener la franquicia azucarera, la enmienda se alejaba de las pretensiones de Blaine, pero establecía una suerte de «mecanismo negativo» que permitía al presidente desarrollar una política de tratados de reciprocidad.[28]

Sin dudas, la fórmula de Aldrich restaba a Blaine la capacidad negociadora a la cual este aspiraba, mediante el libre manejo del arancel azucarero, pero ello contentaba a los disgustados proteccionistas, que se agrupaban en torno a McKinley y, sobre todo, eliminaría los resquemores de un sector de la opinión, preocupado por las extensas prerrogativas de que podría gozar un secretario de Estado de reputación algo dudosa.[29] Por otra parte, la enmienda facultaba al presidente, por primera vez en la historia, para concertar tratados comerciales dentro de los límites establecidos por el arancel, sin necesidad de una aprobación congresional, trascendental decisión que eliminaba la posibilidad de que los convenios corriesen la desventurada suerte que cupo a los negociados por la administración Arthur.

El 27 de septiembre, los republicanos proteccionistas de la Cámara capitulaban, y el *bill* McKinley, enmendado, se aprobaba por una mayoría de 151 votos sobre 81; tres días después la ley sería ratificada por el Senado. Actuando con rapidez y sagacidad, Harrison y Blaine lograban finalmente hacer de la reciprocidad el instrumento fundamental de una política comercial expansionista.

El movimiento... ¿económico?

La aprobación del nuevo arancel norteamericano tuvo un efecto catalizador en los ya convulsos medios económicos de Cuba. La noticia, en realidad, no tomó a nadie por sorpresa, pues el proceso legislativo del *bill* McKinley había sido seguido paso a paso por los corresponsales de los principales periódicos de la Isla, quienes alertaron a sus lectores –principalmente a los comerciantes, hacendados y otros propietarios– de la amenaza que se cernía sobre sus intereses. De hecho, los criterios expresados por las corporaciones en septiembre aludían expresamente a esos peligros, por lo cual no ha de extrañar la respuesta rápida y unánime de estas a la convocatoria lanzada por la Cámara de Comercio de La Habana el 9 de octubre, para que dichas instituciones pasasen por encima de toda consideración política y, reunidas en una Asamblea Magna, propusieran medidas para conjurar la crisis y afianzar las relaciones comerciales con Estados Unidos.

Las autoridades coloniales no ocultaron su alarma ante las proporciones que tomaba un movimiento –ya bautizado por la prensa como «económico»–, que apuntaba a reproducir a mayor escala la frustrada Junta Magna de 1884, ahora en medio de condiciones sociopolíticas especialmente desfavorables para España. Algunos acontecimientos ocurridos en 1890, como la estancia de Antonio Maceo en La Habana, los intentos de propaganda legal separatista de Juan Gualberto Gómez y otros periodistas, así como la radicalización de los autonomistas de la provincia oriental, indicaban la renovada pujanza del independentismo, en medio de signos inequívocos de descomposición en los partidos coloniales. El PUC, tras la muerte de su presidente «histórico», el conde de Casa Moré, era escenario de un abierto choque de tendencias que restaban solidez y coherencia a sus actividades, mientras que el autonomismo decidía ir al retraimiento, inconforme porque no se hubiese extendido a Cuba el sufragio universal adoptado en España. Para colmo, hasta el anexionismo parecía reverdecer; en marzo se había convocado a un mitin anexionista en un teatro habanero y su promotor, el periodista Esteban Robert, fue arrestado. Dicho incidente, junto a otras manifestaciones menos tangibles, podía considerarse un reflejo local de las expectativas abiertas por la política expansionista de Blaine.[30]

Ante los preocupantes despachos que desde Cuba le remitía el Gobernador General, Camilo García de Polavieja, sobre la movilización «económica», el ministro de Ultramar, Antonio María Fabié, decidió aplazar la entrada en vigor del nuevo arancel previsto para 1891 y convocar a los representantes de las corporaciones para una reunión en Madrid, donde se discutiría todo lo relativo a la reforma arancelaria y las relaciones con Estados Unidos. Aunque esta nueva «Junta de Información» tenía visos de maniobra dilatoria, el hecho de que la primera autoridad colonial de España convocase directamente a las corporaciones, pasando por alto a los partidos coloniales, otorgaba a la reunión incuestionable trascendencia.[31]

En los primeros días de noviembre, las corporaciones celebraron asambleas para definir sus posiciones y elegir sus representantes a la reunión madrileña. Aunque el general Polavieja intervino en estos procedimientos, intentando conseguir que los delegados electos fuesen personas maleables, la composición de la delegación no colmó tales pretensiones. Cuatro de los siete delegados –Rafael Montoro, por la Sociedad Económica; Rafael Fernández de Castro, del Círculo de Hacendados; Bernardo Portuondo, por la Cámara de Comercio de Santiago de Cuba, y el marqués de Muros, por la Sociedad de Estudios Económicos– eran cubanos y, los tres primeros, autonomistas, mientras que los restantes, aunque peninsulares, se habían destacado por su combatividad, en particular Segundo Álvarez, presidente de la Cámara de Comercio de La Habana, a quien Polavieja consideraba de «ideas casi separatistas y personificación de la intransigencia...».[32]

Las sesiones de información se desarrollaron en Madrid entre los días 23 y 30 de diciembre. Previamente, los comisionados habían sido recibidos por Cánovas, quien en su condición de Jefe de Gobierno dio así su espaldarazo a la reunión. En el curso de las sesiones se puso de manifiesto la unanimidad de criterios de los delegados, hecho significativo, dada la disímil militancia política de estos, lo cual también se pondría de relieve en las «conclusiones» entregadas a Fabié el 4 de enero. Estas concretaban una decena de demandas que pueden resumirse así: 1) el arancel proyectado para 1891 debía abandonarse; 2) abrogación de las leyes de Relaciones Comerciales de 1882, para dar lugar a un nuevo régimen arancelario; 3) que los nuevos aranceles cubanos satisficiesen los requerimientos de la cláusula de reciprocidad de la ley aduanera norteamericana; 4) firma de un acuerdo comercial con Estados Unidos que redujese los derechos fijados al tabaco torcido; 5) suspensión del impuesto industrial para el azúcar; 6) abolición de los derechos de exportación que gravaban al tabaco; 7) supresión de las tasas portuarias de carga y descarga; 8) reforma de las ordenanzas de aduana y medidas contra la corrupción de los empleados de estas.[33] Los delegados habían preferido excluir de momento sus conocidas opiniones sobre el presupuesto, la deuda y otros asuntos, para concentrarse en el problema arancelario, eje de las soluciones a las que aspiraba la burguesía insular y tema sobre el cual existía el mayor consenso.

Concluida la información, los comisionados fueron despedidos con un buen número de promesas y algunas concesiones, como la suspensión del nuevo arancel y la prórroga del cobro del impuesto industrial sobre azúcares y mieles. Nada se había obtenido respecto a la controvertida cuestión del cabotaje y las perspectivas en este sentido no resultaban halagüeñas, en vista de la potente contraofensiva que comenzaban a desplegar los intereses peninsulares vinculados al comercio colonial.

Los proteccionistas catalanes habían seguido con notable aprensión las manifestaciones de repudio de que estaba siendo objeto en Cuba el régimen de cabotaje. La aprobación del arancel McKinley los decidió a salir a la palestra y enfrentar «...la campaña antipatriótica, iniciada en Cuba [...] de la cual se desprende que hay incompatibilidad absoluta entre el bienestar de Cuba y el de la península».[34] Casi como saludo a los comisionados cubanos llegados a Madrid, en diciembre de 1890 el Fomento del Trabajo Nacional publicó un opúsculo bajo el título *La cuestión cubana*, donde se intentaba refutar los criterios de las corporaciones insulares. Con habilidosa argumentación, el Fomento acusaba a los cubanos de haber abandonado la navegación e industria propias y los mercados europeos, colocándose a merced de las ambiciones expansionistas norteamericanas, frente a lo cual sugería diversificar la economía de la Isla y desarrollar su industria refinadora, como única solución segura ante una perspectiva de creciente dependencia respecto a Estados Unidos.[35]

Pasando de las palabras a los hechos, la corporación catalana decidió enviar su propia delegación a Madrid, para contrarrestar la «perniciosa influencia» que los comisionados cubanos podrían ejercer en los medios gubernamentales. Recibidos por Cánovas y Fabié, de quienes escucharon palabras tranquilizadoras y el solemne compromiso de que sus demandas serían atendidas, los delegados catalanes optaron por una actitud condescendiente, pues no consideraban prudente enfrentarse a un gobierno que se proponía reformar los aranceles de la Península en un sentido proteccionista. No obstante la confianza patentizada a las más altas figuras del gabinete conservador, los representantes del Fomento aprovecharon su visita a la capital para estrechar lazos con otras corporaciones, como la Liga Agraria y la Unión Mercantil, previendo la necesidad de articular un frente común en defensa de los intereses de la «producción nacional».[36]

Poco satisfechos con el resultado de su gestión e inquietos por la reacción de los intereses proteccionistas peninsulares, los comisionados cubanos, en su regreso a la Isla, recomendaron a las corporaciones continuar la campaña «económica» y fortalecer sus bases organizativas mediante la creación de un «comité de propaganda». Dicha proposición fue favorablemente acogida, de modo que, el 23 de marzo de 1891, se anunciaba la constitución de un Comité Central de Propaganda Económica, de treinta y cinco miembros –cinco por cada corporación–, el cual se encargaría de unificar los esfuerzos y facilitar la dirección de lo que ya todos conocían como el Movimiento Económico. Como presidente del Comité fue elegido Prudencio Rabell, comerciante español y propietario de una gran fábrica de tabacos, quien era además figura prominente de la Unión Constitucional; con franca voluntad de equilibrio, la vicepresidencia sería concedida a José Bruzón, un cubano autonomista que representaba a la Sociedad Económica de Amigos del País.

Como acertadamente aprecia Paul Estrade, un órgano de tan nutrida representación excedía las necesidades de su función coordinadora, y más bien parecía el ejecutivo de una liga corporativa, marcado por su organización y autonomía con una indudable impronta política.[37]

Que la movilización económica comenzaba a trascender la esfera corporativa, era un hecho perceptible desde poco antes, cuando a iniciativa de la Unión de Fabricantes de Tabacos fue lanzada una «candidatura económica» en la provincia de La Habana, con vistas a las elecciones generales de febrero de 1891. Surgida de la inconformidad con las decisiones de la directiva del PUC, que había conformado una lista repleta de candidatos «cuneros», la candidatura «económica» logró imponerse en cuatro distritos de la capital, y si los conservadores no sufrieron una severa derrota, fue debido al escandaloso fraude que a última hora les aseguró una estrecha mayoría.

El Comité Central de Propaganda Económica, tras una etapa inicial de ajustes organizativos y discusiones intestinas que le ganó ciertas críticas de inactividad por parte de la prensa, decidió lanzar el 1ro. de julio un «Manifiesto al país», documento de sabor programático que afirmaba su presencia y aspiraciones. Contentivo de un análisis profundo y sumamente crítico de las condiciones económicas en Cuba, el manifiesto reflejaba la reacción de la burguesía insular ante el proyecto de presupuesto presentado poco antes a las Cortes por el ministro de Ultramar.

Fabié aseguraba dar cumplida respuesta con dicho proyecto a las recomendaciones presentadas en Madrid por los comisionados cubanos, pero lo cierto es que el nuevo presupuesto había sido confeccionado sin consultar a las cámaras de comercio y mantenía muy elevada la presión fiscal. Aunque se suspendía la aplicación de la última rebaja prevista para la plena vigencia del cabotaje, dicho régimen se conservaba incólume, sin modificarse tampoco los derechos fijados a las mercaderías extranjeras. Como una concesión al ramo tabacalero, seriamente afectado por el arancel McKinley, el presupuesto suprimía los derechos de exportación pagados por el tabaco en rama y el torcido, pero la baja que ello ocasionaría en las recaudaciones era compensada mediante la instauración de un impuesto directo sobre la elaboración de azúcar y tabaco. En Cuba, el proyecto despertó un repudio tan generalizado que incluso la Unión Constitucional se vio obligada a rechazarlo, decisión por la cual su directiva fue objeto de una severa reprimenda por parte del gobernador Polavieja.

Enfrentado a esa situación, el manifiesto económico no presentaba un pliego de demandas particulares, sino que condenaba el intento de retornar al «antiguo pacto colonial» –esto es, al monopolio metropolitano– y hacía una ardorosa defensa de las libertades económicas. Su importancia radicaba en las circunstancias de su formulación, así como en el llamado del CCPE para la extensión de su estructura organizativa mediante la creación de comités provinciales y locales.[38]

El primero de estos comités ya se había creado en Pinar del Río a finales de junio y, en agosto, le seguiría el comité provincial habanero. Tras un lapso de varios meses, la difusión organizativa retomaría su curso con la constitución del Comité Provincial Económico de Matanzas –abril de 1892– y la fundación de comités locales en diversos municipios de esa provincia y la de La Habana.[39]

El sesgo tomado por la movilización económica, tanto en sus pronunciamientos como en sus proyecciones organizativas, selló su suerte a los ojos de las autoridades españolas. Estas lo habían contemplado desde el inicio con profunda aversión, en particular el capitán general Camilo Polavieja, quien llegaría a calificar al Movimiento Económico como «el hecho más trascendental que desde el Grito de Yara se había realizado en Cuba contra la soberanía de España».[40]

La dirigencia «económica», integrada por individuos de la mayor solvencia –principalmente grandes comerciantes y propietarios azucareros–, muchos de ellos peninsulares, no había escatimado manifestaciones de fidelidad a la Madre Patria. Sin embargo, sus actividades y pronunciamientos entrañaban, aun sin proponérselo, un serio desafío al régimen colonial español en Cuba, al menos en su presente constitución. La sola existencia del movimiento ponía al desnudo la nula representatividad de la diputación cubana en las Cortes, el ejercicio de una administración de espaldas al país, el rechazo a los privilegios comerciales de los productores peninsulares, el repudio, en suma, a la subordinación funcional de la economía cubana a los intereses metropolitanos. Evidencia palmaria de la contradicción entre los grupos económicos asentados en la Isla y los que desde España disfrutaban de los beneficios de la explotación colonial, el Movimiento Económico descomponía la base social del colonialismo –como lo demostraba la crisis del Partido Unión Constitucional– y alteraba la correlación de fuerzas en una coyuntura especialmente crítica para el porvenir de la dominación española.

Entre las fuerzas que se alistarían para la ofensiva contra los «económicos» figuraban, en primer término, los «coloniales», el grupo de intereses representado por Manuel Calvo y sus socios de la Trasatlántica y el Banco Hispano-Colonial, así como otros financieros y negociantes, sin excluir a los comerciantes consignatarios de productos españoles que tan bien personificaba un Celestino Blanch.[41] Ansiosos por recuperar su tradicional hegemonía dentro del PUC y reagrupar las filas de ese partido, los «coloniales» harían uso de sus amplias relaciones para fomentar la división entre los «económicos». Tampoco escatimarían sus recursos pecuniarios, pues ningún otro factor puede explicar que el líder de los detallistas, Emeterio Zorrilla, con sus negocios en notoria situación de quiebra, encontrase los fondos para poder adquirir el control del *Diario de la Marina*, y hacer de ese influyente órgano un detractor del movimiento que desde sus orígenes había apoyado.

Otro factor importante en la ofensiva «antieconómica», serían los caciques locales del PUC, principalmente en Las Villas. Encabezados por su jefe provincial, José Pertierra, los líderes integristas villareños, como Julio Apezteguía, Esteban Cacicedo, Martín Zozaya, todos ellos opulentos propietarios, recibieron al gobernador Polavieja durante su visita a las principales ciudades de la provincia, en agosto de 1891. El objetivo expreso del capitán general era promover la reconstrucción de la Unión Constitucional, pero la adhesión de Pertierra y sus correligionarios a tal propósito estaría salpicada de críticas nada veladas a los pronunciamientos «económicos», proferidas en discursos políticos, brindis y cuanta ocasión pudo prestarse para ello.[42] Como parte del proceso de reanimación del PUC, su presidente, el conde Galarza, retornaba finalmente a Cuba y decidía saludar a sus correligionarios con una circular, donde se apropiaba de las principales demandas «económicas» para el caudal político de su partido, aunque adecuándolas en tono y alcance a las más «patrióticas finalidades».

Las autoridades coloniales también apelaron al soborno, como sucedió en el caso de José Cubero, secretario de la Liga de Comerciantes Importadores y figura destacada del CCPE, a quien se ofreció el cargo de celador de la Aduana –«el puesto donde más se roba en Cuba»–, para conseguir su discreto alejamiento de las actividades «económicas».[43]

La labor divisionista tuvo su expresión más pérfida en la recogida de los viejos billetes depreciados de la emisión de guerra. Esta era una operación que el gobierno colonial había aplazado por muchos años y que, de improviso, decidía ahora ejecutar. Con ella se intentaba satisfacer una sentida demanda de los detallistas, clientela tradicional del PUC, ahora sumada al Movimiento Económico. Dicha medida no sólo pretendía restar ese respaldo al movimiento, sino también alimentar las contradicciones en los medios corporativos, pues aunque favorecía a los comerciantes, perjudicaba a los gremios obreros y a ciertos empleadores, como los hacendados azucareros.[44]

Pero la movilización económica demostró una resistencia mayor que la esperada. A instancias de la Unión de Fabricantes de Tabacos, las corporaciones dejaron a un lado las contradicciones secundarias que las enfrentaban y, una tras otra, decidieron ratificar su apoyo al Comité Central. Este concentró su actividad en torno a las reivindicaciones esenciales de la burguesía insular –la defensa de los intereses tabacaleros, el·rechazo a los impuestos al azúcar y la derogación del cabotaje–, y con su primera asamblea pública, celebrada en el teatro Tacón en marzo de 1892, elevó el tono del debate mediante la participación de oradores representativos de todas las corporaciones.

En su renovado impulso, el Movimiento Económico encontraría un «colaborador» insospechado: el nuevo ministro de Ultramar, Romero Robledo, quien presentó a las Cortes un presupuesto para Cuba (1892-1893), en el cual reformaba de modo inconsulto –aunque a título provisional– los aranceles, recargando un 10% sus derechos, además de crear nuevos impuestos y aumentar algunos de los ya vigentes. La reacción en Cuba no es difícil de imaginar. Tanto el CCPE como cada corporación individualmente, expresaron su repulsa al presupuesto, en manifestaciones a las cuales se uniría el Partido Autonomista y la propia Unión Constitucional, esta última mediante una declaración de su nuevo presidente, el marqués de Apezteguía. Se creó así un verdadero estado de guerra entre el ministro y las instituciones insulares, con un agresivo intercambio de ataques y recriminaciones, en el curso de los cuales Romero haría de la «insurrección económica» el blanco predilecto de sus arremetidas.

El 1ro. de julio, en una suerte de balance de sus actividades, el Comité Central de Propaganda Económica resumía sus aspiraciones en un conjunto de veinticuatro conclusiones. Entre ellas figuraban todas las demandas «históricas» del movimiento, pero casi la tercera parte de los planteamientos no se relacionaban directamente con la problemática comercial o arancelaria, sino que más bien apuntaban hacia una completa reforma de la administración colonial. Pero este documento, sin duda el más amplio y radical de cuantos produjera el Movimiento Económico, sería también su canto de cisne.[45]

El mismo día que el CCPE daba a la luz sus «conclusiones», las Cortes madrileñas aprobaban el presupuesto Romero prácticamente sin modificaciones. El acontecimiento resultaba una demostración palmaria de lo que los enemigos del movimiento sostenían desde tiempo atrás: la perfecta inutilidad de este. Colocadas ante el hecho consumado, las corporaciones tratarían en lo sucesivo de capear la situación de la manera más apropiada a sus respectivos intereses.[46]

En realidad, la cohesión del Movimiento Económico venía siendo carcomida desde tiempo atrás por las cambiantes condiciones de la economía cubana. El tratado de reciprocidad comercial hispano-norteamericano –cuya negociación durante el verano de 1891 no había sido ajena, como se verá, a los designios políticos del gobierno de Cánovas– alteró notablemente la situación de los diversos sectores productivos. Mientras el azúcar experimentaba un verdadero auge gracias a las facilidades de acceso al mercado norteamericano, la exportación tabacalera –especialmente la de torcido– se veía bloqueada por los elevados derechos del arancel McKinley y sufría una crisis sin precedentes, la cual dejaba sin empleo a miles de trabajadores y colocaba a las fábricas al borde de la quiebra. Algunos comerciantes importadores –como los de tejidos– resultaron favorecidos por el tratado, pero otros se hallaban ante la disyuntiva de replantear sus vínculos o perecer. Entre las industrias domésticas, unas se beneficiaban por el abaratamiento de materias primas mientras otras se veían perjudicadas por la competencia. Todo esto restaba coherencia a un movimiento sustentado en la concertación de muy diversos intereses en el seno de la burguesía insular.

El 15 de septiembre de 1892, en una clara situación de desconcierto, el Comité Central de Propaganda Económica acordaba suspender indefinidamente sus tareas hasta tanto las corporaciones determinasen reanudar esos trabajos. En la práctica, lo que se solicitaba era un nuevo voto de confianza; sólo que en esta ocasión el comité no lo recibiría.

La burguesía insular se mostraba incapaz de preservar su unidad y, menos aún, de obtener un respaldo de masas para sus aspiraciones. Salvo el circunstancial apoyo de obreros tabacaleros y detallistas –sectores ambos mayoritariamente integrados por peninsulares–, su movimiento había quedado circunscrito a las capas altas y medias de las provincias occidentales. Atrapados por diferencias de origen y su conservadurismo, los «económicos» no podían generar un proyecto nacional hegemónico y se mantuvieron oscilando entre un reformismo timorato y un anexionismo velado, en medio de una sociedad cuyas tendencias sociales y políticas se radicalizaban. El Movimiento Económico había puesto al desnudo las trabas y contradicciones de la colonia en un minuto crucial, pero su impotencia para superarlas resultaba más que notoria. Sin duda por ambas razones, Martí apreció en este una «función revolucionaria».[47]

La movilización económica dejaba un pobre saldo en lo que a sus demandas se refiere. Al margen de la suspensión temporal de impuestos y recargos arancelarios, su única gran conquista sería el tratado de reciprocidad comercial con

Estados Unidos. Inútil para soltar el lastre de la vieja dependencia, la burguesía insular a duras penas parecía mostrarse eficaz para anudar la nueva.

El tratado Foster-Cánovas

El arancel McKinley tomó también a España en una situación comprometida, cuando su gobierno encaraba la solución de agudos y persistentes problemas económicos. El déficit presupuestario no había podido controlarse durante los cinco años de ministerios liberales, en buena medida gracias a una crisis agrícola –fundamentalmente cerealera– que nadie resultaba capaz de atajar. A ello se sumaban la cuestión de la efectiva adopción del oro como patrón monetario y decisiones no menos complejas en el terreno de la política comercial.

El proteccionismo, alentado por las prácticas arancelarias recientes de casi todos los Estados de Europa, se presentaba como la solución más apropiada a las circunstancias. Los principales promotores de dicha política eran los agricultores, quienes desde tiempo atrás venían clamando en favor de una elevación de los aranceles, y que ya en 1890, con los precios del trigo a su nivel más bajo en un cuarto de siglo, parecían haber agotado su paciencia. También los industriales catalanes enarbolaban el tradicional estandarte proteccionista, no porque enfrentasen apuros económicos –gracias a las ventajas conseguidas en el mercado colonial–, sino porque estaban preocupados por la posición negociadora que adoptaría el gobierno español frente a sus socios europeos, cuando en 1892 comenzaran a caducar los tratados comerciales vigentes. Los siderúrgicos vascos, que reclamaban protección para su naciente industria, venían a completar el bloque de fuerzas que pugnaba por una revisión de la política arancelaria española.[48]

En junio de 1890, los conservadores retornaron al poder, sustentando una plataforma proteccionista que, dadas las circunstancias, consideraban como la fórmula más apropiada para asegurar la adhesión de los más significativos sectores socioeconómicos al régimen de la Restauración. El propio Cánovas había hecho profesión de fe proteccionista en un célebre artículo, publicado un año antes de asumir nuevamente la jefatura de gobierno.[49] En el sagaz malagueño, sin embargo, el proteccionismo no era hijo de una posición doctrinaria, sino más bien de la convicción de que dicha política resultaba el recurso adecuado para enfrentar la crisis agrícola y conjurar los peligros que ella entrañaba para el futuro de la nación. No en balde la primera disposición de importancia del gobierno conservador en materia comercial –dictada en diciembre de 1890– fue la derogación de la base quinta del arancel y la elevación de derechos a los productos agropecuarios, medidas que se anunciaban como el preámbulo de una reforma arancelaria general de corte proteccionista.

Los previsibles efectos de la nueva tarifa norteamericana en Cuba colocaban una vez más al gobierno español ante una situación colonial que divergía radicalmente de la problemática metropolitana. Las autoridades madrileñas se habían mantenido atentas al desarrollo del proceso de revisión arancelaria en Estados Unidos, tratando de evaluar las consecuencias de este, a la vez que pulsaban la opinión de las principales cancillerías europeas, con la esperanza de poder articular una posición común. Los resultados de ese sondeo fueron desoladores; solamente el imperio alemán se mostraba partidario de una firme acción concertada, pero incluso esa importante cancillería desistió de su propósito, al constatar que los restantes gobiernos de Europa optaban por una política conciliadora frente a Washington.[50]

Lo peor es que la inconsistencia europea era perfectamente conocida en la capital norteamericana. Ello posibilitó a la administración Harrison desplegar un habilidoso juego diplomático frente a España, de modo que a la vez que manifestaba una cordial disposición negociadora, afectaba cierto desdén por el asunto, para dejar la iniciativa del lado español.[51] En realidad, la concertación de un tratado sobre el comercio con las Antillas españolas era vital para el éxito de la política de reciprocidad del gobierno republicano, no sólo porque garantizaba el objetivo fiscal de abastecer el mercado con azúcares libres de derechos, sino porque impulsaría a los Estados latinoamericanos a negociar convenios similares.

La aplastante victoria demócrata en las elecciones legislativas de noviembre de 1890, había colocado a Harrison y Blaine contra la pared, obligándolos a desarrollar una verdadera carrera contra reloj para concertar los tratados prometidos. La exitosa conclusión de un acuerdo de reciprocidad con Brasil a finales de 1890, los decidió a forzar las acciones. El 3 de enero de 1891, Blaine proponía formalmente al ministro español en Washington abrir las negociaciones, y poco después, instruía a su representante en Madrid para que advirtiese a las autoridades hispanas «...que sería desafortunado que el gobierno español se orientase equivocadamente en la idea de que el Presidente no aplicará la letra y el espíritu de la ley del Congreso relativa a la reciprocidad». Casi sin esperar la formal respuesta española, salía para España John W. Foster, negociador designado por la parte estadounidense, para dar personalmente a los gobernantes españoles «...explicaciones que por su perentoriedad, amplitud o naturaleza hacían preferible la comunicación verbal».[52]

Previamente, Foster había sido enviado a La Habana en «visita privada», con el propósito de entrevistarse con las principales figuras de los medios económicos y sembrar en estas la idea de que, tras la firma del reciente tratado entre Brasil y Estados Unidos, un fracaso en la concertación de la reciprocidad comercial resultaría ruinoso para Cuba.[53] Los gobernantes norteamericanos no ignoraban que la presión ejercida desde Cuba sería decisiva en la disposición negociadora de España.

Las noticias llegadas de La Habana acerca de las proporciones y alcance adquiridos por el Movimiento Económico, decidieron a las autoridades madrileñas a abrir formalmente las negociaciones a principios de marzo. Los primeros contactos pusieron de manifiesto la existencia de dos escollos primordiales: del lado norteamericano, el deseo de que las concesiones obtenidas no pudiesen extenderse a otros países a los que España otorgara la condición de «nación más favorecida», pretensión de exclusividad difícil de satisfacer; de otro lado estaba la aspiración española a obtener rebajas de derechos sobre el tabaco torcido, para las cuales no estaba facultado el ejecutivo norteamericano. Sin embargo, el interés de los negociadores por avanzar en su trabajo los llevó a posponer estos asuntos, para concentrarse en las cuestiones factibles de arreglo.

Los negociadores españoles reconocían las ventajas derivadas de la franquicia norteamericana para el azúcar, aunque mostraban preocupación por los efectos que a largo plazo podría tener el subsidio otorgado por Estados Unidos a su producción azucarera doméstica. Por otra parte, estimaban que las facilidades arancelarias reportarían menor provecho a Puerto Rico, pues la producción azucarera de aquella isla estaba en franca decadencia y el café, que era ya el principal renglón de las exportaciones puertorriqueñas, se beneficiaría poco con la franquicia dispuesta por el arancel McKinley, pues la mayoría de sus exportaciones se realizaban en Europa.[54] No obstante, la parte española se manifestaba dispuesta a hacer concesiones a renglones que no fuesen competitivos con la producción nacional, sin perder de vista los perjuicios que ello pudiera ocasionar al fisco colonial.

La precaución con que el gobierno madrileño conducía las negociaciones, obedecía también a la presencia de poderosos intereses vinculados al mercado colonial, cuya influencia en el proceso deseaba anular. Sin embargo, la filtración de algunas informaciones resultó inevitable, y ello originó voces de alarma en los medios proteccionistas. Mientras *El Economista Español* y otros órganos corporativos intentaban trasladar a la opinión pública la idea de que el tratado resultaba innecesario, el Fomento del Trabajo Nacional dirigía a Cánovas una extensa carta, en la cual expresaba su alarma por los perjuicios que ocasionaría un tratado análogo al firmado por Estados Unidos con Brasil, y recomendaba dilatar las negociaciones, en espera de que el Congreso estadounidense terminase por modificar el arancel McKinley. En una comunicación posterior al presidente del Consejo de Ministros, la directiva del Fomento expresaba el motivo principal de su disgusto, al criticar «la exagerada cautela del gobierno», que los marginaba y sentaba el funesto precedente de negociar tratados «sin previa información a las corporaciones».[55]

El temor de los industriales catalanes estaba justificado. Cánovas había decidido concertar el tratado, pasando por alto todas las objeciones, incluyendo las expresadas por los grupos de intereses peninsulares. El pragmático líder conservador optaba por asegurar lo que a su juicio constituía el supremo interés de la nación. Desde esa perspectiva, la reciprocidad resultaba un mal menor. Con el tratado, ciertamente, Estados Unidos alcanzaba una posición privilegiada dentro del mercado cubano, en detrimento de algunas producciones metropolitanas, pero ello satisfaría por un buen tiempo las ambiciones norteamericanas sobre Cuba y alejaría la amenaza anexionista. Por otra parte, la concertación del convenio contribuiría a desactivar un peligroso movimiento corporativo que apuntaba, cuando menos, a la completa reforma del régimen económico colonial, alternativa esta bastante más riesgosa para la preservación del dominio español en las Antillas que un arreglo comercial cuya vigencia estaría sometida a las veleidades de la política estadounidense.[56]

Los productores peninsulares tendrían que conformarse. Un gobierno que había protegido con altos derechos a la producción agropecuaria, elevado los aranceles filipinos en beneficio de las mercancías nacionales y que preparaba un nuevo arancel ultraprotector –el cual sería promulgado en diciembre de 1891–, podía considerarse acreedor de la confianza de los círculos proteccionistas. Era la misma lógica que presidiera la implantación del cabotaje con las Antillas en 1882, sólo que ahora funcionaba a la inversa; satisfechos los intereses primordiales de los proteccionistas hispanos, esos grupos tendrían que aceptar un sacrificio en sus posiciones dentro del mercado colonial.

El 1ro. de agosto, de manera un tanto sorpresiva, se publicaba el Real Decreto que ponía en vigor el Tratado de Reciprocidad Comercial. Para satisfacer las pretensiones de exclusividad norteamericanas, España dividía sus concesiones en dos tarifas, una transitoria –puesta en práctica de inmediato– y otra definitiva, que entraría en vigor en 1892, cuando los convenios vigentes con otros Estados europeos beneficiados por la cláusula de «nación más favorecida» hubiesen expirado. Esta última incluía la mayor parte de los artículos importados en Cuba, organizados en cuatro listas, según quedasen libres de derechos, recibiesen rebajas de un 50% y un 25% o pagasen derechos especiales.[57] A cambio, Estados Unidos extendía a Cuba y Puerto Rico las franquicias previstas en su arancel y el presidente Harrison prometía solicitar al Congreso una rebaja de derechos al tabaco elaborado cubano, compromiso este cuya efectividad muchos ponían en duda.

El texto del tratado causó estupor en los medios proteccionistas españoles. El gobierno conservador había ido más allá de lo previsible y el órgano del Fomento no vaciló en acusarlo de haber hecho mayores concesiones que «la naciente y perturbada República del Brasil». El 19 de agosto, en una belicosa asamblea, la directiva del Fomento convocaba a una «reunión magna» de todas las corporaciones catalanas, para expresar su repudio al convenio. Tres semanas después, ante una multitud congregada en un teatro de Barcelona, uno a uno los representantes de las corporaciones harían un minucioso inventario de los daños causados por el tratado a la «producción nacional», para concluir aprobando una «exposición» en la cual urgían a las Cortes a votar «...contra el Tratado más ruinoso y, sin disputa el más peligroso de cuantos ha celebrado España...». Según los exponentes, el convenio Foster-Cánovas afectaría a exportaciones peninsulares por un valor de 65 millones de pts. y dejaría a Cuba «supeditada exclusivamente a los Estados Unidos».[58]

En realidad, la situación no era tan dramática como se le hacía ver; Cánovas había manejado con cuidado las concesiones que afectaban a mercancías peninsulares como los textiles o el calzado, y sólo las harinas, por su elevadísimo costo de producción, quedaban en una desfavorable situación competitiva. Pero la agitación corporativa perseguía propósitos de mayor alcance que la revocación de un convenio que era ya hecho consumado; al descargar sobre el gobierno todo el peso de sus quejas, los proteccionistas pretendían obligarlo a preservar el sistema de cabotaje y comprometerlo a satisfacer sus demandas en la negociación de futuros arreglos comerciales.

En Cuba, la noticia del tratado fue celebrada a tambor batiente por el *Diario de la Marina* y otros periódicos, sin excluir al autonomista *El País*, el cual abandonó su habitual reticencia para felicitar a Cánovas por haberse sobrepuesto a los intereses proteccionistas metropolitanos. A esas felicitaciones se unía, desde luego, el Partido Unión Constitucional, satisfecho por ver materializada una aspiración inscrita en su programa desde 1878.[59] Pero no todo era elogio en los medios de opinión habaneros. El Comité Central de Propaganda Económica sometió el tratado a un minucioso estudio, del cual resultaría un *Dictamen* –elaborado por Montoro y los representantes de la Unión de Fabricantes de Tabaco–, en el cual se concluía «que el convenio de reciprocidad no responde por completo ni en su forma ni en su contenido a las aspiraciones y solicitudes de las corporaciones...». Algunos miembros del Comité consideraron dicha conclusión de tal acritud, que solicitaron se matizara con el señalamiento de las ventajas que comportaba el convenio y un reconocimiento del «esfuerzo plausible del Gobierno». Pese a ello, el texto del *Dictamen* ponía al descubierto la maniobra de Cánovas, al reiterar que la solicitud de las corporaciones cubanas había sido que se reformase el arancel, rebajando sus derechos para satisfacer las exigencias del *bill* McKinley –lo cual beneficiaría por igual a importaciones de todas las procedencias– y se reservase la concertación de un tratado con Estados Unidos para obtener concesiones específicas al tabaco elaborado. Al suscribir el tratado como una alternativa frente a la rebaja arancelaria generalizada, el gobierno español colocaba las mercaderías norteamericanas en situación privilegiada y abandonaba a su suerte a la industria tabacalera.[60]

Si la dirigencia «económica» enjuiciaba el sentido y las limitaciones del tratado, correspondería a José Martí advertir sus peligros. El líder independentista, que había seguido paso a paso los movimientos de la política norteamericana en pos del establecimiento de la reciprocidad comercial, denunciaría las implicaciones de esta en un artículo de mayo de 1891, donde afirmaba: «Hay que equilibrar el comercio, para asegurar la libertad. El pueblo que quiere morir vende a un solo pueblo, y el que quiere salvarse vende a más de uno. El influjo excesivo de un país en el comercio de otro, se convierte en influjo político.»[61]

Los frutos de la reciprocidad

En Estados Unidos, el tratado Foster-Cánovas recibió un saludo jubiloso. El *New York Herald* anunció su contenido e hizo énfasis en las ventajas que reportaba a distintos renglones de la economía norteamericana, especialmente para los industriales harineros, el consorcio petrolero Standard Oil y los fabricantes de maquinaria y artículos de metal.[62] *Bradstreet's*, publicación especializada del mercado de valores, se permitía especular sobre los efectos de los acuerdos de reciprocidad, considerándolos una vía para la anexión –al menos en el caso hawaiano– y, en la misma cuerda, el magnate del acero Andrew Carnegie se felicitaba porque en lo sucesivo Cuba representaría tan poco beneficio para España como Canadá para la Gran Bretaña.[63]

La primera consecuencia del tratado de reciprocidad español para Estados Unidos fue una suerte de «efecto dominó», puesto que en los meses siguientes se concluyeron convenios similares con Santo Domingo, Nicaragua, Guatemala, Honduras, El Salvador y las posesiones británicas del Caribe; incluso Alemania y Austria-Hungría se avinieron a levantar las restricciones que tenían establecidas a los productos cárnicos estadounidenses, con tal de obtener franquicia para sus azúcares.

En 1893, cuando una crisis cíclica mundial se abatió con fuerza sobre el comercio exterior norteamericano, haciéndolo retroceder casi un 20%, las exportaciones a Latinoamérica se mantuvieron prácticamente inalterables, sobre una cifra de 103 millones de dólares, conservando el incremento de 13 millones de dólares que habían experimentado sobre las ventas de 1891. Dicha ganancia coincidía casi exactamente con el aumento registrado por las ventas norteamericanas a Cuba, país que se había convertido en el primer socio comercial de Estados Unidos en el subcontinente.[64]

El tratado de reciprocidad surtió en Cuba un efecto sumamente rápido; en el primer año de su plena vigencia –1892– las compras de productos norteamericanos ascendieron hasta 17,9 millones de pesos, cifra que representaba un incremento de casi un 50% sobre los 12 millones importados el año precedente, y en 1893 alcanzaban los 24,1 millones, con lo cual prácticamente lograban duplicar los valores previos al tratado. El crecimiento de las exportaciones cubanas a Estados Unidos fue también considerable, ya que pasaron de 61,7 millones de pesos en 1891 a 78,7 millones de pesos en 1893, para una ganancia de 27,5%. Dicho incremento respondía casi por entero a las ventas de azúcar – 44,0 millones de pesos en 1891 y 60,6 millones de pesos en 1893–, pues aunque también se registraban aumentos en las exportaciones cubanas de frutas –principalmente bananos– y madera, los valores correspondientes a estos renglones resultan poco significativos. La exportación tabacalera apenas experimentó modificación en su valor total –11,6 millones de pesos en 1893 contra 11,4 millones en 1891–, pero sí sufrió un sensible cambio en su composición, al incrementarse la proporción del tabaco en rama respecto al elaborado.

El régimen de reciprocidad tenía, por otra parte, consecuencias muy notables para el comercio exportador cubano. En primer término, se acentuaba su concentración en el mercado norteamericano donde, en 1893, Cuba realizaba por primera vez más del 90% de sus ventas azucareras. No menos importante resultaba la tendencia a especializarse en la exportación de materias primas, pues los valores correspondientes al azúcar crudo, el tabaco en rama, los minerales y otros productos similares, representaban en 1893 el 92% de todo lo exportado.[65]

Junto a estas tendencias, es también apreciable el avance registrado por los productos estadounidenses dentro del mercado cubano. En 1891, Estados Unidos controlaba el 28,8% de las importaciones cubanas y ocupaba el segundo lugar entre los proveedores de la Isla, superado sólo por España, que aportaba el 32,9% de los valores importados. Tres años después, en 1894, el régimen de la reciprocidad había alterado esas proporciones y Estados Unidos, que apuntaba un 38,5% de las importaciones cubanas, había desplazado a España a una segunda posición.[66] Los incrementos más notables de las ventas estadounidenses se registran en la harina de trigo y el maíz, cuyos valores casi se quintuplican entre 1891 y 1894 –la harina de trigo pasa de 591 886 pesos a 2 473 805 pesos–, seguidos por otros alimentos y vegetales, los cuales duplican sus valores, así como los metales y maquinarias, que ascienden desde 3,1 millones de pesos en 1891 hasta 4,6 millones de pesos en 1894. Crecimientos importantes experimentaron también los combustibles e implementos agrícolas y, aunque en escala mucho menos significativa, la madera y las manufacturas destinadas al consumo personal.

Salvo en el caso de la harina de trigo, donde el cereal norteamericano expulsó casi completamente del mercado a su homólogo español, los avances de las mercancías estadounidenses no se lograron por lo general a expensas de similares españolas. En 1892, ya bajo las condiciones creadas por el convenio de reciprocidad, la importación de textiles catalanes alcanzaba una cifra récord de 5,1 millones de kg, dando muestras de una pujanza que en 1895 la acercaría a los 8 millones de kg. Las compras de arroz valenciano también se mantuvieron en torno a los 3 millones de kg, mientras otros renglones de importancia comercial, como el calzado y el jabón, conservaban o incluso mejoraban sus posiciones.[67] Evidentemente, el tratado no ocasionaba mayor perjuicio a la posición comercial de España en Cuba; el ascenso de las importaciones de origen peninsular, muy vigoroso gracias a la aplicación de las rebajas finales previstas por el régimen de cabotaje, no quedó interrumpido sino que, por el contrario, en 1893 estas alcanzaron una cifra récord de 24,3 millones de pesos, produciéndose el mayor déficit –19,1 millones– registrado hasta entonces en el balance comercial de Cuba con su metrópoli.

Sin embargo, la evaluación detallada de los efectos del tratado de reciprocidad en el comercio importador cubano se hace muy compleja, no sólo por las insuficiencias de la base estadística, sino porque las ventajas obtenidas por las mercaderías norteamericanas resultaron acrecentadas por un factor adicional: el nuevo arancel puesto en vigor en la Isla el 29 de abril de 1892.

Confeccionado bajo la supervisión del ministro de Ultramar, Francisco Romero Robledo, ese instrumento aduanero perseguía compensar las pérdidas que en las recaudaciones pudiesen ocasionar las concesiones otorgadas a Estados Unidos, así como ajustar el régimen arancelario de Cuba a la nueva realidad de la Península, tras la promulgación en aquella del arancel proteccionista de diciembre de 1891. Además de comportar modificaciones de estructura, el arancel Romero disponía una elevación generalizada de los adeudos, más acentuada todavía por disponerse un recargo transitorio de un 10% en todas las partidas, excepto en las bebidas y comestibles. Como resultado de tales disposiciones, se ampliaba de modo considerable la diferencia existente entre los derechos pagados por las mercancías españolas, que disfrutaban del régimen de cabotaje, y las norteamericanas, beneficiadas por la reciprocidad, con respecto a los adeudos que gravaban los productos de otros países.[68]

Las consecuencias conjugadas del tratado Foster-Cánovas y el arancel Romero para el mercado importador cubano son fáciles de apreciar:

Gráfico III
CUBA: DISTRIBUCIÓN PROPORCIONAL
DE LAS IMPORTACIONES SEGÚN SU PROCEDENCIA

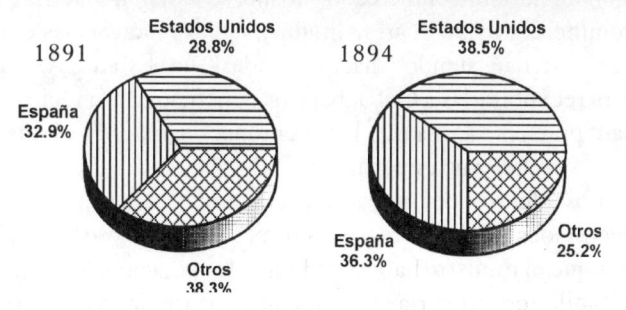

1891
Estados Unidos 28.8%
España 32.9%
Otros 38.3%

1894
Estados Unidos 38.5%
España 36.3%
Otros 25.2%

Elaborado con datos tomados de: *Boletín de la Cámara Oficial de Comercio, Industria y Navegación de La Habana*, 31 de diciembre de 1892, p. 51, y Ministerio de Ultramar. Dirección General de Hacienda: *Estadística General del Comercio Exterior de la Isla de Cuba: 1894-95*, Madrid, 1897.

Tanto Estados Unidos como España incrementaban su participación en las importaciones cubanas, en detrimento de los restantes países, con lo cual se perfilaba una clara tendencia a compartir el mercado insular entre sus dos metrópolis, la política y la económica.

Esa suerte de mercado compartido que en la práctica implicaba el arancel Romero, no sólo perjudicaba las relaciones de Cuba con otros países, sino que anulaba de hecho parte de los beneficios que se esperaba reportase el tratado de reciprocidad, al reducir los precios de las importaciones. Virtualmente incorporados a la situación de monopolio de la que ya disfrutaban en Cuba los productores españoles, «...los industriales norteamericanos [...] elevaron los precios considerablemente, como resultó con la maquinaria, barras de acero, carriles y otros...», según lo informado por el comerciante español Laureano Rodríguez en una «exposición» presentada a las Cortes, en la cual este aseguraba que lo razonable hubiese sido fijar adeudos moderados en el nuevo arancel, con el propósito de que les fuese posible concurrir a las mercancías de otras naciones en condiciones competitivas.[69] Como evidencia palmaria de que el comercio norteamericano comenzaba a disfrutar de las ventajas propias del monopolio sobre el mercado cubano, se harían frecuentes las denuncias de que el arroz hindú y algunas mercancías europeas estaban siendo «nacionalizadas» en Estados Unidos para reexportarlas a Cuba, bajo los beneficios de la reciprocidad, práctica viciosa que hasta entonces había sido exclusiva de los comerciantes españoles.[70]

Los efectos del nuevo arancel, unido a los impuestos decretados por Romero y a los torpes y sospechosos manejos con que el ministro había conducido la operación de canje de los «billetes de guerra» por metálico, mantenían a los medios económicos de la Isla en un estado de notable irritación. Como al promulgarse el arancel se había dispuesto un plazo de seis meses, para conocer los criterios de las corporaciones insulares, estas habían estado formulando sus objeciones y propuestas, aunque sin alimentar grandes esperanzas de que sus demandas fuesen atendidas. Sin embargo, una crisis gubernamental que a finales de 1892 trajo aparejado el ascenso de un gabinete liberal, vendría a modificar esas expectativas.

El nuevo ministro de Ultramar, Antonio Maura, se pronunciaba a favor de la introducción de reformas en la administración colonial. Aunque sus manifestaciones proteccionistas hacían albergar ciertas dudas respecto a su posición en materia arancelaria –como diputado por Mallorca había defendido los intereses de los fabricantes de calzado en el mercado colonial–, eran notorios sus vínculos con importantes intereses económicos en Cuba, particularmente los representados por Ramón Herrera –a la sazón presidente de la Cámara de Comercio habanera– y Arturo Amblard, ambos personalidades muy activas dentro del fenecido Movimiento Económico.

Como para demostrar la firmeza de sus propósitos, Maura había decretado, a raíz de ocupar su cartera ministerial, una reforma al régimen electoral en Cuba que duplicaba la cantidad de individuos autorizados a ejercer el sufragio, si bien la nueva cifra –unos cincuenta mil electores– representaba apenas un 3% de la población de la Isla. Meses después, el ministro presentaba a las Cortes un proyecto de ley que reformaba el gobierno y la administración civil en Cuba y Puerto Rico. La propuesta de Maura se movía en una dirección descentralizadora, pues establecía una diputación insular con facultades para elaborar y proponer el presupuesto colonial, trasladaba a la colonia facultades mayores en la administración de asuntos de interés local –educación, fomento y otros ramos similares– y limitaba las atribuciones del Gobernador General. Aunque esto distaba mucho de constituir un régimen autonómico, no cabe dudas de que representaba una suerte de régimen especial de gobierno para las «provincias ultramarinas», francamente contrapuesto al asimilismo integrista.

La pendiente revisión del arancel debía efectuarse en correspondencia con la confección del nuevo presupuesto y, con tal finalidad, las corporaciones económicas cubanas remitieron sus criterios al ministro de Ultramar. La proposición más abarcadora fue la presentada por la Comisión Arancelaria constituida de consuno por todas las Cámaras de Comercio de la Isla, la cual retomaba la filosofía con que habían enfocado el asunto las corporaciones durante la fase inicial del Movimiento Económico. La solicitud principal era la rebaja general de los derechos establecidos por el arancel Romero, único medio de abaratar la vida y los costos de producción en la Isla, lo cual resultaba también lo más recomendable en caso de que un previsible cambio de política arancelaria por parte de Estados Unidos anulase el tratado de reciprocidad. Con el propósito de equilibrar el presupuesto colonial, la comisión demandaba la abrogación del cabotaje y el otorgamiento de una bonificación de hasta un 50% de los derechos a las mercancías peninsulares, como una forma de trato «equitativo y justo» a la producción nacional. Junto a esta propuesta general, en la mesa de trabajo de Maura se acumularon numerosas demandas puntuales de rebaja, remitidas por diversos gremios y hasta empresas en particular.[71]

La variedad de demandas, algunas de ellas contrapuestas, no facilitaban la formación de un juicio al ministro, quien, por otra parte, consideraba insuficiente la información acopiada sobre el comercio reciente de Cuba con España y Estados Unidos. En sus notas personales sobre el asunto, Maura manifiesta su preocupación por el «régimen de efectivo monopolio del mercado cubano por los Estados Unidos», el cual «fomenta en Cuba la adaptación de necesidades y gustos, moldeando el consumo y toda la vida económica en la turquesa norteamericana». Pero, al mismo tiempo, consideraba muy difícil que otras naciones concediesen a los productos cubanos compensaciones similares a la franquicia azucarera de Estados Unidos, por lo cual dudaba de los beneficios que podría reportar una rebaja arancelaria generalizada.[72]

En definitiva, la revisión arancelaria correría la misma suerte que los restantes proyectos propugnados por Maura. Objeto de un ataque desenfrenado por parte de los elementos conservadores en Cuba y en la Península, el ministro se vio obligado a renunciar, dejando en suspenso sus iniciativas. Su sustituto, Manuel Becerra, en franco giro político, debutaría suspendiendo la publicación del arancel para introducir en este las modificaciones que se hicieran necesarias por la nueva ley de tarifas que estudiaba el Congreso norteamericano, decisión que a la larga habría de concretarse en un nuevo recargo de derechos –esta vez del 24%– para equilibrar el presupuesto. El breve respiro que había representado la conversión de la deuda cubana en 1890 era cosa del pasado, ya en 1894 el servicio de ese pesado fardo financiero –junto a los pagos a «clases pasivas»– engullía el 40% del presupuesto de gastos de la Isla y el ministro confesaba carecer de recursos para satisfacerlo.

La medida de Becerra resultaba tanto más descabellada por producirse en medio de una grave crisis económica. Desde mediados de 1893 habían comenzado a presentarse en Cuba trastornos financieros que muchos achacaban a la forma en que se había producido el canje y cancelación de los viejos billetes «de guerra», pues se habían retirado de la circulación casi 30 millones de pesos, sin introducir una masa de dinero en metálico que se correspondiera con la magnitud de dicha operación. El Banco Español de la Isla de Cuba tenía en circulación billetes por un valor muy inferior a su capital social, y Maura había tratado de que dicha institución ampliase su capital y sus operaciones o que, de lo contrario, se transfiriesen las facultades de emisión a otra entidad; pero esta medida, como las demás propuestas del ministro, quedó bloqueada en las Cortes. La grave escasez de moneda desencadenó un severa contracción del crédito; en agosto, el Banco del Comercio suspendía sus pagos y, al mes siguiente, el Banco Español limitaba severamente la conversión en metálico de sus billetes. A ello seguiría la negativa de la Aduana a recibir billetes en pago de derechos, lo cual conduciría a la adopción de una medida similar por parte del comercio.[73]

En una economía como la cubana, donde la mayor parte de las operaciones comerciales y la propia producción azucarera se realizaban a crédito, la crisis financiera podía conducir a una paralización general de las actividades. Para colmo, sobre la Isla comenzaba a repercutir la crisis económica norteamericana: a finales de 1893, la American Sugar Refining –el trust que adquiría la mayor parte del azúcar cubano– decidía retener sus compras, lo cual contribuía a deprimir los precios. Cuba iniciaba así la mayor zafra de su historia colonial –1 110 991 tm– en medio de una gran incertidumbre y constantes noticias de descenso en las cotizaciones del dulce.

El impacto de esta crisis, en pleno auge productivo-exportador, daría lugar a uno de los documentos más lúcidos producidos por una corporación económica cubana en estos años: la *Exposición* ...dirigida en noviembre de 1894 a las Cortes españolas por el Círculo de Hacendados. «No es la gran producción anual, ni mucho menos una gran exportación –aseguraba el documento– lo que puede enriquecer a Cuba, sino otras varias causas y, entre estas, la diferencia entre el costo de producción y el precio de venta de las mercancías cubanas.» Parecía que al menos un sector de la burguesía insular trasladaba, finalmente, su preocupación, de las condiciones de realización a las de producción, reconocimiento tanto más oportuno por cuanto las primeras acababan de modificarse sustancialmente con la aprobación de una nueva ley arancelaria en Estados Unidos.[74]

El cambio de política que augurara la victoria demócrata en las elecciones parciales de 1890 vendría a materializarse cuatro años después. En ese lapso había tenido lugar un nuevo y más aplastante triunfo electoral demócrata en 1892, que dejó a ese partido con el control de la presidencia –nuevamente en manos de Grover Cleveland– y de ambas cámaras legislativas; así como una grave crisis económica acompañada por amplias manifestaciones de inquietud social. En diciembre de 1893, el representante William Wilson, cumpliendo la promesa electoral de los demócratas, presentaba a la Cámara un proyecto de ley destinado a modificar sustancialmente las condiciones creadas por el arancel McKinley. En línea con la tradición reduccionista, el proyecto disminuía las tarifas y, sobre todo, ampliaba considerablemente la lista de materias primas a las cuales se otorgaría franquicia arancelaria. Tales modificaciones se presentaban como el recurso idóneo para reducir los costos de vida y de producción, argumentos inmejorables en medio de una depresión tan fuerte. Frente a las críticas de los partidarios de la reciprocidad, Wilson defendería su proyecto como el medio más consecuente de alcanzar los objetivos de aquella; el nuevo arancel sería así un instrumento para la expansión, en plena coherencia con la agresiva política exterior practicada por la administración Cleveland, principalmente en Latinoamérica y el Pacífico.

Aprobado por abrumadora mayoría en la Cámara, el *bill* Wilson sufriría, sin embargo, apreciables modificaciones en el Senado, entre estas la eliminación del azúcar de la lista de los productos libres de derechos. A instancia de los senadores de Louisiana, se fijó un adeudo de 1 ctvo. por lb al azúcar crudo, tasa que sería finalmente modificada por una tarifa de 40% *ad valorem*, gracias a los manejos del trust azucarero. Además, se acordó un gravamen especial para los azúcares subsidiados, por un monto equivalente a las primas recibidas por estos.[75]

El gobierno español, deseoso de liberarse de los compromisos del tratado de reciprocidad e inquieto por la probable reacción norteamericana frente al recargo arancelario propuesto por Becerra, se mostró aliviado con la aprobación de la nueva tarifa estadounidense.[76] España podría retornar a la situación previa al régimen de reciprocidad. Entre 1894 y 1895, las importaciones norteamericanas en Cuba registrarían un descenso del 40%, mientras las harinas castellanas retornaban a Cuba con ventas por un valor superior a los 2,5 millones de pesos, la cifra más elevada en muchos años.

Más compleja es la evaluación de los efectos de la anulación de la reciprocidad para las exportaciones cubanas, asunto que habitualmente ha sido expuesto por la historiografía con los tintes más sombríos. Las ventas cubanas en Estados Unidos descienden desde 75,6 millones de pesos en 1894 hasta 52,8 millones en 1895, disminución atribuible casi por entero al azúcar, que por sí sola registra una pérdida de 23 millones de pesos. Ahora bien, el descenso de las ventas azucareras es mucho mayor en valor –30%– que en volumen –13,2%–, lo cual debe achacarse a la caída del precio, que pasa de un promedio de 2,92 ctvos. por lb en 1894 a 2,15 ctvos. en 1895, un fenómeno en el que puede haber influido el nuevo arancel, pero que sin duda no estuvo determinado por este. La discordancia entre volúmenes y valores resulta, por otra parte, comprensible, pues el arancel Wilson no suponía un deterioro considerable en las condiciones de acceso del azúcar cubano al mercado de Estados Unidos, puesto que la tarifa *ad valorem* del 40% representaba un adeudo inferior al existente en 1891, y el recargo a los azúcares subsidiados ofrecía una ventaja competitiva al azúcar cubano frente a los remolacheros alemanes.[77]

El suprimir la reciprocidad parece haber tenido resultados más perjudiciales en el mercado interno de Cuba. La desaparición de las franquicias y rebajas de que disfrutaban los productos norteamericanos, en circunstancias en que los adeudos de la mayor parte de las mercancías importadas habían sido aumentados por el arancel Romero –el cual ahora se aplicaría también a los artículos de Estados Unidos–, trajo aparejada una elevación de los precios al consumidor que vino a incrementar tanto el costo de la vida como el de la producción.[78]

El desenlace

Más allá de sus consecuencias para el movimiento mercantil, la derogación del tratado de reciprocidad modificaba sustancialmente las condiciones del comercio exterior cubano y restaba todo fundamento al prohibitivo arancel de 1892. Así lo advertía la Cámara de Comercio habanera en una comunicación dirigida al ministro de Ultramar, en septiembre de 1894, en la cual exigía la formulación de un régimen arancelario definitivo que, en el criterio de dicha corporación, debía suprimir el cabotaje e imponer derechos moderados a los productos extranjeros.[79]

Dadas las dificultades que atravesaba la economía insular, la demanda de la Cámara fue la clarinada de una nueva movilización corporativa. Poco después, el Círculo de Hacendados celebraba una «asamblea magna» en la cual se reclamaba la supresión del impuesto industrial y otros gravámenes que pesaban sobre la producción azucarera, así como el otorgamiento de franquicias arancelarias a la maquinaria y los insumos de los ingenios, medidas todas indispensables para conseguir una reducción de costos que compensase la vertiginosa caída de los precios del azúcar.[80]

La atmósfera social de la Isla se hallaba cargada no sólo por las dificultades económicas, sino también por trascendentales acontecimientos políticos. La fragmentación del Partido Unión Constitucional, largamente anunciada, era ya un hecho consumado. El proyecto de Maura había dado pie a la constitución del Partido Reformista que, dirigido por Herrera y Amblard, agrupaba a muchas de las figuras del desaparecido Movimiento Económico. Con el respaldo nada velado de la derecha autonomista, la nueva fuerza política arrebataba importantes posiciones a la Unión Constitucional y evidenciaba la disgregación de la base social insular del colonialismo español. Este se veía seriamente amenazado, desde otro ángulo, por el separatismo; en la emigración, José Martí preparaba paciente y vigorosamente una nueva guerra por la independencia, que los levantamientos espontáneos de Purnio (1893) y Lajas (1894) presagiaban inevitable.

Tales circunstancias determinarían el relevo del ineficaz Becerra en la cartera de Ultramar por Buenaventura Abarzuza, quien con ánimo contemporizador retomaría las iniciativas reformistas de Maura. El resultado de su gestión se perfilaba, sin embargo, bien distinto al proyecto original, pues el ministro había entrado en tratos con la facción conservadora acaudillada por Romero Robledo, y ello implicaba una transacción que desvirtuaría en mucho el sentido y alcance de las pretendidas reformas.

Como parte de esa política contemporizadora, Abarzuza decide calmar los ánimos de las corporaciones cubanas, convocándolas para una reunión informativa en Madrid, que habría de preceder a la reforma arancelaria. A tal efecto, se constituye la Comisión Arancelaria Antillana, integrada por senadores y diputados de Cuba y Puerto Rico, así como por representantes de las corporaciones de ambas islas y de la Península.

Montado el escenario para un nuevo enfrentamiento de intereses tan conocidos como contrapuestos, la comisión iniciaría sus labores en la primavera de 1895, bajo una circunstancia imprevista: la Guerra de Independencia había estallado finalmente en Cuba, indicando una vía radical y definitiva para la solución de los problemas coloniales. Como ese trascendental acontecimiento provocara una crisis ministerial, los trabajos de los comisionados estarían presididos por las autoridades del nuevo gobierno conservador, encabezado una vez más por Cánovas del Castillo.

En preparación de la batalla, los intereses proteccionistas peninsulares se habían movilizado y visitaban en Madrid a las principales personalidades políticas, para evaluar las posiciones de estas y darles a conocer sus puntos de vista.[81] Aunque el Fomento catalán cedía en esta ocasión el liderazgo a los industriales vascos, que encabezaban la poderosa Liga Nacional de Productores, mantenía una nutrida y combativa presencia en las gestiones, pues como todos reconocían, era la burguesía catalana la principal interesada en el asunto arancelario cubano. Temerosos de que la insurrección crease un clima favorable a las concesiones, los proteccionistas daban muestra del más encendido patriotismo y fomentaban la intolerancia, al proclamar «...que no es abriendo la mano como se logran calmar [...] los apetitos separatistas».[82]

Cada propuesta de los comisionados de Cuba se vería enfrentada por una fórmula acorde con los intereses proteccionistas. Así, ante el clamor por la derogación del cabotaje, los proteccionistas recomendaban la aplicación en Cuba del arancel peninsular de 1891, claro que recargándolo en un 20% para compensar las ventajas de que disfrutaban otras naciones –léase Estados Unidos– en materia de fletes; la solicitud de rebajas sobre los metales y maquinarias sería impugnada por el vasco Alzola, por considerarla dañina para los aceros peninsulares; frente a la demanda de suprimir el impuesto de carga a los azúcares, se sugeriría el aplazamiento del asunto, por no ser ese un gravamen arancelario. Pese a tan cerrada oposición, el saldo general de los trabajos de la comisión favorecería a las demandas cubanas, pues las circunstancias prevalecientes en la Isla aconsejaban mostrar una actitud transigente hacia las aspiraciones de una burguesía comprometida con la defensa del régimen colonial.[83]

Pero esas mismas circunstancias convertirían en letra muerta las conclusiones de la comisión, pues el gobierno de Cánovas entendía contraproducente introducir cualquier cambio en el régimen colonial que pudiera interpretarse como un signo de debilidad. La propia Ley de Bases para la reforma de la administración, resultado de la transacción Romero-Abarzuza, había visto aplazada su aplicación en espera de condiciones más favorables. Casi un año después de concluidos los trabajos de la Comisión Arancelaria, el ministro de Ultramar informaría a las Cortes que el nuevo arancel cubano se hallaba todavía en estudio.

En medio de una guerra que reclamaba todo su esfuerzo, el Estado español evitaría adoptar medidas que entrañasen una reducción en sus ingresos. Las propuestas presentadas por los diputados cubanos a mediados de 1895 para reducir o derogar algunos impuestos interiores, fueron denegadas por las Cortes, que poco antes habían votado un crédito extraordinario e ilimitado para satisfacer las necesidades del Tesoro de Cuba. A diferencia de lo sucedido durante la Guerra de los Diez Años, el grueso de los recursos demandados por la nueva contienda tendría que ser satisfecho por las arcas de la Península, pues la ya exhausta Hacienda colonial apenas podría extraer nuevas contribuciones de una economía que se estaba despedazando.[84]

Pese a la caída de Martí, las fuerzas cubanas comandadas por Máximo Gómez y Antonio Maceo habían cruzado el país de un extremo a otro y, al año de iniciada la insurrección, las hostilidades se extendían por todo el ámbito insular. Un punto básico en la estrategia independentista era restar todos los medios posibles al esfuerzo bélico de España, por lo cual las operaciones militares comprendían la destrucción sistemática de ingenios, cultivos y vías ferroviarias, con el propósito de paralizar las actividades productivas. La respuesta española sería la guerra de exterminio. El «pacificador» del 78, Martínez Campos, había fracasado ahora rotundamente y España confió a Valeriano Weyler el mando de la Isla. La estrategia weyleriana incluía decisiones extremas, como la reconcentración de los campesinos, medida que implicó el abandono de las cosechas y una virtual suspensión de las labores agrícolas.

La zafra de 1896, con 286 229 tm, resultaba un 70% inferior a la del año precedente, y el monto de la cosecha continuaría descendiendo hasta alcanzar apenas 259 331 tm en 1898, último año del conflicto. En realidad, sólo los grandes centrales azucareros, en su mayor parte propiedad de españoles o cubanos integristas, pudieron mantenerse en operación gracias a la protección del ejército colonial o de fuerzas privadas contratadas por sus dueños, pero ni ese recurso los libraba de la carestía de materia prima, resultante de la destrucción de los cañaverales. Con la entrada de las fuerzas de Maceo en Pinar del Río en 1896 y sus posteriores operaciones en esa región tabacalera, la cosecha de la hoja se desplomó, reduciéndose a una cuarta parte de la producción de preguerra. Las destrucciones no tardarían en repercutir sobre la industria del torcido, cuya producción en 1898 representaba apenas la mitad de lo elaborado dos años antes. Peor sería la suerte corrida por otros renglones de la producción agropecuaria, pues al finalizar el conflicto se reportaban como destruidas el 85% de las fincas rústicas y la desaparición de una proporción muy similar de la masa ganadera.

Los efectos de tales devastaciones sobre el comercio exterior son fáciles de imaginar. Aunque no se dispone de balanzas comerciales para los años de guerra, las estadísticas extranjeras permiten tener una idea aproximada de la situación. Las exportaciones hacia Estados Unidos y España, que en su conjunto representaban habitualmente el 95% del total, sumaban en 1895 58,8 millones de dólares, cifra de la cual descendieron a 43,9 millones de dólares en 1896, para reducirse a la mitad –21,8– al año siguiente y totalizar sólo 16,7 millones de dólares en 1898.[85] El descenso de las importaciones fue menos pronunciado –aproximadamente un 11% entre 1895 y 1897–, entre otros factores por la demanda que implicaban los doscientos mil efectivos trasladados a Cuba por el ejército español. Precisamente, esa circunstancia explica que las importaciones procedentes de España alcanzasen en 1896 una cifra récord de 26,9 millones de pesos, y que el tradicional déficit comercial de Cuba con España se disparara durante esta etapa, totalizando 72,8 millones de pesos en los cuatro años de la guerra.

Obviamente, la guerra de Cuba perjudicaba los intereses norteamericanos, no sólo por los trastornos comerciales y financieros, sino por los daños que las operaciones militares causaban a las inversiones estadounidenses en la Isla, las cuales se estimaban, en 1895, en unos 50 millones de dólares. Aunque dicha situación ocasionaba constantes protestas y reclamaciones por parte de comerciantes e inversionistas, y el esfuerzo independentista de los cubanos ganaba las simpatías de la opinión pública en Estados Unidos –al extremo de sugerir el Congreso el reconocimiento de la beligerancia cubana–, la administración Cleveland siguió una política extremadamente reservada ante el conflicto. Un gobierno que no había vacilado en enfrentar a Gran Bretaña en los diferendos sobre Brasil, Guayana y Nicaragua, en el caso de Cuba no iría más allá de advertir a España de los peligros que entrañaba la prolongación de la guerra y recomendarle la concesión de un régimen autonómico a Cuba como medio para conseguir su pacificación.[86]

Sin embargo, la sociedad norteamericana estaba evolucionando en un sentido difícilmente conciliable con semejante pasividad. La disgregación y el generalizado sentimiento de angustia que provocara la crisis económica, encontraban respuesta en un creciente nacionalismo, alimentado por las tesis milenaristas de ideólogos al estilo de Josiah Strong, y por la proliferación de múltiples sociedades patrióticas. Este esfuerzo por cohesionar a un pueblo que recibía anualmente decenas de miles de inmigrantes, se proyectaba con un claro sentido de misión universal en la doctrina del «destino manifiesto», con la cual John Fiske sustentaba el proyecto expansionista sobre los postulados del darwinismo social.[87] De tal suerte, se creaba un amplio consenso ideológico en torno a una tendencia que emergía de las más urgentes necesidades de la economía estadounidense.

Si bien los grandes consorcios, como la General Electric o la Standard Oil disfrutaban de ventajas competitivas que les posibilitaban una fácil colocación de sus producciones en el mercado internacional, otra era la situación de los agricultores y los industriales medios y pequeños, quienes, golpeados por la crisis enfrentaban serios problemas de realización. La solución de los mercados exteriores, propugnada una y otra vez desde la década precedente, se enarbolaba ahora con fuerza inusitada por agrupaciones como la National Association of Manufacturers, que demandaban del gobierno una firme política de promoción internacional de los productos norteamericanos. En similar dirección, aunque con otros objetivos, se movilizaba el capital financiero, que durante los años de depresión había realizado inversiones en el exterior por más de 250 millones de dólares. Pero el expansionismo no sólo contaba con numerosos y firmes partidarios, sino que dispondría de un arma formidable en la poderosa flota de guerra —construida con toda celeridad en apenas una década— y de fervorosos adalides en toda una generación de jóvenes políticos imperialistas, tipificada por Theodore Roosevelt.

La política imperialista estadounidense adquiriría un contorno definitivo bajo la administración de William McKinley. Llegado al poder en 1897, el político republicano disfrutaba de una holgada mayoría legislativa, que le posibilitaba concentrar facultades en un eficiente equipo de gobierno, en el cual figuraban prominentes expansionistas. Durante la campaña electoral, McKinley se había mostrado como un decidido partidario de la expansión y, echando al olvido sus antiguas diferencias con Blaine —fallecido en 1893—, hizo de la reciprocidad comercial el estandarte de combate de su partido. Como el arancel Wilson había demostrado su ineficacia para sacar al comercio de la postración en que lo sumiera la crisis de 1893, la opinión pública volvía los ojos a la reciprocidad, considerada ahora la fórmula salvadora. De tal suerte, el arancel Dingley, aprobado por el Congreso republicano en julio de 1897, si bien suprimía franquicias y elevaba derechos a numerosos productos –entre ellos, el azúcar– con claro sentido proteccionista, incluía una sección de reciprocidad por la cual el ejecutivo quedaba facultado para concertar tratados en los que, sobre bases recíprocas, podría conceder rebajas de hasta un 20% sobre los derechos establecidos. La reciprocidad quedaba así planteada en términos más amplios que los concebidos por el antiguo arancel McKinley, aunque a diferencia de aquel, los tratados concertados requerirían de la aprobación del Senado para ser puestos en vigor.[88]

La reciprocidad comercial tendría, sin embargo, escasa importancia –al menos de inmediato– en la formulación de la política de la administración McKinley hacia Cuba. En la Isla, los problemas eran otros y también más ambiciosas las aspiraciones norteamericanas. La guerra de exterminio traída a Cuba por Weyler resultaba ya un fracaso manifiesto. Aunque la caída en combate de Antonio Maceo a finales de 1896 fue proclamada como el principio del fin de las hostilidades, el general español no había conseguido extinguir las llamas de la insurrección en región alguna del país; en las provincias orientales, las fuerzas cubanas, comandadas por Calixto García, no sólo controlaban los campos, sino que asediaban y tomaban poblados de importancia, mientras que Máximo Gómez, en el centro de la Isla, arrastraba a miles de soldados españoles a una campaña demoledora. La solución militar estaba cancelada para España; la guerra prometía prolongarse hasta culminar en una victoria cubana. Era esa una posibilidad contemplada con profunda aversión por muchos políticos en Washington, quienes, animados por criterios racistas u otros de índole similar, consideraban que la independencia daría lugar a enormes convulsiones sociales en Cuba y crearía un estado de cosas completamente desfavorable a los intereses norteamericanos.

Presionado por el creciente respaldo a la causa cubana en la opinión pública y los medios congresionales, los consejos anexionistas de algunos de sus allegados y las demandas de una política más activa por parte de los grupos de intereses económicos, McKinley se iría involucrando en el conflicto de la Isla vecina con pasos extremadamente cautelosos. Por una parte, el presidente logró bloquear en la Cámara una nueva iniciativa de reconocimiento de la beligerancia cubana, mientras que la secretaría de Estado advertía a España en el verano de 1897 que las destrucciones y los horrores de la guerra en Cuba no permitirían a Estados Unidos permanecer indiferente por mucho tiempo. Ya en septiembre, el ministro norteamericano en Madrid, Stewart Woodford, fijaba al canciller español un plazo: hasta el 1ro. de noviembre, para que se restableciera la paz en Cuba, cumplido el cual Estados Unidos procedería como estimara conveniente.

La respuesta del gobierno español –un gabinete liberal instalado tras el asesinato de Cánovas– no se hizo esperar: Weyler fue relevado de su mando en Cuba, a la vez que se anunciaba el otorgamiento de la autonomía a esa isla y a Puerto Rico, así como el levantamiento de la reconcentración. Deseosa de evitar un enfrentamiento, España tomaba el camino de las concesiones para buscar una solución política al conflicto cubano. Semejante cambio constituyó una decisión sumamente delicada para el gobierno español, pues era rechazado tanto por los integristas más acérrimos en Cuba, como por los proteccionistas y otros círculos conservadores en la Península, entre ellos el Fomento catalán, que no tardó en expresar su repudio a las medidas autonómicas.[89]

Una de las «gracias» otorgadas a Cuba pagaba una vieja promesa: el nuevo arancel de aduanas, firmado por Cánovas en Santa Águeda poco antes de caer asesinado. Este arancel de 1897 introducía algunas rebajas respecto a los derechos fijados en 1892, pero ello carecía de efecto práctico, puesto que se establecía simultáneamente un «recargo extraordinario de guerra» que mantenía los adeudos en un nivel superior a los de la tarifa preexistente.

Pero, España había decidido utilizar la carta comercial como parte de su juego diplomático. Cuatro artículos del Real Decreto de 25 de noviembre de 1897, por el cual se organizaba en Cuba un gobierno autónomo –la llamada «constitución autonómica»–, autorizaban y establecían las disposiciones necesarias para que dicho gobierno negociase un tratado de comercio con Estados Unidos, atenido a las provisiones de la tarifa Dingley. En febrero de 1898 se daban los primeros pasos para la apertura de las negociaciones y las autoridades de Cuba designaban a Manuel Rafael Angulo y a tres secretarios técnicos para que a tal efecto auxiliasen al ministro español en Washington; el 23 de marzo, la delegación cubana era presentada al secretario de Estado Sherman y al plenipotenciario norteamericano John Kasson, para dar inicio a las conversaciones.[90]

La intención española era clara: alejar el peligro de una intervención. El gobierno de Madrid ofrecía a los norteamericanos lo que consideraba como un espléndido negocio: sus intereses económicos en Cuba podrían materializarse sin restricciones, cargando España con el costo del mantenimiento del orden en la Isla. Sólo que este último extremo no podía garantizarlo ya la vieja metrópoli. Las autoridades autonómicas, cuya representatividad se intentaba afianzar dándoles participación en las negociaciones comerciales, no eran reconocidas por el gobierno cubano «en armas». El Ejército Libertador se mantendría en pie de guerra, como prueba de que en la Isla no existía otra posibilidad de paz que el reconocimiento de la independencia.[91]

Ante el fracaso de la autonomía, McKinley acentuó sus presiones sobre España para que esta, mediante una cesión o un arbitraje, renunciase a su soberanía sobre Cuba. Aunque el gobierno de Sagasta realizó nuevas concesiones, estas tenían un límite, pues la mayoría de los políticos españoles consideraban que el régimen de la Restauración difícilmente sobreviviría a la humillación de reconocer la independencia a los cubanos o traspasar la isla a Estados Unidos. La creciente intervención norteamericana conducía de modo inevitable hacia la guerra, y Washington comenzó a prepararse aceleradamente para ella, sobre todo después que el estallido del *Maine* en el puerto habanero crease en la opinión pública una disposición favorable a la solución militar.

El 11 de abril de 1898, el presidente McKinley pedía al Congreso la concesión de los poderes necesarios para conseguir «el cese completo y definitivo de las hostilidades entre el gobierno de España y el pueblo de Cuba». La solicitud no entrañaba un reconocimiento de la independencia cubana ni de los órganos representativos de esta, pues sólo se comprometía a la constitución de un gobierno estable en la Isla; el derecho de Cuba a la independencia vendría a ser reconocido, posteriormente, como una fórmula de transacción, por la Resolución Conjunta del Congreso, que una semana después otorgaba a McKinley poderes de guerra.[92]

El desarrollo de los acontecimientos posteriores es sobradamente conocido. Tras la destrucción de la flota española por la Armada estadounidense, al intentar la primera una salida desesperada del puerto de Santiago de Cuba, capitulaba la guarnición de esa ciudad, que desde el mes anterior sufría el asedio conjunto de fuerzas norteamericanas y cubanas. El 10 de diciembre de 1898, mediante el Tratado de París, España renunciaba a su soberanía sobre Cuba. Finalmente, los problemas del comercio colonial quedaban resueltos de un tajo, como parte del nudo gordiano que había representado la dominación española en la mayor de las Antillas.[93]

Notas

[1] Las estadísticas de producción azucarera pueden encontrarse en Manuel Moreno Fraginals: *El ingenio...*, t. III, cuadro I. La exportación de tabaco torcido alcanza un récord de 226,2 millones de unidades en 1889, según los datos ofrecidos por Leopoldo Cancio (*La política arancelaria de Cuba*, La Habana, 1911, pp. 14-15). Sobre el crecimiento de la inmigración española, *cfr.* J. Maluquer de Motes: *Nación e inmigración: los españoles en Cuba (s. XIX y XX)*, Colombres, 1992, pp. 49-55.

[2] Comparando los dos años más próximos en los que se dispone de información sobre el valor de las importaciones cubanas según procedencia, 1877 y 1891, la proporción española pasa de 27,9% a 32,9%. Datos tomados de AHN: *Ultramar*, leg. 892, caja 3, y *del Boletín Oficial de la Cámara de Comercio, Industria y Navegación de la Isla de Cuba*, 31 de diciembre de 1892, p. 51.

[3] Datos tomados de *Estadística general del comercio exterior de España ...en ...1885 y 1890*. Los datos relativos a las harinas proceden de S. Alba: *El problema arancelario cubano y la producción castellana*, Valladolid, 1897.

[4] *Cit.* en: «Los tratados y el cabotaje», *Diario de la Marina*, 9 de junio de 1886.

[5] *Informe del Círculo de Hacendados de la Isla de Cuba sobre las reformas económico administrativas que demanda la situación de la agricultura*, La Habana, 1887, pp. 15-16.

[6] Sobre estos hechos y su significación para la creciente fragmentación de la Unión Constitucional, *cfr.* Inés Roldán: *La Unión Constitucional y la política...*, pp. 406-440.

[7] Sociedad de Estudios Económicos de La Habana: *Exposición dirigida al Excmo. Sr. Presidente del Consejo de Ministros acerca de las relaciones comerciales de la Isla de Cuba*, La Habana, 1888, y Cámara Oficial de Comercio, Industria y Navegación de La Habana: *Informe sobre una exposición de la Sociedad de Estudios Económicos sobre el comercio con la metrópoli*, La Habana, 1889.

[8] La Cámara solicitó una prórroga que le fue denegada y se vio obligada a elaborar sus sugerencias en veinticuatro horas. *Cfr.* Segundo Álvarez, presidente de la Cámara de Comercio, Industria y Navegación de La Habana al ministro de Ultramar, en AHN: *Ultramar*, leg. 884, exp. 12.

[9] José Bueno, presidente de la Cámara de Comercio de Santiago de Cuba, al ministro de Ultramar, 15 de marzo de 1890, en AHN: *Ultramar*, leg. 884, exp. 13.

[10] *Exposición a las Cortes de la Liga de comerciantes, industriales y agricultores de la Isla de Cuba*, La Habana, 1894, p. 5.

[11] *Cit.* por L. Estévez Romero en *Desde el Zanjón hasta Baire*, La Habana, 1974, t. II, p. 81.

[12] *Boletín de la Cámara Oficial de Comercio, Industria y Navegación de La Habana* (suplemento), 10 de septiembre de 1890, y no. 11, septiembre de 1890.

[13] Para las incidencias de este debate arancelario, *cfr.* Tom Terrill: *The Tariff, Politics and...*, Wesport, 1973, cap. 5.

[14] En su carta a Blaine, ofreciéndole el cargo de secretario de Estado, Harrison reiteraría su interés por la intensificación de las relaciones con América Latina, a la vez que manifestaba su convicción de que Blaine sería su más útil colaborador en el desarrollo de esa política, «...dadas sus tempranas iniciativas y la fervorosa dedicación con que ha movilizado la atención pública sobre este asunto». *The Correspondence between Benjamin Harrison and James G. Blaine 1882-1893*, Philadelphia, 1949, p. 44.

[15] Para una evaluación general de la estrategia de la administración Harrison, *cfr.* Walter La Feber: *The New Empire*, London, 1963, pp. 104-112.

[16] W. E. Curtis: *Trade and Transportation between the United States and Spanish America*, Washington, 1889, pp. 8-11 y 23-26.

[17] Se trataba de individuos poderosos, con diversas orientaciones políticas y amplias esferas de influencia, como Charles R. Flint, un demócrata y socio prominente de la W. R. Grace & Co.; Cornelius Bliss, republicano y presidente de la Liga Arancelaria Proteccionista, y J.F. Hanson, un textilero proteccionista sureño, decidido partidario de la expansión. Tom Terrill: *The Tariff, Politics and...*, pp. 149-153. Junto a estos figuraban también el magnate del acero Andrew Carnegie, Th. Coolidge, prominente personalidad de la banca y la industria de Nueva Inglaterra, vinculado al comercio con el Caribe; H.C. Davis, banquero de Virginia, y el fabricante ferroviario republicano de Pennsylvania C. Studebaker. *New York Herald*, 29 de octubre de 1889, p. 6.

[18] Los resultados de la reunión están contenidos en: Conferencia Internacional Americana: *Dictámenes de las comisiones permanentes*, Washington, 1890. Lo referente a la unión aduanera y el problema comercial, especialmente en las pp. 160-165.

[19] A estas audiencias, inusualmente extensas, concurrieron representantes de todos los sectores de la economía norteamericana. Para el comercio cubano resultan interesantes, en particular, las declaraciones de los azucareros –tanto los refinadores, como los productores cañeros de Louisiana y los representantes de la naciente industria remolachera–, de los tabacaleros y de los representantes de firmas harineras y algunos grupos comerciales. *Cfr.* U.S. House of Representatives. Committee of Ways and Means, 51st. Congress, 1st. Session: *Revision of the Tariff*, Washington, 1890.

[20] Mientras la tarifa de 1883 otorgaba franquicia al 33,6% de las importaciones en EE.UU., el *bill* McKinley extendía dicha franquicia al 50,8% de todo

lo importado. *Cfr.* David A. Lake: *Power, Protection and Free Trade*, Ithaca, 1988, tabla 3.1.

[21] *Cfr.* E. Stanwood: *American Tariff Controversies in the Nineteenth Century*, Cambridge, 1904, p. 297.

[22] Aunque Blaine insinuó que un tratado con España relativo a Cuba podía darse por seguro, el propio presidente Harrison confesaría a los congresistas que no se había dado paso alguno en tal dirección. A principios de abril, Blaine se acercó al ministro español en Washington, S. de Muruaga, para sondear las posibilidades de un acuerdo comercial, asegurándole que no tenía otras pretensiones sobre Cuba, salvo la intensificación del comercio. *Cfr.* S. de Muruaga, carta al ministro de Estado de 12 de abril de 1890. AAE: *Tratados. Negociaciones s. XIX. EE. UU.*, signatura 0406.

[23] El intercambio entre Harrison y Blaine en torno a esta cuestión era constante y fluido, según puede apreciarse en su correspondencia del mes de julio de 1890. *Cfr. The Correspondence between Benjamin Harrison and James G. Blaine 1882-1893*, Philadelphia, 1949, pp. 107-113.

[24] Se asegura que en un aparatoso rapto de ira, Blaine aplastó su sombrero de un puñetazo durante la intervención. Para una versión de este acontecimiento *cfr.*: *New York Daily Tribune*, 23 de junio, 1890, p. 1.

[25] *Congressional Record*, 51st. Congress, 1st. Session. Senate. Executive Document, no. 158. El extenso informe de Blaine casi se circunscribía al asunto de la reciprocidad, y aportaba un gran volumen de información sobre el estado del comercio entre EE.UU. y América Latina, así como sobre sus perspectivas.

[26] «Blaine against the McKinley Bill», *New York Herald*, 15 de julio de 1890, p. 4. Blaine habría obtenido información sobre la medida arancelaria española a través de una firma comercial, la cual la recibió a su vez de sus consignatarios cubanos Galbán, Río y Cía. *Cfr.* Comité Central de Propaganda Económica: *Dictamen de la comisión encargada del estudio y crítica del convenio de reciprocidad comercial con Estados Unidos*, La Habana, 1892, p. 20.

[27] *New York Daily Tribune*, 30 de agosto de 1890, pp. 1 y 2.

[28] Stern: *Protectionist Republicanism and Republican Tariff Policy...*, Ann Arbor, 1971, pp. 35-38.

[29] Como muestra de ello, puede verse un editorial del *New York Herald* (7 de agosto de 1890, p. 6) que advertía contra el peligro de que el Congreso dejase en manos de Blaine la aplicación de la franquicia azucarera, y demandaba que el presidente Harrison se encargase del asunto. Pocos días antes, el propio diario había señalado que el mecanismo propuesto por Blaine permitiría a Wall Street hacer millones con la especulación del azúcar y, coincidentemente, anunciaba una visita del secretario de Estado a ese centro de negocios newyorkino.

[30] Una evaluación del «rebrote» anexionista puede encontrarse en José I. Rodríguez: *Estudio histórico sobre el origen, desenvolvimiento y manifestaciones prácticas de la idea de la anexión de la Isla de Cuba a los Estados Unidos de América*,

La Habana, 1900, pp. 249-261. El incidente de Robert aparece reportado por el cónsul norteamericano Ramón O. Williams. (U.S. National Archives: «Despatches from U.S. Consul in Havana», t. 20, roll. 107.) Del ambiente anexionista del lado norteamericano es testimonio el famoso artículo aparecido en *The Manufacturer*, Filadelfia, el 16 de marzo de 1889, que motivara la celebérrima respuesta de Martí: «Vindicación de Cuba», *Obras completas*, t. 1, pp. 236-241.

[31] Sobre las percepciones de las autoridades españolas y las decisiones tomadas por estas puede verse Antonio María Fabié: *Mi gestión ministerial respecto a la Isla de Cuba*, Madrid, 1898, p. 268 y ss.

[32] Cit. por Inés Roldán: *La Unión Constitucional y la política...*, p. 483. Los dos peninsulares restantes eran Benito Celorio, por la Unión de Fabricantes de Tabacos, y Laureano Rodríguez, de la alborotadora Liga de Comerciantes Importadores; a ellos se unían, en calidad de secretarios, Leoncio Varela, de la Cámara de Comercio habanera y Joaquín Cubero, de la Liga.

[33] Comité Central de Propaganda Económica: *Documentos relativos a la información económica de Madrid...*, La Habana, 1891, p. 19 y ss.

[34] «La ley de Relaciones Comerciales y el bill MacKinley», *El Economista Español*, no. 5, 1890, pp. 97-99. Un artículo anterior (no. 4, 1890, p. 87), manifestaba su desconcierto ante la posición asumida por «...elementos importantes de la Isla de Cuba, que por su gloriosa tradición creíamos los más amigos de España...», en clara alusión a las personalidades de la élite peninsular de Cuba que impulsaban las demandas «económicas».

[35] Fomento del Trabajo Nacional: *La cuestión cubana*, Barcelona, 1890. Aunque el trabajo pasaba revista a los criterios expresados por distintas corporaciones insulares, concentraba su ataque en la exposición elaborada por el Círculo de Hacendados, lo que daría lugar a una dura réplica de esta corporación, donde se condenaba el cabotaje como un mecanismo de subvención a las industrias peninsulares, y se denunciaban las «dificultades interiores» –régimen fiscal, política financiera colonial, etcétera– como el principal obstáculo para el libre desenvolvimiento de la economía cubana. *Cfr. Réplica del Círculo de Hacendados y Agricultores de la Isla de Cuba al folleto «La cuestión cubana»*, La Habana, 1891.

[36] En una entrevista calificada de «cariñosa», Cánovas confesó a los representantes catalanes que había aconsejado al ministro de Ultramar «...que oyese la información cubana, sin comprometerse con oferta alguna precisa», aunque no les ocultó la necesidad de hacer alguna transacción o sacrificio. El informe de los delegados aparece recogido en: Fomento del Trabajo Nacional: Actas de la Junta Directiva y Consultiva, t. I, pp. 75-78.

[37] Paul Estrade: «Cuba à la veille de l'independence: le mouvement économique (1890-1893)», *Mélanges de la Casa Velázquez*, t. XIII, 1977, p. 393. A veinte años de publicado, este trabajo –cuya segunda parte vio la luz en el no. XIV de la misma publicación– continúa siendo el estudio más completo y penetrante del Movimiento Económico.

[38] El texto del manifiesto puede verse en el *Diario de la Marina*, ediciones del 26, 28 y 29 de julio de 1891.

[39] En Santa Clara se gestionó la fundación de un comité provincial en abril de 1892, pero este no parece haber llegado a funcionar. Tampoco llegaron a fraguar los comités de Puerto Príncipe y Santiago de Cuba. Paul Estrade: ob. cit., pp. 406-410.

[40] Las percepciones de Polavieja sobre el Movimiento Económico y sus acciones para desintegrarlo pueden verse en su *Relación documentada de mi política en Cuba*, Madrid, 1898.

[41] Muy vinculado a los intereses catalanes, Blanch se había mantenido, casi en solitario, defendiendo el cabotaje en el seno de la Cámara de Comercio habanera.

[42] En uno de sus discursos, Pertierra condenó expresamente las «...propagandas que son injustificables y que necesariamente han de traer consigo la perturbación...», en clara alusión al CCPE. *Cfr.* Inés Roldán: *la Unión Constitucional y la política...*, pp. 525-528.

[43] Paul Estrade: ob. cit., p. 396.

[44] *Ibid.*, p. 401.

[45] L. Estévez Romero: *Desde el Zanjón hasta Baire*, t. II, pp. 116-119.

[46] La Unión de Fabricantes de Tabacos, por ejemplo, viró la espalda a uno de los principios del movimiento, al aceptar que se aumentaran un 30% los derechos de exportación al tabaco, a cambio de la supresión del impuesto directo del 2% sobre los valores producidos. *La Lucha*, La Habana, 8 de septiembre de 1892, p. 2.

[47] Debe tenerse presente que a principios de 1892, cuando la movilización económica llegaba a su plenitud, se estaba fundando el Partido Revolucionario Cubano en EE.UU., mientras que en la Isla el movimiento obrero celebraba su primer congreso y Juan Gualberto Gómez asumía la presidencia efectiva del Directorio Central de Sociedades de Color. Martí, que conocía las limitaciones y peligros del Movimiento Económico –no en balde consideraba como su protomártir al comerciante catalán anexionista Ramón Pintó– enjuició las potencialidades de este en su artículo «La asamblea económica». *Cfr. Obras completas*, t. I, pp. 356-358.

[48] Para un análisis de la coyuntura económica española y la formulación de la política arancelaria, *cfr.* José M. Serrano Sanz: *El viraje proteccionista en la Restauración*, Madrid, ed. cit., pp. 123-173.

[49] «De cómo he venido yo a ser doctrinalmente proteccionista», en A. Cánovas del Castillo: *Problemas contemporáneos*, vol. III, Madrid, 1890.

[50] Los resultados de este sondeo pueden seguirse en las comunicaciones de los embajadores españoles en diversas capitales europeas al ministro de Estado, durante los meses de octubre y noviembre de 1890. AAE: *Tratados. Negociaciones s. XIX. EE.UU.*, signatura 0406, «Preliminares».

[51] A finales de octubre de 1890, el ministro español en Washington, S. de Muruaga, informaba a su cancillería que: «Tan penetrado está Blaine de

la impotencia colectiva de las potencias europeas, que no ha vacilado en declararme [...] que no daría el primer paso para una inteligencia comercial con España [...] y que vería con sentimiento que esta perdiese ocasión de estrechar las relaciones comerciales con Estados Unidos...». A principios de diciembre, el nuevo ministro español, Suárez Guanes, informaba de la cordial manifestación de Harrison hacia España en su mensaje presidencial, en el que había expresado su deseo de llegar a un acuerdo comercial mutuamente ventajoso. AAE: *Ibid*, «Negociaciones generales 1890-91».

[52] Para la apertura de las negociaciones y el viaje de Foster, *cfr*. «Minuta de la R.O. del Ministro de Estado al Ministro en Washington de 30 de abril de 1891», Fundación Maura, Madrid, leg. 485, exp. 7. Las instrucciones al ministro norteamericano en Madrid y su cumplimiento, en: National Archives Record, group 59, vol. 108: *Despatches from the U.S. ministers to Spain*, microcopy 31, roll. 113.

[53] Michel J. Devine: *John W. Foster. Politics and Diplomacy in the Imperial Era (1873-1917)*, Athens, Ohio [1981], p.41. Hay una interesante observación de Martí sobre este viaje: «Foster vino de Cuba cabizbajo. Fue a trabajar a los españoles. Trajo el informe de que ellos, aunque no todos, son los anexionistas.» *Obras completas*, t. VI, p. 182.

[54] En el marco analítico que –por razones de espacio y otras consideraciones– debió adoptarse en esta obra, Puerto Rico ha quedado reducido a la condición de silente compañero de Cuba en los avatares político-económicos del colonialismo español; lo cual, evidentemente, no fue así. La situación de la menor de las grandes Antillas se diferenciaba de la cubana; su Hacienda no soportaba el peso agobiante de una deuda y su comercio exterior se hallaba mejor distribuido; en el quinquenio 1887-1891, aunque EE.UU. era el principal cliente de Puerto Rico, sólo absorbía el 28,7% de sus exportaciones, las cuales también se realizaban en proporciones significativas en los mercados español –21,4%–, francés –9,6%– y cubano –19,7%. En muchas ocasiones, la diputación puertorriqueña a las Cortes actuó de consuno con la representación de Cuba para obtener reformas en la administración colonial, pero frente a la situación creada por el *bill* McKinley, las opiniones en la Isla se mostraron divididas, pues si bien los hacendados azucareros eran partidarios de un tratado con EE.UU., la Cámara del Comercio se manifestó decididamente en contra. Los efectos del tratado también serían diferentes para Puerto Rico; mientras sus exportaciones hacia EE.UU. no aumentaron, sí lo hicieron –y en medida considerable– las importaciones. Un buen cuadro de la situación comercial puertorriqueña en estos años puede encontrarse en F. H. Hitchcock: *Trade of Puerto Rico*, Washington, 1898. Astrid Cubano, en *El hilo del laberinto*, Río Piedras, 1990, pp. 109-119, presenta una concisa y elocuente comparación entre las dos Antillas españolas durante la época aquí examinada.

[55] La corporación proteccionista sostenía que el tratado resultaría inútil si no se conseguían concesiones sobre el tabaco torcido y EE.UU. se compro-

metía a eliminar el subsidio otorgado a la producción azucarera doméstica. Fomento del Trabajo Nacional: Borrador de comunicaciones exteriores, 1890-1892, pp. 66-67 y 104-107.

[56] Que las autoridades españolas consideraban al tratado como un recurso para desintegrar el Movimiento Económico, se hace evidente en una carta enviada por el ministro Fabié al gobernador Polavieja en abril de 1891, meses antes de que el convenio de reciprocidad fuese firmado. Aseguraba Fabié que «dejará de existir la Liga Económica cuando ahí se conozca en sus líneas generales el convenio con los Estados Unidos, que tan beneficiosos resultados producirá a la Isla». Antonio M. Fabié: *Mi gstión ministerial respecto a la Isla de Cuba*, Madrid, 1898, p. 424.

[57] Entre los artículos declarados «libres de derechos» figuraban productos cárnicos, manteca, frutas verdes, secas, en conserva y otros productos alimenticios. También se otorgaba franquicia a productos de hierro y acero, maquinaria y a materias primas como las grasas animales y el petróleo, mientras se concedían importantes rebajas a la harina de trigo, el maíz y el arroz. *Régimen arancelario establecido entre las islas de Cuba y Puerto Rico y los Estados Unidos en virtud del R.D. del 28 de julio de 1891 y documentos anejos*, Madrid, 1891.

[58] *El Economista Español*, no. 9, septiembre de 1891. Aunque esta fue la reunión más numerosa y publicitada, también se celebraron otras en Valladolid, Palencia y otras ciudades castellanas.

[59] Cfr. *Diario de la Marina*, 2 de agosto de 1891, p. 2 y *El País*, 4 de agosto de 1891, p. 2.

[60] Comité Central de Propaganda Económica: *Dictamen de la Comisión...*, ed. cit.

[61] *Obras completas*, t. VI, p. 160. El análisis martiano de este proceso se desgrana a lo largo de artículos, discursos y cartas, recogidos principalmente en los tomos I, VI y XII de sus *Obras completas*.

[62] El diario se mostraba más cauteloso respecto a las posibilidades de los fabricantes de artículos de consumo para aprovechar las ventajas recibidas en su competencia con homólogos europeos. *New York Herald*, 1ro. de agosto de 1891, p. 4.

[63] Cit. por Tom Terrill: *The Tariff, Politics and American...*, Wesport, 1973, p. 181.

[64] En 1893, con un total de 24,1 millones de pesos, Cuba asimilaba casi la cuarta parte de todas las ventas de EE.UU. en América Latina. U.S. House of Representatives, 54th. Congress, 1st. Session: *Report on the Committee of Ways and Means Concerning Reciprocity and Commercial Treaties*, Washington, 1896, pp. 13-14.

[65] *Ibid.*, p. 553.

[66] Los datos de 1891 proceden del *Boletín de la Cámara Oficial de Comercio, Industria y Navegación de La Habana*, 31 de diciembre de 1892, p. 51. La proporción de 1894 se ha calculado sobre la base de los datos de: Ministerio de Ultramar. Dirección General de Hacienda: *Estadística General del Comercio Exterior de la Isla de Cuba: 1894-1895*, Madrid, 1897. Los datos de esta última

fuente presentan, sin embargo, una notable diferencia con los proporcionados por la estadística comercial de España y Estados Unidos, según los cuales las exportaciones de estos países a Cuba en 1894 habrían ascendido a 21,4 millones de pesos en el primer caso y a 20,1 millones de dólares en el segundo, con lo cual España habría conservado su primacía. Al testimoniar, años después, ante una comisión del Congreso norteamericano, el comerciante L.V. Placé señalaría que el registro de las importaciones estadounidenses en Cuba, durante los años de vigencia del tratado Foster-Cánovas, se vio alterado por la subvaloración de esas mercancías, tanto en las aduanas norteamericanas como en las cubanas, mientras que los productos españoles, beneficiados por el régimen de cabotaje, no eran objeto de contrabando, por lo cual las estadísticas comerciales los registraban en su totalidad, haciendo que las importaciones españolas parecieran superiores a las de origen norteamericano. U. S. House of Representatives, 57th. Congress, 1st. Session: *Reciprocity...*, pp. 44-45.

[67] Las exportaciones de harinas españolas a Cuba descendieron desde un valor de 11,9 millones de pts. en 1891, hasta la irrisoria cifra de ¡322 pts.! en 1893. S. Alba: *El problema arancelario cubano y la producción castellana*, Valladolid, 1897, pp. 39-41. Los restantes datos proceden de: *Estadística general del comercio exterior de España... 1892 y 1895*.

[68] Bajo lo dispuesto por el arancel Romero, mientras la maquinaria y los implementos agrícolas norteamericanos entraban libres de derechos, los procedentes de otros países adeudaban 1,13 y 2,02 pesos por cada 100 kg; en el arroz, la diferencia era de 1,25 contra 2,50 pesos por cada 100 kg, y en la harina de trigo de 0,90 contra 3,63 pesos, también por cada 100 kg. R.P. Porter: *Report on the Commercial and Industrial Condition of the Island of Cuba. Special Report on Revenues*, Washington, 1898, p. 16.

[69] L. Rodríguez: *Exposición a las Cortes de la Liga de Comerciantes, Industriales y Agricultores de la Isla de Cuba*, La Habana, 1894, pp. 7-8. El mismo criterio sostenían otros hombres de negocios, según puede apreciarse en la correspondencia remitida desde Cuba a Antonio Maura, quien sucedió a Romero Robledo en la cartera de Ultramar. Se destaca esta opinión de un autor anónimo: «Resulta pues que los verdaderos beneficios del convenio fueron para los Americanos, los cuales con el monopolio que se les otorgó sobre estos mercados, en la mayor parte de los artículos libres de derechos, han elevado sus precios hasta aproximadamente los tipos arancelarios que puedan tener los similares de otras procedencias.» Fundación Maura, leg. 166, exp. 2.

[70] Véase la correspondencia del cónsul general de España en New York relativa a este asunto en AAE: *Tratados. Negociaciones s. xix EE.UU.*, signatura 0456, así como otras denuncias de la misma índole en: Fundación Maura, leg. 372.

[71] El Informe de la Comisión Arancelaria puede verse en: Fundación Maura, leg. 385, exp. 2. Otros documentos relacionados con este asunto pueden encontrarse en dicha institución, en los legajos 166, 465 y 372; dentro de este último son especialmente interesantes las cartas «confidenciales» de Celestino

Blanch, quien, como representante del gremio de comerciantes-banqueros disentía de las conclusiones de las Cámaras de Comercio y defendía, una vez más, el cabotaje.

[72] A. Maura: «Régimen arancelario de Cuba» (notas manuscritas), en: Fundación Maura, leg. 465, exp. 20.

[73] El Banco Español intentó conjurar su crisis mediante un préstamo del Hispano-Colonial, pero dicha institución se negó a extenderlo, según algunos observadores con la finalidad de agudizar el problema y hacer «saltar» a Maura. Hay abundante documentación sobre este asunto en: Fundación Maura, leg. 166. R. Eslava en *La crisis monetaria y el Banco Español*, La Habana, 1893, sale en defensa de dicha institución, cargando la responsabilidad de la crisis sobre los especuladores azucareros, quienes según este autor, trataron de retener la producción, jugando al alza de los precios, y privaron de ese recurso al mercado de valores.

[74] *Exposición dirigida en julio 8 de 1894 [...] a las Cortes del Reino Español por el Círculo de Hacendados...*, La Habana, 1943. Este documento, publicado por la Asociación Nacional de Hacendados medio siglo después, en realidad reproduce el informe presentado a la directiva del Círculo por Adolfo Muñoz del Monte, propietario del ingenio Las Cañas. Dicho texto, publicado por la *Revista de Agricultura* el 5 de agosto de 1894, aportaría buena parte de los contenidos de la citada exposición.

[75] En el Senado, donde la mayoría demócrata era muy pequeña, el senador Arthur Gorman siguió una política de contemporización con los proteccionistas, que daría lugar a la propuesta de unas seiscientas enmiendas al proyecto de Wilson. Sobre el tratamiento del azúcar en este proceso arancelario, *cfr.* C. A. Stern: *Protectionist Republicanism and Republican Tariff...*, pp. 50-51 y A.S. Eichner: *The Emergence of Oligopoly*, pp. 181-183.

[76] Véase la correspondencia cursada entre la legación española en Washington y el ministerio de Estado, en AAE, signatura 1481, así como otros documentos relativos a este asunto en el mismo fondo, signatura 0456.

[77] Los efectos negativos de la modificación arancelaria para Cuba han sido especialmente enfatizados por la historiografía norteamericana, de lo cual resulta un buen ejemplo Leland Jenks, quien, en *Nuestra colonia de Cuba* (La Habana, 1966, p. 66), hace de esta uno de los factores del estallido de la Guerra de Independencia. Los datos sobre precios provienen de: *Revista de Agricultura*, 1ro. de mayo de 1901.

[78] Este ángulo del problema es acertadamente examinado por Louis A. Pérez, Jr. en su *Cuba between Empires* (Pittsburgh, 1983, pp. 31-35) sobre la base de una comparación de precios de insumos industriales y alimentos, a partir de la información suministrada por los cónsules norteamericanos sobre este asunto. El autor ofrece también elocuentes testimonios de las reacciones de la opinión pública cubana ante la situación creada.

[79] *Boletín de la Cámara Oficial de Comercio, Industria y Navegación de La Habana*, no. 59, 7 de septiembre de 1894.

[80] Para las actividades y demandas de las corporaciones en estos meses, *cfr.* Inés Roldán: *La Unión Constitucional y la política colonial...*, pp. 652-654.

[81] Un recuento de esas gestiones puede verse en: Fomento del Trabajo Nacional. Actas de la Junta Directiva y Consultiva, t. I, pp. 243-244.

[82] Fomento del Trabajo Nacional. Borrador de comunicaciones exteriores, 1894-95, pp. 145-146. El Fomento también dirigiría una carta a Martínez Campos, designado Gobernador General de Cuba, manifestándole «la confianza inmensa que tenemos en sus grandes prestigios y en su ánimo esforzado, al que presta ayuda el valor de nuestro ejército...» y asegurándole que ya veían «...realizada la segunda parte de su obra pacificadora, la noble empresa de ligar con lazos finísimos esa provincia a sus hermanas de la península...», entre los cuales, por supuesto, «...los vínculos más poderosos son los del comercio...» *Ibid.*, pp. 193-195.

[83] Para un resumen de los trabajos y los dictámenes de la Comisión Arancelaria Antillana, *cfr. El Trabajo Nacional*, no. 114, 15 de octubre de 1895.

[84] En un principio, el gobierno español hizo uso de los valores en cartera de la emisión de 1890 y otros títulos del Tesoro cubano, pero ya en 1896 esos recursos resultaban insuficientes y no ofrecían base alguna para operaciones de crédito, por lo cual tuvo que apelar al Tesoro de la Península mediante un empréstito interior, garantizado por las rentas de aduanas –procedimiento que sería empleado en sucesivas emisiones– así como a pagarés del Banco de España. *Cfr.* Inés Roldán: «Notas en torno a las relaciones financieras entre Cuba y España hasta 1898». Trabajo presentado al seminario «Antecedentes económicos del 98», Valladolid, noviembre de 1995.

[85] Los cálculos se han realizado sobre la base de las estadísticas oficiales de comercio de España y EE.UU., recogidas en el anexo estadístico. Para establecer el total en dólares, las cifras españolas han sido convertidas a ese signo, aplicando la tasa de 1,10 pesos oro español por dólar vigente en 1898, diferencia que puede haber sido algo inferior en los años precedentes, pero ello no provocaría alteraciones significativas, dado el valor relativamente pequeño de las exportaciones a España.

[86] Así quedó expresado en la nota que remitiera el secretario de Estado R. Olney al gobierno español, el 4 de abril de 1896. Para obtener información sobre la política cubana de Cleveland, *cfr.* Ph. Foner: *La guerra hispano-cubano-norteamericana y el surgimiento del imperialismo yanqui*, La Habana, 1978, t. 1, cap. IX.

[87] Para la formación del consenso ideológico expansionista, *cfr.* Walter La Feber: *The New Empire*, ed. cit., pp. 95-101.

[88] En realidad, la tarifa Dingley autorizaba a concertar tres tipos de tratados; los dos primeros, que otorgaban concesiones mínimas, no requerían de sanción legislativa, pero sí el tercero, que realmente establecía un mecanismo de intercambio significativo. Tom Terrill: *The Tariff, Politics and American...*, pp. 200-201.

[89] En noviembre, la alarmada directiva del Fomento convocó a todas sus secciones y envió una comisión a Madrid con un mensaje en el que se oponía a la concesión de la autonomía a las Antillas. Fomento del Trabajo Nacional. Actas de la Junta Directiva y Consultiva, t. I, pp. 349-350. Tal posición, sin embargo, no parece haber sido unánime entre los medios proteccionistas, a juzgar por un artículo publicado meses antes en el órgano del Fomento por el líder proteccionista vasco Pablo de Alzola, quien admitía que «se impone la necesidad de concluir la rebelión cubana, y si las armas fuesen impotentes [...] acúdase enhorabuena a la acción política...». *El Trabajo Nacional*, 30 de enero de 1897, p. 242.

[90] Los secretarios técnicos eran Leoncio Varela, Luis V. de Abad y José Ceballos, aunque este último –por ser ciudadano norteamericano– sería sustituido por Antonio Cuyás, el autor del famoso diccionario. La documentación relativa a estas gestiones, así como las consideraciones de las autoridades españolas sobre las concesiones posibles, incluidas las inevitables demandas catalanas, pueden verse en ANC: *Gobierno autonómico*, leg. 6, exp. 18.

[91] De hecho, las autoridades norteamericanas habían perdido todo interés en las negociaciones comerciales relativas a Cuba, según se desprende de un memorándum enviado por Kasson a McKinley en marzo de 1898. *Cfr.* Tom Terrill: ob. cit., p. 202.

[92] Ambos textos en: *Historia de las relaciones internacionales, 1815-1914. Documentos*, La Habana [1991], pp. 138-139. Un sintético y penetrante análisis de este proceso puede encontrarse en Louis A. Pérez, Jr.: *Cuba between Empires*, cap. 9.

[93] La liquidación de la «cuestión colonial» por la vía militar, abriría paso a nuevos problemas en España. En octubre de 1898, sin haberse firmado aún el Tratado de París, J. Sallarés, el presidente del Fomento del Trabajo Nacional, informaba el acuerdo tomado por las principales corporaciones de Cataluña, de solicitar al gobierno «implantar la autonomía administrativa que devuelva la iniciativa y la fuerza a las grandes regiones...». Todavía no se habían apagado las cenizas de la guerra y la burguesía catalana solicitaba para sí lo que pocos meses antes negaba a Cuba. FTN: Actas de la Junta Directiva y Consultiva, t. I, pp. 368-369.

CAPÍTULO 5

El triunfo de la reciprocidad

Cuba emergió de la guerra en una situación pavorosa. El censo levantado en 1899 acusaba una disminución de 58 890 habitantes respecto al conteo precedente, realizado en 1887, pero si se considera el probable crecimiento demográfico verificado desde ese año hasta el estallido de la guerra, las pérdidas bien podían representar un 15% de la población. La gran masa de los sobrevivientes, hambreada y alejada en muchos casos de su residencia habitual, carecía de los más elementales medios de subsistencia. La economía estaba en ruinas; del millón de hectáreas bajo cultivo en 1895, más de la mitad se hallaban abandonadas. La producción azucarera había descendido en un 75% y la tabacalera en más de un 80%; en vastas regiones del país era casi imposible encontrar una sola cabeza de ganado. Los cubanos habían pagado un precio enorme por su independencia.

Y aún estaba por ver si esa aspiración nacional sería satisfecha. La intervención norteamericana había trastocado todas las previsiones. España, ciertamente, abandonaba la Isla, pero esta quedaría sometida a una administración militar norteamericana a título provisional, cuyo término indefinido teñía de incertidumbre el futuro del país. Aunque el gobierno de Washington aseguraba que su autoridad sobre Cuba no tenía otra finalidad que pacificarla, colaborar a su reconstrucción y brindar «ayuda y consejo» para la formación de un gobierno propio, había sobradas razones para recelar de sus designios.

Allanando el camino

Para Estados Unidos, la guerra dejaba un saldo muy diferente. En apenas cuatro meses de operaciones, a un bajísimo costo material y humano, la nueva potencia imperial había despojado a España de sus colonias. Puerto Rico, Filipinas y las posesiones hispánicas del Pacífico, quedaban bajo su soberanía y Cuba, por tanto tiempo ambicionada, estaba finalmente en sus manos. Muchos altos funcionarios de la administración McKinley, sin descartar al propio presidente, se inclinaban a anexionarse la isla vecina, sentimiento que también predominaba entre los mandos de las fuerzas de ocupación en Cuba. Durante los primeros meses de 1899, ese sentimiento comenzó a trasladarse a la opinión pública, mediante una bien orquestada campaña de prensa. Como un serio escollo frente a tal corriente, se erguía el reconocimiento del derecho de los cubanos a la independencia, formalmente proclamado por el Congreso en su Declaración Conjunta de abril de 1898, una declaración que –como advirtiera Mark Twain– muchos comenzaban a considerar un «error sentimental», pero que sin dudas entrañaba un compromiso no sólo de alcance internacional, sino ante el propio pueblo norteamericano y, por supuesto, con los cubanos.[1]

La anexión resultaba, por tanto, una empresa muy comprometida, cuyo éxito descansaba en buena medida en la posibilidad de que ella pudiese ser presentada como una «opción cubana». No faltaban en la Isla quienes pudiesen ofrecer asidero a semejante maniobra. Apenas se había rendido la plaza de Santiago de Cuba, cuando una delegación de comerciantes de dicha ciudad visitaba al jefe de las fuerzas norteamericanas, general William Shafter, para indagar si Estados Unidos se proponía retener el control del país. Pocas semanas después, la solicitud de seguridades se reiteraba como una garantía para invertir en la renovación de inventarios. A ello se sumarían múltiples declaraciones favorables a la anexión, recogidas entre los hombres de negocios de la Isla por Robert Porter, enviado personal del presidente McKinley, así como la petición enviada a este último por el director del *Diario de la Marina*, en la cual centenares de propietarios firmantes demandaban formalmente la anexión de la Isla. «El partido insurrecto independentista –aseguraba a McKinley el empresario norteamericano E.F. Atkins– no representa los intereses de la propiedad como clase, y su control sobre la situación es igualmente temido por los propietarios cubanos, españoles y extranjeros.»[2]

Las «mejores clases» del país se inclinaban por la seguridad que les ofrecía el tutelaje norteamericano, sólo que, como advertía el gobernador militar de Santiago, Leonard Wood, apenas se hacían oír. Y es que la burguesía insular, políticamente aplastada por su compromiso con España, se manifestaba con suma cautela. Sus partidos políticos se habían disuelto y las corporaciones económicas se hallaban desorganizadas. El elemento español –todavía el más poderoso en lo económico– se marginaba, envuelto en la natural reserva de los derrotados; sus contradictorios sentimientos le hacían repudiar al vencedor norteamericano, a quien consideraban al mismo tiempo como alternativa preferible a un gobierno cubano. Con el descrédito del autonomismo, la burguesía cubana perdió su representación política y aunque algunos de sus miembros habían llegado a ocupar posiciones de importancia en la dirigencia independentista, no se consideraba representada por esta en modo alguno. De tal suerte, las fuerzas sociales que podían comulgar con los propósitos imperialistas carecían de peso sociopolítico.

Fuerza y prestigio sí los tenía el movimiento independentista y este constituía precisamente el más formidable obstáculo para la anexión. No cabía esperar que quienes habían luchado durante largos años por la independencia, plegasen ahora sus banderas para solicitar ser incorporados a la Unión norteamericana. Por ello, de la noche a la mañana, los heroicos luchadores por la libertad, que tan extendida y profunda simpatía despertaran en el pueblo estadounidense, se vieron convertidos en individuos movidos por el «afán del pillaje y el asesinato», en cuyas manos Cuba quedaría entregada al reino del terror. Con juicios de tal naturaleza fue montada una bien concebida operación de descrédito, a la cual contribuirían las opiniones expresadas por autoridades militares de Estados Unidos en Cuba, empeñadas igualmente en descalificar a los cubanos para el ejercicio del autogobierno.

Pero no sólo convenía desacreditar a los independentistas, sino que se hacía necesario desarticular sus órganos representativos en tanto expresión coherente de la aspiración nacional. Ya Tomás Estrada Palma, quien sustituyera a Martí al frente del Partido Revolucionario Cubano, había dado un paso trascendente en tal dirección, al disolver dicha agrupación, declarando –de manera inconsulta– cumplidos los propósitos de esta. Las desavenencias intestinas, inteligentemente alimentadas por los gobernantes estadounidenses, ofrecieron una oportunidad preciosa para deshacerse de los dos restantes organismos independentistas: el Ejército Libertador y su Asamblea de Representantes. Envuelta en contradicciones, la asamblea acordaba disolverse en abril de 1899, mientras que el Ejército Libertador sería licenciado en los meses subsiguientes.

Se conseguía así hacer tabla rasa de la situación política cubana. Apoyado en la ruina económica y valiéndose de la disgregación política, Estados Unidos intentaría modelar una «nueva Cuba» a la medida de sus intereses.

La hora de las definiciones

Concluida la guerra, las actividades económicas comenzaron a reanimarse, tanto en las ciudades como en los campos. Entre los cultivos, la más rápida recuperación la experimentó el tabaco, favorecido por su más corto ciclo agrícola y menores requerimientos de infraestructura. La cosecha tabacalera de 1899-1900 totalizó 460 mil tercios, apenas un 20% menos de lo cosechado antes de la guerra. También era notable el progreso de la minería de hierro, que en sólo un año duplicó sus exportaciones, situándose al nivel de 1895. Más lenta se manifestó, en cambio, la recuperación del sector azucarero, pues la zafra de 1899, con una producción de 332 237 tm, superó apenas en un 25% el saldo de la campaña anterior.

El decisivo renglón del azúcar se presentaba así como el punto crítico dentro del proceso de reconstrucción. Aunque la industria había sufrido de modo indiscutible durante la contienda, las destrucciones afectaron sobre todo a las fábricas más pequeñas, por lo cual diversos observadores coincidían en apreciar que existía la capacidad industrial necesaria para retomar los niveles productivos de preguerra.[3] Pero la mayor complejidad del ciclo azucarero, tanto en la agricultura como en el transporte ferroviario y otros eslabones, planteaba una elevada exigencia de capitales para que la primera industria del país estuviese en condiciones de aprovechar plenamente su potencialidad. La traba fundamental para la reconstrucción resultaba ser entonces la carencia de recursos financieros, pues casi todos los hacendados estaban endeudados hasta el cuello –en muchos casos, incluso desde antes de la guerra–, y no disponían ni de capitales ni de crédito para restablecer sus negocios. En 1900 se calculaba que sobre el total de propiedades de la Isla pesaban gravámenes –entre hipotecas y censos– por un total de 247,9 millones de pesos, más de la mitad de cuya cifra correspondía a fincas rústicas.[4] Para que dicha situación no degenerase en un verdadero caos, las autoridades interventoras decidieron prorrogar la moratoria hipotecaria dictada por el gobierno español durante la guerra, una medida que impedía la liquidación masiva de propiedades, pero que no entrañaba solución alguna para el deplorable estado financiero de estas.

Los hacendados decidieron entonces apelar al gobernador militar, en busca de financiamiento para adquirir ganado de tiro e implementos agrícolas, pero dicha solicitud fue denegada. El gobierno norteamericano consideraba que tales necesidades debían ser solventadas por los bancos, pues la asistencia estatal constituía un sistema paternalista que destruiría la autoestima de los productores. Pero al mismo tiempo, tampoco se autorizaba la constitución de nuevas entidades bancarias, bajo el pretexto de que ello violaría las prohibiciones establecidas por la enmienda Foraker.[5] La negativa del gobierno de Estados Unidos a aportar recursos para la reconstrucción económica de Cuba era patente, y contrasta de modo muy significativo con la política seguida por Inglaterra en Sudáfrica tras la guerra anglo-bóer, pues el gobierno británico destinó un presupuesto de 15 millones de libras esterlinas –75 millones de pesos– para la rehabilitación de una población mucho menor que la cubana.[6]

Esta actitud, que a la larga propiciaría el traspaso de numerosas propiedades a manos de inversionistas estadounidenses, en lo inmediato actuaba como un factor de presión sobre los hacendados. Las condiciones de financiamiento en la industria azucarera estaban indisolublemente vinculadas a las perspectivas del mercado; si había expectativas firmes de ganancia, la oferta de crédito aumentaba y disminuían las tasas de interés. Aunque el precio del azúcar se recuperó algo en 1899, los pronósticos mercantiles no resultaban alentadores. La superproducción remolachera mantenía deprimidos los mercados –se estimaban existencias no vendidas por más de un millón de toneladas– y en el decisivo mercado de Estados Unidos las condiciones de comercialización se habían deteriorado.

La caída de los suministros cubanos durante la guerra había favorecido el avance del azúcar alemán y, sobre todo, el desarrollo de la producción doméstica en Norteamérica. El azúcar de remolacha, cuya fabricación se gestara al amparo del arancel McKinley, tomó un notable impulso a finales de siglo; solamente en 1898 y 1899 comenzaron a operar veintiuna fábricas, logrando que la producción se duplicase en esos años, hasta totalizar 76 mil t. La cifra era relativamente pequeña aún, pero no así el ritmo de crecimiento de la industria, cuyo producto ascendería hasta las 160 mil t en 1901.[7] A diferencia de la producción cañera, concentrada casi exclusivamente en la Louisiana, la elaboración de la remolacha se había difundido por casi una decena de estados de la Unión, circunstancia que otorgaba a sus productores una mayor influencia política.

La concurrencia de los azúcares producidos en las dependencias insulares de Estados Unidos constituía también un factor a considerar, no sólo por los volúmenes que aportaba Hawai –definitivamente anexado en 1899–, sino por las potencialidades productivas de las posesiones recién adquiridas, como Puerto Rico y Filipinas, que serían objeto de un tratamiento arancelario preferencial. Para terminar de ensombrecer el panorama, durante el año 1899 Estados Unidos firmaba tratados de reciprocidad comercial con Santo Domingo, las Antillas inglesas, Brasil, Argentina, Nicaragua y El Salvador; aunque los convenios aún debían ser ratificados por el Senado, nadie perdía de vista que estos países eran –o podrían ser– exportadores de azúcar.

Cuba, pese a estar administrada por el gobierno de Washington, no había recibido de este ninguna concesión arancelaria, pues se alegaba que la Isla no constituía formalmente una posesión norteamericana. En cambio, Estados Unidos sí se había permitido modificar el arancel cubano. Apenas ocupadas Santiago de Cuba y otras ciudades orientales, las autoridades norteamericanas habían decretado reducciones de diverso alcance sobre los derechos arancelarios vigentes. Esa política fue continuada por una orden ejecutiva dictada el 13 de diciembre de 1898, que ponía en vigor un nuevo arancel para Cuba. En la práctica, ese instrumento no era más que una traducción literal de la tarifa española de 1897, de la cual se había eliminado la columna preferencial de España, introduciéndose además rebajas que promediaban un 60% de los antiguos adeudos. Justificadas por las indiscutibles exigencias de la reconstrucción económica –incluso se otorgaban franquicias a la madera, el ganado vacuno y otros artículos de urgente necesidad–, lo cierto es que la mayor parte de estas rebajas beneficiaban a muchas importaciones procedentes de Estados Unidos. Por otra parte, en su concepción y estructura, el arancel mantenía vigente el sentido económico colonial, favorable a la plurimportación y carente de todo estímulo a la producción de consumo doméstico, situación que no sería modificada por la revisión arancelaria efectuada en 1900. Las disposiciones aduanales del gobierno interventor mantenían también vigente el gravamen sobre el tabaco exportado, sobrecargando la comercialización del producto más dinámico del momento.[8]

Una vez más, los problemas comerciales y arancelarios venían a recargar la atmósfera de la sociedad cubana, ahora en circunstancias nada halagüeñas. El desasosiego era particularmente perceptible en los círculos de la burguesía insular, la cual se había dado a la tarea de restaurar sus instituciones corporativas en la misma medida en que la economía se recuperaba. Tomando la iniciativa, el Círculo de Hacendados eligió una nueva directiva en agosto de 1899 y, fiel a la tradición colonial de llevar a su presidencia a una figura bien situada en lo político, seleccionó como presidente a Perfecto Lacoste, hacendado habanero que se había destacado en las actividades conspirativas independentistas y a la sazón se desempeñaba como secretario de Agricultura del gobierno interventor. La Cámara de Comercio, de composición casi exclusivamente española, perdió su condición de «oficial» al desaparecer el régimen colonial, por lo cual decidió cambiar su nombre por el de Centro General de Comerciantes e Industriales y, como para hacer más cosmético el cambio, eligió como presidente al viejo coronel de voluntarios Narciso Gelats. No menos españolizante, la Unión de Fabricantes de Tabacos mantuvo su denominación y estructura, pero se vio fortalecida con la adhesión de los cigarreros.

El Centro de Comerciantes debutó en su gestión corporativa con la remisión de un informe al presidente McKinley, en el cual afirmaba que el nuevo arancel «...no ha satisfecho las esperanzas y aspiraciones de antiguo formuladas por las clases productoras de Cuba». Más preocupada por las condiciones de acceso del azúcar al mercado de Estados Unidos, la directiva recién electa del Círculo de Hacendados solicitaba a Gonzalo de Quesada –hasta poco antes agente en Washington de la Representación General del Gobierno de Cuba en Armas– que aceptase ser su representante en la capital estadounidense. En noviembre de 1899, Quesada, acompañado por Evaristo Montalvo y Roberto Mattews –este último a nombre del Centro de Comerciantes–, visitó al presidente McKinley para gestionar que se concediese al azúcar cubano el 20% de rebaja previsto por la sección de reciprocidad del arancel Dingley. Idéntica solicitud haría Perfecto Lacoste al secretario de Guerra, Elihu Root, durante la visita de este a La Habana, así como al gobernador Brooke. Aunque el ejecutivo norteamericano y sus representantes manifestaron comprensión ante estas peticiones, alegaron que la rebaja prevista por la ley Dingley requería de la aprobación senatorial, la cual resultaría difícil de obtener por la oposición de los productores domésticos de azúcar, y todavía más, a causa de las complicaciones derivadas del indefinido status legal de la Isla.[9]

Este «despertar» corporativo vino a coincidir con una fase crucial en la definición del destino de Cuba. Durante el despliegue de la campaña anexionista, la prensa norteamericana había hecho circular la noticia de que Estados Unidos establecería un gobierno civil permanente en Cuba –en sustitución del gobierno militar «provisional»–, a cuyo frente estaría el gobernador de Santiago, Leonard Wood. Es difícil establecer si dicha información tergiversaba alguna decisión oficial o si constituía una suerte de balón de ensayo, pero lo cierto es que la noticia suscitó una airada reacción en Cuba. Tanto la prensa como el Consejo Nacional de Veteranos de la Independencia emitieron enérgicas declaraciones contra una medida que, cuando menos, apuntaba a dilatar el momento en que la soberanía de la Isla sería transferida a manos cubanas. A ellas siguieron reuniones y manifestaciones de protesta popular en las principales ciudades cubanas, acompañadas por rumores de que podía estarse preparando una sublevación.[10]

Nada podía resultar peor para la administración McKinley que el estallido de desórdenes en Cuba en vísperas de un año electoral. La decisión de apoderarse de las Filipinas y la insurrección que ello provocó en dicho archipiélago, habían dado pie al desarrollo de una corriente antimperialista en Estados Unidos, integrada por sectores intelectuales, organismos sindicales y algunas figuras políticas, la cual, de producirse una crisis en Cuba, se vería fortalecida, con grave riesgo para las aspiraciones electorales del Partido Republicano.

Para aquietar los ánimos, el secretario Root anunció pasos inmediatos, destinados a definir el futuro institucional de Cuba, el primero de los cuales sería la celebración de elecciones municipales en el verano de 1900, seguidas por la elección de delegados a una convención constituyente. La opción anexionista había quedado aplazada, pero en modo alguno desechada. Al menos eso era lo que se podía colegir del mensaje enviado al Congreso por el presidente McKinley en diciembre de 1899, donde, después de asegurar que la nueva Cuba debería mantenerse unida a Estados Unidos «por lazos de singular intimidad y fuerza», dejaba abierta una interrogante sobre la naturaleza de dichos vínculos.

Las elecciones de 1900 resultaban, por tanto, un episodio decisivo para el curso posterior de los acontecimientos. Las autoridades norteamericanas intentaron manipular el derecho al sufragio, como vía para restringir la manifestación de las aspiraciones populares por la independencia, mientras Leonard Wood –recién designado gobernador militar de Cuba– intentaba movilizar a las «mejores clases» del país para que las posiciones conservadoras y filoanexionistas prevalecieran en la votación. Pero dichos esfuerzos probaron ser vanos, las fuerzas independentistas –agrupadas principalmente en el Partido Nacional– lograron imponerse en la contienda y, pese a los renovados esfuerzos de Wood, las elecciones para la convención constituyente no ofrecieron mejores resultados. En diciembre de 1900, el descorazonado gobernador informaba que «el partido dominante en la convención hoy contiene probablemente a los peores elementos políticos en la Isla».[11] La ausencia de un sólido respaldo interno estaba frustrando, una vez tras otra, las pretensiones anexionistas.

De nuevo el Movimiento Económico

En los meses finales de 1900, mientras las gestiones de las corporaciones cubanas permanecían empantanadas por subterfugios legales, la inquietud de estas comenzó a acrecentarse ante las insistentes informaciones de que el precio del azúcar descendería de nuevo el año entrante. A partir de noviembre, las noticias y comentarios económicos de la prensa se tiñeron de los tonos más sombríos, incluyendo los reportes de una probable aprobación de los tratados comerciales con Santo Domingo y otros países por parte del Senado de Estados Unidos.[12]

La intencionada forma con que se presentaban estas informaciones, así como otros indicios, permiten presumir que ciertos órganos de prensa estaban orquestando una campaña en torno al porvenir de la economía cubana. En octubre había regresado a Cuba Luis V. de Abad, un publicista económico de antigua filiación autonomista, quien durante las frustradas negociaciones comerciales de 1898 con Estados Unidos, actuó como secretario técnico de la delegación del gobierno autonómico; desde entonces, Abad había permanecido en Washington, colaborando con algunas dependencias gubernamentales –principalmente la División de Asuntos Insulares del Departamento de Guerra– relacionadas con los asuntos cubanos. Alentado por algunos amigos norteamericanos, el publicista retornaba a Cuba con el propósito de movilizar a las «clases vivas» para obtener concesiones arancelarias de los Estados Unidos. Apenas llegado a La Habana, Abad presentó su plan al gobernador Wood, quien aparentemente no lo acogió con demasiado entusiasmo. Otra fue la reacción de ciertos medios económicos y publicísticos, al tener conocimiento del proyecto, en particular los directores de *La Lucha* y el *Diario de la Marina*, periódicos vinculados a los intereses más conservadores y que serían precisamente los principales voceros de la propaganda desatada a partir de noviembre.[13]

Aunque la situación de la economía cubana era difícil, y algunos de sus pronósticos inquietantes, mueve a suspicacia que esta campaña propagandística se montase en el preciso instante en que iniciaba sus trabajos la convención constituyente, a la cual se había encomendado también normar las relaciones de Cuba con Estados Unidos. Un diario tan bien informado como el *New York Daily Tribune* –órgano oficioso del gobernante Partido Republicano– publicaba el 17 de noviembre un despacho fechado en La Habana, donde se aseguraba que: «En Cuba, los capitalistas, la gente de orden, está alarmada porque temen que de la Convención salga la independencia de la Isla. Hasta ahora no habían hecho política; se disponen a hacerla y a trabajar por la anexión...»[14]

Tras varias semanas de campaña sistemática para crear un estado de opinión favorable a la movilización de los intereses económicos, el *Diario de la Marina* publicaba el 22 de diciembre un editorial bajo el sugestivo título «A Washington por todo», donde, después de aludir a las gestiones realizadas por hacendados y comerciantes, se cuestionaba que no se hiciera nada práctico para materializar las demandas de las corporaciones y afirmaba que:

> Un gran movimiento económico en el que tomasen parte los ayuntamientos, los partidos políticos, la Sociedad Económica de Amigos del País, el Círculo de Hacendados, el Centro de Comerciantes e Industriales, el Centro [sic] de Fabricantes de Tabaco y todas las corporaciones de la Isla, tendría ciertamente una excepcional importancia y sería muy difícil que en Washington se le desatendiese...[15]

Pocos días después, se daba a la publicidad una carta del presidente del Círculo de Hacendados, Perfecto Lacoste, al gobernador Wood, en la cual se esbozaban las aspiraciones programáticas del movimiento en ciernes. En dicho documento, Lacoste apuntaba que Cuba ya había abierto su mercado a las producciones norteamericanas y que sólo faltaba «para que el Tratado de Reciprocidad se perfeccione», que Estados Unidos concediesen a los productos cubanos y con mayor urgencia al azúcar y el tabaco, «los mayores beneficios que al gobierno le sean dables».[16] A la carta seguiría una convocatoria librada por el propio Círculo a las corporaciones y partidos políticos para que, reunidos todos en asamblea, diesen base orgánica al movimiento. La reunión tuvo lugar en La Habana, el 20 de enero de 1901, con la presencia de representantes de la Sociedad Económica, el Centro de Comerciantes, la Unión de Fabricantes de Tabacos y el Círculo de Hacendados, así como de los partidos Nacional, Republicano y Unión Democrática. A propuesta de la mesa, la asamblea acordó demandar la mayor reducción posible a las tarifas de importación para los productos cubanos en Estados Unidos, especialmente el azúcar y el tabaco; la supresión de los derechos de exportación que pagaban el tabaco y sus manufacturas, así como solicitar «la intervención o consulta del país, mediante la representación de las corporaciones económicas y políticas [...] en las modificaciones que se proyectan en los aranceles».[17]

Para dar continuidad a sus actividades, la asamblea eligió un comité ejecutivo, radicado en La Habana, y acordó el envío de una comisión a Washington, con el fin de gestionar la concesión de las demandas expuestas. Dicha comisión estaría integrada por el hacendado Alberto Broch, el comerciante y naviero Luis V. Placé, ambos ciudadanos norteamericanos, y el industrial tabacalero Domingo Villamil, quien había residido muchos años en Tampa; como secretario actuaría el ya conocido Luis V. de Abad. La mejor caracterización de los comisionados la haría el connotado ideólogo anexionista José I. Rodríguez, al extender una carta de presentación al grupo tras la llegada de este a Washington: «...todos ellos son gente de ideas conservadoras, no han tomado parte alguna en la agitación política que infortunadamente está aún perturbando esa bella isla...».[18]

La comisión había arribado a Washington el 7 de febrero, cinco días antes de que, en La Habana, la convención constituyente iniciase sus deliberaciones sobre el espinoso asunto de las relaciones cubano-norteamericanas. El día 9, los comisionados eran recibidos por el secretario Root, quien manifestó comprensión hacia las demandas expuestas por ellos y les informó que había decidido rebajar en un 50% los derechos de exportación al tabaco, así como que no veía inconveniente en que los cubanos participasen en la próxima revisión de los aranceles insulares. Horas después se entrevistaban con el presidente McKinley; este les ratificó lo expresado por Root y apuntó la imposibilidad de obtener de inmediato rebajas en los derechos arancelarios estadounidenses, por estar al concluir la legislatura, no obstante lo cual sugirió a los comisionados ponerse en contacto con figuras prominentes del poder legislativo. A esto dedicó la comisión los días subsiguientes, durante los cuales se entrevistó, entre otros, con Sereno Payne

—presidente de la Comisión de Medios y Arbitrios de la Cámara— y los senadores Mark Hanna y Orville Platt. Con este último las conversaciones serían frecuentes, toda vez que —otra coincidencia— los comisionados y el viejo senador por Connecticut compartían el mismo hotel. Aunque Abad, en el citado testimonio, se apura en advertir que las conversaciones no penetraron en «el terreno vedado de la política», más adelante reconoce que Platt

> ...más de una vez nos indicó que al regresar a La Habana haríamos bien en explicar a nuestros políticos que debían considerar las necesidades materiales de Cuba [...] y la conveniencia muy importante de hallar una fórmula dentro de la realidad que armonizara y regulara a la vez las relaciones políticas entre Cuba y los Estados Unidos y las de carácter comercial de valor recíproco....[19]

Una semana después de «aconsejar» a los comisionados, el senador Platt presentaba su famosa enmienda a la ley del Presupuesto de Guerra, según la cual Estados Unidos se reservaba, entre otras prerrogativas, el derecho a intervenir en Cuba.[20]

Tras promover sus demandas en la prensa estadounidense mediante entrevistas y artículos, los comisionados regresaron a La Habana a principios de marzo. Su éxito era relativo; algunas de sus peticiones habían sido satisfechas, pero no así su demanda fundamental de que Estados Unidos rebajase los derechos al azúcar y el tabaco cubanos. En los días que la comisión rendía cuenta de sus gestiones ante el Comité Ejecutivo Económico, la sociedad cubana experimentaba la conmoción ocasionada por la enmienda Platt. El 7 de marzo, la convención constituyente tuvo conocimiento de que la enmienda, ya sancionada por el ejecutivo norteamericano, debía incorporarse como un apéndice al texto constitucional. La opinión predominante entre los delegados fue que la enmienda Platt debía ser rechazada o, al menos, modificada en los artículos más lesivos para la soberanía cubana, posición que encontró respaldo en la mayoría de la prensa, así como en numerosos actos de calle.

Impracticable la opción anexionista, Washington no escatimaría presiones sobre los delegados a la convención para conseguir, al menos parcialmente, ese objetivo, mediante un estatuto legal que reducía la futura república de Cuba a la condición de un protectorado. En este juego de presiones, la movilización «económica» desempeñaría un papel nada desdeñable. Apenas conocida la aprobación de la «ley Platt» en Washington, el *Diario de la Marina* se felicitaba por el hecho en un editorial significativamente titulado «Señales de bonanza», asegurando que la enmienda pondría fin a una «era de perturbaciones».[21] Este era, sin dudas, el punto de vista oligárquico; no en balde la primera moción en favor de la aceptación de la enmienda sería presentada a la Convención por Joaquín Quilez, miembro prominente del Círculo de Hacendados. Pero el escaso crédito político de las corporaciones económicas las hacía vacilar antes de expresar franca y formalmente sus opiniones. Venciendo su embarazo, una a una fueron finalmente pronunciándose en favor de la enmienda. La directiva del Círculo de Hacendados elaboró una exposición a la convención constituyente, donde la aceptación de la «ley Platt» se fundamentaba descarnadamente en su interés de clase:

> La Isla de Cuba necesita para su existencia como pueblo culto del mercado de los Estados Unidos [...]. La adquisición de los territorios de Filipinas, Hawai y Puerto Rico, que rinden productos similares a los nuestros, determina un grave peligro para esta Isla. Se hace indispensable conjurarlo en lo posible por medio de una inteligencia franca, amistosa y completa con los Estados Unidos en el orden político y en el económico...
>
> El Círculo de Hacendados y Agricultores de la Isla de Cuba considera altamente beneficioso para los intereses morales y materiales del país cubano la aceptación

de la ley Platt, siempre que se recabara la adición a ella de una cláusula o base por virtud de la cual se establezca entre Cuba y los Estados Unidos un régimen económico inspirado en la reciprocidad...[22]

Quizás apocado por su reconocido españolismo, el Centro de Comerciantes adoptó un lenguaje más discreto y, después de apuntar que la dependencia comercial de Cuba exigía mantener muy estrechas y amistosas relaciones con Estados Unidos, instaba a la Constituyente «...a que a cambio de ventajas arancelarias y franquicias que no habrán de negar los Estados Unidos a los productos insulares, no vacile en dar a aquellos de buen grado las necesarias compensaciones...».[23]

La Sociedad Económica de Amigos del País, ya perdido mucho de su viejo lustre, decidió también sumarse al coro de las presiones con un breve mensaje que –¿equivocación de destinatario?– no envió a la Constituyente sino al gobernador Wood. Al igual que las restantes corporaciones, la SEAP recomendaba aceptar la enmienda, demandando «...en justa compensación [...] de los Estados Unidos las mayores ventajas arancelarias en favor de los productos cubanos».[24]

La burguesía insular, a tenor de lo manifestado por sus corporaciones, mostrábase dispuesta a renunciar al ejercicio de la soberanía nacional a cambio de ciertas ventajas económicas. Pero hay indicios de que al adoptar esa línea de conducta, las corporaciones no cedían exclusivamente a la espontánea inclinación de sus intereses. A mediados de abril, Luis V. de Abad había recibido una carta del jefe de la División de Asuntos Insulares del departamento de Guerra, coronel Clarence Edwards –funcionario que había calorizado desde su origen el nuevo «movimiento económico»– en la cual este demandaba abiertamente una activa intervención de las corporaciones en el asunto de la enmienda Platt:

> Es difícil comprender por qué el elemento representativo de la Isla no puede persuadir a la Convención constituyente sobre algo que sería de indudable bene-

ficio para el país [...] los medios de negocio en este país podrían controlar cualesquiera treinta representantes.[25]

El reclamo era tan directo y apremiante que Abad prefirió dilatar su respuesta el lapso imprescindible para que se produjesen los pronunciamientos más arriba citados. El 6 de mayo informaba que «...desde mi regreso de Estados Unidos en marzo he trabajado activamente para inducir a los elementos representativos de la Isla a dar su opinión sobre las relaciones entre Cuba y Estados Unidos. De una manera abierta y precisa ellos se han declarado favorables a la enmienda de Mr. Platt...», y añadía que esa influencia había favorecido «al abandono de las actitudes radicales mantenidas aquí».[26]

Aunque no faltaron advertencias sobre lo falaz del «argumento económico» esgrimido por las corporaciones, lo cierto es que este hizo mella en la resistencia de la convención, ya resentida por las presiones y amenazas del gobernador Wood. Esa negativa influencia puede advertirse en las gestiones de la comisión designada por la Constituyente para negociar con las autoridades de Washington en torno a la enmienda Platt. El tema de las concesiones comerciales fue sacado a relucir por los comisionados cubanos en varias oportunidades. Primero como una objeción a la enmienda, pues esta, al regular las relaciones cubano-norteamericanas, no incluía el aspecto comercial y, más tarde, tratando de conseguir algún compromiso en tal sentido, a cambio de la aceptación del apéndice constitucional. Tanto Root como McKinley consideraron favorablemente la cuestión comercial, pero sin adelantar otro compromiso que el de trabajar por la solución de dicho asunto tan pronto la república cubana tuviese personalidad jurídica para firmar un tratado.[27]

Al regreso de los comisionados, la posición de aceptar la enmienda ganó terreno dentro de la convención, aunque los delegados de más firmes convicciones mantuvieron su actitud. Finalmente, el 12 de junio, por una mayoría de cinco votos, la Constituyente aceptaba incluir el famoso apéndice. Días antes se había aprobado una versión «explicada» de dicho estatuto, entre cuyas aclaraciones figuraba el compromiso de firmar un tratado de reciprocidad, pero Washington la había rechazado; el texto de la enmienda Platt debía adoptarse sin modificación alguna.

La dependencia política de Cuba era un hecho consumado y la reedición del Movimiento Económico había contribuido a ello. Cerrado ese capítulo, la cuestión de la reciprocidad comercial regresó nuevamente al primer plano. En junio, Abad marchaba a Estados Unidos para unir sus esfuerzos a F. V. Pavey –agente del Centro de Comerciantes– en la creación de un estado de opinión favorable a las rebajas arancelarias. La campaña tenía ahora como objetivo obtener dichas concesiones de la legislatura que habría de iniciarse en diciembre. Recién llegado, Abad declaraba a la prensa: «...no hay razón para que durante este tiempo a Cuba no le sea concedida la legítima protección económica como complemento del protectorado político que Estados Unidos –mediante la Enmienda Platt– ha establecido en Cuba».[28] Si la reciprocidad había sido utilizada como un argumento en favor de la enmienda, esta, una vez aceptada, sería esgrimida en favor de la reciprocidad.

Una campaña decepcionante

A finales de 1901, la movilización por la reciprocidad comercial entraba en una segunda y más intensa fase, caracterizada por el relevante papel que ahora desempeñarían las autoridades norteamericanas, particularmente Leonard Wood. El gobernador había seguido los pasos iniciales del movimiento sin involucrarse demasiado en su desarrollo, concentrado como estaba en las actividades de la convención constituyente. Pero ahora devendría en verdadero promotor de la campaña «económica». Sus motivaciones tenían un sólido fundamento; sólo la reciprocidad impediría que los lazos políticos que se acababan de anudar en Cuba se viesen debilitados por un comercio preferente con otras naciones. La tarea de establecer tal sistema de comercio con Cuba, sin embargo, se avizoraba ahora más compleja.

La prosperidad de que disfrutaba la economía norteamericana en la coyuntura intersecular contribuyó a crear un clima de confianza en torno a las posibilidades de expansión comercial. Entre 1895 y 1901, sin necesidad de tratado alguno, las exportaciones estadounidenses se habían incrementado en un 75%, mientras el superávit del balance comercial se quintuplicaba. Con los descubrimientos auríferos en Alaska y Sudáfrica, los precios de los productos agrícolas se habían fortalecido y disminuido el descontento y las presiones expansionistas de los agricultores. Por otra parte, algunas cláusulas de los tratados de reciprocidad concertados desde 1899 ocasionaron reacciones adversas por parte de los proteccionistas más ortodoxos, como lo demostraba la polémica suscitada en los medios económicos por el tratado de comercio suscrito con Francia en julio de 1899. Durante la campaña electoral de 1900, los criterios republicanos en torno a la reciprocidad se mostraron escindidos, haciéndose evidente la pérdida del consenso partidista.[29] Aunque el reelecto presidente McKinley hizo una ardorosa defensa de la controvertida fórmula comercial en el discurso que pronunciara en Buffalo, un día antes de ser asesinado, su sucesor, el vicepresidente Theodore Roosevelt, no estaba comprometido con esa política y se manifestaba reticente en sus declaraciones.

Ligado a Roosevelt por una vieja amistad, Wood no escatimaría esfuerzos para convencer al nuevo mandatario de las ventajas de hacer concesiones comerciales a Cuba. En particular, la carta que remitiera a Roosevelt el 28 de octubre de 1901 parece haber tenido un efecto decisivo. Los argumentos de Wood eran descarnados: «Por naturaleza ese es un país productor de azúcar y tabaco; y como de todos modos debemos controlar su destino, y es probable que pronto la poseamos, considero que sería político hacer lo que podamos por desarrollarla y convertirla en un país próspero.»

Después de afirmar que Cuba, junto a las recientes adquisiciones territoriales, posibilitaría a Estados Unidos dominar el negocio azucarero del mundo, intentaba despejar las preocupaciones que pudiesen asaltar al presidente por una posible oposición de los productores domésticos de azúcar, asegurando que:

> ...es probable que tan pronto nuestros productores nacionales de azúcar comprendan que nuestra política es darle una oportunidad a Cuba, trasladen, sin lugar a dudas, sus industrias a la misma, y la Isla, bajo el ímpetu de una energía y un capital nuevos, no sólo se desarrolle sino que se americanice gradualmente...[30]

El presidente respondió manifestándose encantado por tan ilustrativa exposición de beneficios, y aseguró al gobernador «que lo habré de respaldar de todo corazón». Haciendo buenas sus palabras, Roosevelt dedicaría un párrafo de su primer mensaje al Congreso a solicitar concesiones comerciales para Cuba, en plena coincidencia con el informe presentado por su secretario de Guerra, Elihu Root.

Para arrancar concesiones a un Congreso que se mostraba reacio a los tratados comerciales, resultaba necesario que la reciprocidad se exhibiese como el mayor anhelo del pueblo cubano. Las corporaciones deberían, por tanto, emplearse a fondo para conseguir un masivo respaldo a sus demandas. Apoyándose en la notable baja experimentada por el precio del azúcar durante el año 1901, los «económicos» se lanzaron a la palestra para convencer a la opinión pública de que sólo la reciprocidad salvaría a Cuba de la ruina. Hasta qué punto ello era cierto, es algo que merece ser dilucidado.

¿Resultaban las concesiones arancelarias un requisito indispensable para que Cuba recuperase su posición en el mercado norteamericano? El desarrollo de la industria remolachera en Estados Unidos, así como la producción de azúcar en las nuevas posesiones insulares representaban, indudablemente, una amenaza para Cuba. Pero este era sólo un peligro potencial, según puede apreciarse en la siguiente tabla:

Tabla 5.1

ESTADOS UNIDOS: ABASTECIMIENTO DE SU MERCADO AZUCARERO (1897-1901)

Fuente de abasto		Proporción media del consumo
Estados Unidos	Total	14,3
Caña		11,1
Remolacha		3,2
Posesiones insulares	Total	14,8
Hawai		12,0
Puerto Rico		2,1
Filipinas		0,7
Cuba	Total	16,6
Otras áreas extranjeras	Total	54,3

Tomado de: U.S. Tariff Commission: *Sugar. Report to President*, Washington, 1934, p. 159.

El aporte conjunto de la remolacha y de las posesiones insulares al abastecimiento de azúcar de Estados Unidos era relativamente modesto, pues cubría únicamente el 18% del consumo. No eran, por tanto, ni la producción doméstica ni la de las áreas insulares las verdaderas competidoras del azúcar cubano, sino el dulce importado de otros países –principalmente Alemania– que había llenado el vacío dejado por Cuba durante la Guerra de Independencia.

Determinado el adversario real, inmediato, conviene ahora precisar las condiciones competitivas, de las cuales la siguiente tabla ofrece una apropiada imagen:

Tabla 5.2

ESTADOS UNIDOS: PRECIOS Y DERECHOS PAGADOS POR EL AZÚCAR EN 1899 (en ctvos. de dólar por lb)

	Alemania	Cuba	Java	P. Rico	Hawai
Precio del azúcar *	4,50	4,50	4,50	4,50	4,50
Recargos (total)	2,044	1,810	2,035	0,212	0,360
Tarifa arancelaria	1,685	1,685	1,685	-	-
Derecho compensatorio	0,259	-	-	-	-
Flete estimado	0,080	0,100	0,300	0,180	0,270
Seguro	0,020	0,025	0,050	0,032	0,090
Subsidio (a deducir)	0,259	-	-	-	-
Valor F.O.B.	2,715	2,690	2,465	4,288	4,140

* C.I.F., New York.
Tomado de E. Root: *The Military and Colonial Policy of the United States*, Cambridge, 1916, p. 174.

Como puede observarse, los principales competidores de Cuba no disponían de ventajas sustanciales. El azúcar de Alemania, que gozaba de subsidio, había sido gravada por el arancel Dingley con un derecho compensatorio que anulaba el efecto del mismo. Luego, desde el punto de vista del precio F.O.B. –aproximadamente lo que recibe el vendedor– la situación de Cuba era bastante equilibrada y podía competir. En tales condiciones, la posibilidad de que el azúcar cubano recuperase el mercado de Estados Unidos era tangible, y se demostraba en la práctica por el apreciable aumento de las exportaciones a ese destino entre 1899 y 1901, si bien estas crecieron a un ritmo algo inferior al de la producción.[31] Claro que contra la competitividad cubana conspiraban el dispar desarrollo tecnológico de la industria y, sobre todo, su deplorable estado financiero, expresiones ambas de un insuficiente desarrollo del capitalismo que –agravadas ahora por la guerra– obstaculizaban el crecimiento de la producción y la reducción de los costos.

Conviene llevar ahora la comparación al otro extremo de la tabla. Ni Hawai ni Puerto Rico poseían un potencial productivo capaz de abastecer en breve plazo una proporción importante del mercado norteamericano. Pero sus azúcares, libres de derechos, se vendían a un precio F.O.B. más elevado, lo cual podía representar para los productores un margen superior de rentabilidad. Y eso era precisamente lo que ambicionaban los hacendados cubanos.

La rentabilidad de la industria azucarera de Cuba en aquellos momentos resulta muy difícil de evaluar. La información sobre costos es fragmentaria, dispersa y, sobre todo, disímil, pues a juzgar por los testimonios presentados ante el comité de Medios y Arbitrios de la Cámara de Representantes estadounidense a principios de 1902, el costo por lb podría moverse en un rango desde 1,31 hasta 2,25 ctvos.[32] De atenerse al promedio entonces aceptado, 2 ctvos. por lb, en 1901 al menos una parte de la industria puede haber tenido pérdidas, pues si se deduce del precio promedio C.I.F. New York –4,04 ctvos. por lb– la cantidad correspondiente a impuestos, fletes y seguros –1,810– el precio de venta en Cuba debe haber estado muy cerca de los 2 ctvos. Lo crítico de la situación resulta mucho más claro en 1902, al descender el precio C.I.F. New York hasta un promedio de 3,54 ctvos.

Debido a la depresión de los precios entre 1901 y 1902, cualquier rebaja de derechos representaría un alivio para los productores, una buena parte de los cuales podrían cerrar sus operaciones con saldos favorables. Pero al margen del problema del precio, evidentemente coyuntural, lo que afectaba la rentabilidad de la industria era su alto grado de endeudamiento y las condiciones de crédito imperantes, con tasas de interés realmente leoninas.[33] Al clamar por un preferencial arancelario, la burguesía azucarera no pretendía otra cosa que acrecentar sus ingresos, sólo que perseguía este propósito mediante la obtención de condiciones privilegiadas de realización y no por la vía de la reducción del costo. Con la industria en rehabilitación, sobrecargada de obligaciones hipotecarias y carente de financiamiento, los hacendados veían la reciprocidad como la solución más rápida y asequible a su problema, pasando por alto todas las implicaciones de dicha fórmula comercial.

La obtención de un precio preferencial para el azúcar, además de significar una ventaja para los hacendados, iría también en provecho de los comerciantes –gracias a la estimulación del mercado interno–, así como de los banqueros, que comenzarían a percibir intereses y a recuperar los capitales prestados. Afanosas de conquistar tales beneficios, las corporaciones económicas iniciaron su nueva campaña. La iniciativa correspondió esta vez al Centro de Comerciantes, cuya presidencia había pasado a manos de Francisco Gamba, un español de inclinaciones anexionistas y confidente de Wood. El centro se encargó de elaborar las peticiones, las cuales fueron suscritas de inmediato por las restantes corporaciones. Para presentar estas con la mayor resonancia, se convocó una manifestación para el 3 de octubre en La Habana, que sería respaldada por actos similares en las principales ciudades del país. Ese día, unas quince mil personas recorrieron las calles habaneras hasta llegar al Palacio de Gobierno, donde Gamba, a nombre de las corporaciones, hizo entrega a Wood de las demandas «económicas». Hecho significativo, en esta manifestación del «sentimiento cubano» se había olvidado enarbolar la bandera nacional.[34]

Siguiendo el esquema de la fase anterior del movimiento, también en esta se eligió una comisión que representase sus intereses en Washington. En ella figuraban tanto los hacendados Miguel G. Mendoza, Juan Pedro y Dionisio Velasco, como comerciantes –Gamba y L.V. Placé– y el inevitable Abad, quien junto a Gustavo Bock representaba a la Unión de Fabricantes de Tabacos.[35] La delegación arribó a la capital estadounidense a mediados de noviembre; poco después se le uniría el gobernador Wood, llamado por el presidente para informar sobre la «grave situación económica de Cuba». A fuerza de entrevistas y cabildeos, los comisionados lograron que a principios de diciembre el problema de las concesiones arancelarias acaparase la atención de la opinión pública norteamericana. A ello contribuyó la actividad propagandística desplegada por la American Sugar Refining –el trust encabezado por Havemeyer– que pagaba artículos favorables a la reciprocidad en la prensa periódica, principalmente la de los estados donde los remolacheros gozaban de mayor influencia política. Para mantener el asunto en primer plano, se habían contratado los servicios de James Thurber, experto publicitario que se encargaba de la propaganda en torno a la reciprocidad. Este imprimió miles de folletos, reprodujo artículos de la prensa, concertó entrevistas periodísticas con los representantes cubanos y distribuyó toda esa propaganda entre personas de influencia.

Wood realizó también su contribución personal a la campaña, mediante un artículo escrito para la revista *Outlook*, donde afirmaba que en Cuba no podría sostenerse un gobierno estable sin concesiones arancelarias por parte de Estados Unidos. Tal criterio sería convalidado por la autorizada opinión del recién electo presidente cubano, Tomás Estrada Palma, quien, en los primeros días de 1902, declaraba: «Pedimos y aspiramos que se nos conceda que se rebajen los derechos de los productos principales de Cuba: azúcar y tabaco. Si esta reducción se concede la prosperidad de Cuba será pronta y grande. Si esto se nos niega es la ruina...».[36]

El 15 de enero se iniciaban las audiencias del comité de Medios y Arbitrios de la Cámara, relativas al comercio con Cuba, a las cuales acudieron tanto los partidarios como los oponentes de las concesiones arancelarias. Entre los primeros se contaban los comisionados cubanos, los inversionistas norteamericanos en Cuba –capitaneados por Atkins, quien también representaba los intereses del trust refinador–, así como comerciantes y empresarios que exportaban a Cuba, principalmente los agrupados en la Merchants Association of New York. Apoyados en la caída que estaban experimentando las cotizaciones azucareras en la bolsa, así como en alarmantes noticias llegadas desde La Habana, según las cuales los banqueros se estarían negando a facilitar préstamos a los hacendados, dadas las pobres perspectivas del mercado, los comisionados cubanos se concentraron en presentar un ruinoso panorama de la economía en la Isla, finalidad a la cual coadyuvaron los testimonios de inversionistas como Atkins y Hugh Kelly, quienes ofrecieron informes sobre costos de producción para demostrar que el azúcar se estaba produciendo con grandes pérdidas. Los comerciantes newyorkinos y el administrador de aduanas T.H. Bliss, aportaron numerosos datos y argumentos para ilustrar las dificultades que experimentaban las mercancías estadounidenses, especialmente los textiles y muchos artículos de consumo duradero, para colocarse en el mercado cubano frente a la competencia europea.[37]

Algunos de estos argumentos resultaron contraproducentes, pues vinieron a favorecer la tesis de los oponentes a las rebajas, quienes aducían que con la reciprocidad se pretendía fomentar un doble monopolio: uno en el mercado azucarero norteamericano, que quedaría bajo el control del trust, y otro en el cubano, el cual sería monopolizado por los comerciantes estadounidenses. Los testimoniantes contra la reciprocidad eran, principalmente, los remolacheros, encabezados por H. T. Oxnard, de la American Beet Sugar Association, diversos representantes de sociedades de cultivadores y fabricantes de tabaco, así como los azucareros de Louisiana.

Aunque en un principio pareció que los defensores de la reciprocidad llevaban las de ganar, la balanza comenzó a inclinarse en la dirección contraria. Hacia allí pesaban los argumentos de los remolacheros, quienes apuntaban que si se deseaba salvar a Cuba de la ruina, debían facilitársele recursos financieros y no perjudicar a una industria doméstica y, sobre todo, las posiciones de algunos legisladores, que comenzaron a cuestionarse si no sería preferible la anexión de la Isla.[38]

Mientras esto acontecía en Washington, en La Habana las corporaciones convocaban a una masiva reunión en el teatro Tacón, contando con el respaldo de los partidos políticos. Vago eco de la asamblea que celebrara allí diez años antes el original Movimiento Económico, esta reunión reiteró su apoyo a los comisionados que actuaban en Washington, asegurando que estos tenían la representación de las «fuerzas vivas» de la sociedad cubana, tras lo cual se acordó declarar «que del Gobierno de Estados Unidos depende en absoluto la salvación de la riqueza de Cuba» y que al ejercer este el poder supremo en la Isla, no podía «permanecer indiferente a la desaparición de su riqueza y estaba en el deber de protegerla y fomentarla».[39]

A pesar de tanto esfuerzo, las cosas decididamente no marchaban bien para los «económicos»; el presidente Roosevelt tuvo que poner en juego toda su influencia para conseguir que las concesiones a Cuba fuesen consideradas por el Congreso, lo cual obtuvo sólo a medias, gracias a una propuesta del representante Payne. Dicho proyecto resultaba muy limitado, pues proponía una rebaja del 20% de derechos al azúcar cubano por un breve plazo –hasta diciembre de 1903–

y ello si Cuba se avenía a cumplir ciertas condiciones.[40] El proyecto Payne resultaba francamente desalentador y fue atacado por las corporaciones cubanas, que consideraban insuficientes las rebajas previstas. El «movimiento económico», aunque ya perdía sus bríos, continuó promoviendo sus demandas en Washington, mediante artículos de prensa y cartas abiertas, en cuyos argumentos ya se reflejaba la desesperación.[41]

La propuesta del representante Payne fue finalmente aprobada por la Cámara y remitida al Senado para su consideración. Mientras tanto, los remolacheros –que enfrentaban una demoledora ofensiva del trust refinador sobre los mercados del Medio Oeste– habían hecho prosperar su tesis de que Havemeyer y sus asociados serían los principales beneficiarios de la reciprocidad. Se consiguió así articular una coalición de elementos proteccionistas y antitrust que congeló el proyecto en el Senado, transfiriéndolo a una comisión investigadora. Poco después, la investigación senatorial provocaría un escándalo, al conocerse que Wood había entregado 15 mil pesos del Tesoro de Cuba para financiar la propaganda de Thurber, quien también recibía dinero del trust para ese fin. Las esperanzas de que el legislativo otorgase las concesiones estaban liquidadas; la legislatura concluiría en julio sin acuerdo alguno sobre el comercio cubano.[42]

El Movimiento Económico no llegó a recibir esta última decepción. Tras un acelerado proceso de descomposición, su ejecutivo decidió traspasar las responsabilidades al gobierno cubano recién constituido. El fracaso del movimiento produjo efectos encontrados en los círculos burgueses. El anexionismo, tendencia que de manera más o menos solapada había acompañado a la campaña económica desde su origen, cobró fuerza en la medida en que se hacían evidentes los signos de la frustración. En marzo, una «liga cubanoamericana» recogía firmas en la Isla a favor de la anexión, siguiendo el consejo de ciertos congresistas en Washington, que durante las audiencias habían señalado que los productos cubanos sólo quedarían libres de derechos en Estados Unidos mediante la anexión.⁴³

Los resultados de las audiencias congresionales en Washington recordaban demasiado a las «juntas informativas» que en su momento convocara el gobierno colonial español. Algunos independentistas que habían confiado honestamente en las posibilidades de la campaña «económica», reconsideraban, ante su fracaso, la lastimera táctica empleada. «En la forma en que hemos pedido a Estados Unidos –apuntaba un editorial de *La Discusión*– nada conseguiremos [...]. El problema hay que plantearlo de otra manera [...]. Habrá que hablar muy claro y decir: venimos a solicitar un arreglo económico, pero no a cambio de anexiones o incorporaciones degradantes...»⁴⁴ En ese instante de recuento y reflexión se dejaban oír también las voces de los sectores populares. En marzo de 1902, *Alerta* –órgano de la Liga de Trabajadores Cubanos– llamaba a salvar la república de los traidores que abdicaban de la dignidad por conveniencias particulares, mientras que el dirigente obrero marxista Carlos Baliño enjuiciaba la situación y proponía fórmulas para enfrentarla:

> Sin libertad económica, la libertad política no es más que un espejismo engañoso [...] dueño ya de sus destinos está hoy el pueblo de Cuba esperando con anhelo la decisión del Congreso americano sobre la modificación de las tarifas porque de ella depende su prosperidad o su ruina...

> Pero el pueblo que desplegó inteligencia y energía para conquistar su libertad política, puede desplegarlas para conquistar su libertad económica si se libra de ciertas sugestiones implantadas en su mente, si el Estado, desechando dogmas económicos que ponen la vida de este pueblo a merced de intereses extraños, por su propia

cuenta y por su propia iniciativa pone a los hombres que se hallan en ociosidad forzosa a sacar una gran variedad de productos de las tierras que le pertenecen...[45]

La reciprocidad cristaliza

El 20 de mayo de 1902, la República de Cuba quedó formalmente instaurada. Asumía la presidencia Tomás Estrada Palma, decidido partidario de la reciprocidad, quien se refirió a ella extensamente en su mensaje inaugural al Congreso, calificándola de remedio inmediato a la crisis que atravesaba el país. Las circunstancias eran realmente críticas, pues el azúcar había llegado a cotizarse a menos de 1,80 ctvos. por lb, precio que tendía a deprimirse todavía más por la retención de grandes cantidades de azúcar en los almacenes, en espera de la rebaja del arancel norteamericano. Sin embargo, como la cuestión de la reciprocidad estaba aún bajo la consideración del Senado en Washington, el gobierno cubano no dio paso alguno en espera de las decisiones de ese cuerpo legislador.

En Estados Unidos, el cierre de la legislatura el 1ro. de julio, sin que se lograse un acuerdo respecto a las concesiones a Cuba, representaba un duro revés para la administración Roosevelt. La ocupación militar de la Isla había concluido sin anudar los lazos de la dominación comercial; ya constituida la República cubana –no obstante la limitada soberanía de esta– dicha operación se haría más engorrosa.

Cuba no era, ciertamente, una posesión comercial de Estados Unidos. Aunque con las rebajas arancelarias decretadas al implantarse la ocupación militar, las mercaderías norteamericanas habían llegado a constituir el 45% de las importaciones cubanas en 1899, durante los años subsiguientes estas habían experimentado un leve pero inquietante descenso frente a la competencia europea, reduciéndose su proporción a un 43,7% en 1900 y a un 42% en 1901, tendencia que se mantendría en 1902, año en que las importaciones de origen estadounidense registraron una pérdida de 3 millones de dólares, constituyendo sólo el 40,5% de las importaciones totales.

El administrador norteamericano de las aduanas de la Isla, quien en su último informe había examinado cuidadosamente la situación competitiva de los productos estadounidenses, afirmaba que muchos de estos se hallaban en desventaja, debido a sus más elevados costos de producción, al pago de fletes comparativamente más altos, su menor adecuación a los gustos del país y condiciones crediticias menos favorables. Por todo ello concluía que:

> ...los Estados Unidos han llegado casi al límite de su desarrollo comercial respecto a Cuba [...] o tienen que conformarse con este estado, o tienen que obtener nuevas ventajas por el método que parece ser el único que puede ponerse en práctica y ser eficaz, a saber, obtener concesiones especiales de Cuba para los productos de Estados Unidos.[46]

Por otra parte, los capitales norteamericanos invertidos en la Isla –acrecentados durante los años de la ocupación con la adquisición o fomento de una docena de centrales azucareros, amén de otras empresas– y los que aspiraban a invertirse, confiaban en que la reciprocidad aseguraría sus negocios. A estos intereses debía añadirse uno de carácter estratégico: dada la ventajosa posición de Cuba respecto al proyectado canal de Panamá, el control militar de la Isla y su estabilidad política resultaban imprescindibles para los Estados Unidos.

Si los intereses norteamericanos en la reciprocidad eran sólidos y crecientes, el entusiasmo por dicha fórmula comercial parecía estarse desvaneciendo en Cuba. El sentimiento nacionalista que aflorara tras las frustración de las gestiones ante el Congreso estadounidense, había dado lugar a propuestas para elevar los aranceles e incluso a rumores de que el gobierno cubano podía estar al iniciar la negociación de un tratado comercial con Inglaterra.[47] Mucho más objetivo era, sin duda, el mejoramiento de las perspectivas comerciales para el azúcar. En marzo de 1902 se había firmado una convención azucarera en Bruselas por parte de los mayores productores y consumidores europeos –excluyendo a Rusia–, que prohibía subsidiar la producción y exportación de azúcares. El interés de las partes contratantes por cumplir dicho convenio resultaba manifiesto y ello beneficiaba considerablemente la posición de los productores de azúcar de caña, quienes verían repuntar las cotizaciones del dulce desde finales de ese año, favorecidas además por una mala cosecha remolachera en Europa.

Roosevelt, decidido a afianzar el control económico sobre Cuba, se propuso con el mayor ahínco conseguir el rápido establecimiento de la reciprocidad, ahora por la vía de la concertación de un tratado de comercio, único procedimiento a su alcance tras la instauración del Estado cubano. El 30 de junio de 1902, el ministro de Cuba en Washington, Gonzalo de Quesada, informaba a su gobierno que una comisión designada por Roosevelt redactaba el borrador de un tratado comercial con Cuba. Cuatro días después, el secretario de Estado, John Hay, entregaba a Quesada el proyecto concluido. Se abría así el complejo proceso de negociaciones en torno al tratado de reciprocidad.[48]

El proyecto presentado por Estados Unidos era sumamente desproporcionado. Mientras sólo se le concedía a Cuba un 20% de rebaja en los derechos de sus productos al ser importados en Estados Unidos, Washington exigía reducciones del arancel cubano que oscilaban entre un 20 y un 40%, según las partidas. Los norteamericanos justificaban la disparidad arguyendo que el valor global de las exportaciones circulantes en uno y otro sentido favorecía a Cuba, pero esto no ocultaba el hecho de que las concesiones mutuas distaban de ser equitativas, con serios perjuicios para las recaudaciones de las aduanas cubanas.

Consciente de la grave responsabilidad que asumiría al refrendar tan dispar convenio, el gobierno de Cuba dilató su respuesta, intentando ganar tiempo para elaborar una contrapropuesta bien fundamentada. En septiembre, la cancillería estadounidense, inquieta por la dilación, instruyó a su ministro en La Habana, H. Squiers, para que apremiase al gobierno cubano, con el pretexto de que el tratado debería estar firmado antes de noviembre para poder preparar cuidadosamente su presentación ante el Senado. En realidad, el gobierno norteamericano estaba preocupado por ciertos informes confidenciales según los cuales Cuba intentaba elevar sus aranceles antes de la firma del convenio, así como que se estaba negociando subrepticiamente un tratado con Gran Bretaña. Al explicar las causas de la demora, la parte cubana informó que esta obedecía a que una comisión estudiaba el proyectado arreglo, puesto que se entendían insuficientes las rebajas otorgadas a los productos de la Isla y, además, a la necesidad de colocar ciertas producciones domésticas en condiciones de poder sobrevivir a las concesiones arancelarias solicitadas. Poco después, el ministro Quesada recibía el informe de la comisión y las instrucciones que se derivaban de este. La comisión revisora –presidida por Rafael Montoro– había concluido que el tratado reduciría seriamente los ingresos fiscales, afectaría las relaciones con otros países y liquidaría industrias nacientes. En consecuencia, se recomendaba a Quesada obtener mayores rebajas para el azúcar y el tabaco o, en su defecto, reducir las concesiones cubanas, equiparándolas a las de Estados Unidos.[49]

Aun antes de conocer la respuesta cubana, la diplomacia estadounidense puso en juego todo un sistema de presiones para doblegar la resistencia del gobierno de Estrada Palma. Tratando de neutralizar cualquier apoyo externo a la posición de Cuba, se cursó una queja al *Foreign Office* británico, indicándole que su representante en La Habana, Lionel Carden, obstaculizaba las negociaciones cubano-norteamericanas.

«Aliados» de la causa por la reciprocidad –como R.B. Hawley, de la Cuban American Sugar– visitaron al ministro Quesada para advertirle que cualquier exigencia cubana de rebajas superiores a un 20% haría fracasar la ratificación del convenio por el Senado norteamericano. Se llegó incluso hasta la presión militar: como simultáneamente se estaba negociando el tratado sobre las estaciones navales de Estados Unidos en Cuba, se realizaron movimientos de tropas en la Isla, alegando que estos resultaban inevitables mientras las fuerzas estadounidenses no pudiesen concentrarse en las bases cedidas por Cuba.

Los adalides del disuelto Movimiento Económico –Placé, Lacoste, Gamba y otros– fueron llamados a conversar con el ministro Squiers, quien se proponía fomentar la inquietud de las «clases representativas» por el futuro del tratado. Al mismo tiempo, el ministro advertía a Estrada Palma que la demora en las negociaciones afectaría «a los hacendados de aquí que podrían agitar nuevamente el asunto de la anexión...».[50] Se llegarían a utilizar hasta las demandas del proletariado habanero durante la «huelga de los aprendices», para demostrar la urgente necesidad del tratado como estabilizador social.

Al finalizar noviembre, la resistencia del gobierno cubano se había debilitado considerablemente. En esos instantes, llega a La Habana el general Tasker H. Bliss, quien había sido despachado con la mayor urgencia, encomendándosele «obtener de Cuba todo lo posible con mínimas concesiones de nuestra parte».[51] Washington había resuelto imponer el tratado en su concepción original: no otorgaría rebajas superiores a un 20% ni aceptaría que las concesiones cubanas quedasen a ese nivel, el cual consideraba insuficiente para colocar con ventaja muchos productos de Estados Unidos frente a los europeos.

Bliss confesaría haber encontrado en La Habana un «sentimiento muy desagradable» (*very nasty feeling*), «inamistoso a cualquier tratado», lo cual atribuía a la recuperación del precio del azúcar y la negativa influencia de los poderes europeos, al extremo de que los funcionarios cubanos designados para la negociación le comunicaron que les resultaba indiferente concluir o no el convenio.[52] Es difícil precisar hasta qué punto esto era cierto o si Bliss intentaba simplemente realzar su capacidad negociadora, así como si resultaron tan eficaces sus argumentos para demostrar a los representantes de Cuba que el tratado propuesto resultaba equilibrado. En cualquier caso, lo cierto es que estas negociaciones finales constituyeron una rendición en toda la línea por parte del gobierno de Estrada Palma.

El tratado de reciprocidad comercial entre Cuba y Estados Unidos fue firmado el 11 de diciembre de 1902. Nueve días antes, en su mensaje anual al Congreso, Roosevelt anunciaba la pronta remisión del tratado, advirtiendo que:

> ...en un sentido Cuba ha venido a ser parte de nuestro sistema político e internacional [...]. Yo urjo la adopción de la reciprocidad [...] porque es en alto grado [...] para nuestros intereses tener el control del mercado cubano y por todos los medios fomentar nuestra supremacía en las tierras y aguas tropicales al Sur de nosotros...[53]

La firma del convenio no constituía el colofón del escabroso proceso de la reciprocidad. Faltaba aún su ratificación por parte de los Senados de ambos países signatarios, trámite que prometía presentar más de un escollo. Aunque la administración Roosevelt había preparado cuidadosamente este nuevo *round* con el legislativo, mediante una labor de persuasión casi personal con los senadores, los adversarios eran todavía numerosos.[54] En Cuba, el camino no estaba mucho más expedito. La desproporción del convenio era demasiado evidente para que pudiese escapar a la sensibilidad patriótica de algunos senadores.

Previendo cualquier posible oposición, desde el mismo momento en que se firmó el tratado había echado a andar la maquinaria propagandística que acompañara al Movimiento Económico. Las corporaciones hicieron llegar sus felicitaciones a Estrada Palma y, una vez más, el *Diario de la Marina* salía a la palestra para demostrar con falacias y sofismas que el convenio era una muestra de la «generosidad americana».[55] Una «comisión mixta» de las corporaciones se encargaría de asegurar la coordinación de los intereses oligárquicos en apoyo a la ratificación del tratado.

El 4 de marzo de 1903 se iniciaron los debates en el Senado cubano. Previamente, su comisión de Relaciones Exteriores había conocido en audiencia pública las opiniones de las corporaciones, las cuales se pronunciaron unánimes por la ratificación. Pero la oposición no podría ser conjurada. Tras la apertura del debate, el senador Salvador Cisneros Betancourt hizo leer una declaración donde calificaba al tratado como una derivación de la enmienda Platt, aclarando que se abstendría de debatirlo por considerarlo una imposición de la «nación interventora». Aunque Manuel Sanguily ensayó una maniobra dilatoria –posponer el debate hasta conocer las conclusiones del Senado norteamericano–, se hizo claro que una mayoría de senadores deseaba imprimirle celeridad al proceso legislativo. El dictamen de la comisión de Relaciones Exteriores, que serviría de base a las deliberaciones, era un documento débil, cuyo contenido en gran parte se dedicaba al examen de los antecedentes, haciendo sólo consideraciones muy generales en favor del convenio. Al entrar en materia, el dictamen terminaba por reconocer que «...el pueblo de Cuba puede desear que sus relaciones mercantiles con Estados Unidos se regulen de manera más favorable...», no obstante lo cual recomendaba la ratificación del convenio «...porque en conjunto y en tesis general, favorece los intereses de la nación».[56]

Abiertos los debates, se consumieron turnos a favor y en contra del dictamen hasta que, en la sesión del día 9, Manuel Sanguily pronunció la pieza oratoria central de la oposición.

Después de poner de manifiesto la insuficiencia del dictamen y descartar que el tratado no pudiese ser modificado por el Senado, el orador se adentró en el examen del articulado. Sin descuidar los aspectos económicos, Sanguily centró su análisis en las implicaciones políticas del convenio, denunciando las relaciones entre el acuerdo comercial y las actividades de los trusts norteamericanos, que estaban apropiándose de la Isla. Frente al argumento de que sólo el tratado salvaría a Cuba de la ruina, Sanguily abordó las raíces de la crisis, advirtiendo que con la abolición de los subsidios remolacheros, el azúcar cubano podría colocarse fácilmente en Estados Unidos y en otros mercados, sin necesidad de convenios. El ardoroso alegato concluía con una exhortación a defender la República «...aún en frente de los mismos Estados Unidos».

La defensa del tratado estuvo a cargo de Antonio Sánchez de Bustamante, talentoso jurista, cuyo bufete representaba los intereses de importantes firmas extranjeras y nacionales. En un largo discurso de notable consistencia lógica, Sánchez de Bustamante trató de rebatir las tesis de los oponentes; apeló a subterfugios legales para explicar por qué el Senado no podía enmendar el texto del convenio, y a la teoría económica para argumentar cómo podrían sobrevivir las industrias locales afectadas por las concesiones arancelarias. En evidente respuesta a la tesis central de Sanguily, sostuvo que el convenio consolidaría a la nación al robustecer su economía y afirmar su personalidad internacional, todo lo cual disiparía los peligros de la anexión, asegurando que, al retirarse a su hogar «... creeré percibir entre sueños la imagen dulce y serena de mi patria, grande y rica, mostrando a todos su prosperidad asombrosa como el asiento inconmovible de la independencia y la libertad». Sin dar margen a la réplica, el presidente del Senado puso el asunto a votación, con lo cual el convenio fue ratificado por una mayoría de dieciséis votos contra cinco.

El 19 de marzo, el Senado norteamericano también ratificaba el convenio. El favorable consenso logrado no fue resultado de una más convincente argumentación en pro de la reciprocidad, sino de la encubierta maniobra que el trust refinador venía desarrollando desde meses antes. Después de inundar los mercados habituales de los remolacheros con azúcares apreciados por debajo de su coste, Havemeyer y sus asociados habían comenzado a comprar acciones de las empresas remolacheras, haciéndose con el control de un buen número de ellas.[57] Esto provocó un cambio de frente en muchos senadores de estados remolacheros, que se pasaron a las filas de los partidarios de la reciprocidad. Pero el éxito no fue completo, pues en el curso de las discusiones se aprobaron cuatro enmiendas al texto del tratado, por lo cual este tendría que ser aprobado nuevamente por el Senado cubano, en un debate que prometía ser aún más enconado que el primero.[58]

Otra vez las veleidades del legislativo estadounidense ponían en tensión las fuerzas de la burguesía en Cuba. Tanto la «comisión mixta» como las corporaciones individualmente, se apresuraron en declarar que el tratado debía aceptarse con las enmiendas. Simultáneamente, la prensa oligárquica, con el *Diario de la Marina* a la cabeza, se lanzó a un feroz ataque contra los senadores que se habían opuesto al convenio en la primera ronda de debates.[59] La principal virtud de esta segunda ronda fue poner al desnudo los verdaderos intereses que sustentaban la reciprocidad. Los senadores Ricardo Dolz y Sánchez de Bustamante defendieron abiertamente la ratificación desde el punto de vista de las «clases productoras», esgrimiendo en su favor los criterios de las corporaciones económicas. Ello haría exclamar a Sanguily:

> ...¿qué quiere decir una clase productora? Una clase que produce dinero o una clase que produce valores. Porque si se trata de la clase que produce valores, estos señores que firman de seguro no sudan tanto como los que no firman y tienen a sus órdenes [...]. El sentimien-

to del país no está aquí, aquí están los nombres de los comerciantes, de los industriales, de esos señores hacendados que aparecieron ayer.
No basta decirle al pueblo que asegurando el mercado de Estados Unidos para el azúcar y el tabaco nadaremos en oro [...] el pueblo seguirá lo mismo, se enriquecerán unos cuantos, esta es la verdad positiva y el resultado [...] ha de ser funesto para Cuba; y eso es lo que yo he querido decir, por encima de todos los valores y todos los comerciantes y de todos los industriales, de todos los extranjeros, está y debe estar la independencia de Cuba.[60]

Sanguily y Bustamante se enfrentarían por última vez en la sesión del 28 de marzo. El primero insistió en la necesidad de poner la conservación de la nacionalidad por encima de toda consideración, mientras el segundo llamaba a dejar de lado escrúpulos de orgullo que harían morir «una gran esperanza de progreso y salvación». Esta vez, los opositores al tratado ascenderían a nueve, pero resultaron derrotados nuevamente, ahora por una mayoría de sólo dos votos.

Transcurrirían aún varios meses antes de que el tratado se hiciese efectivo, pues la Cámara estadounidense no otorgó su aprobación hasta diciembre. Con la puesta en vigor del convenio se establecían los fundamentos de un sistema de comercio destinado a perdurar por varias décadas.

Notas

[1] Ph. Foner: *La guerra hispano-cubano-norteamericana...*, La Habana, 1978, t. II, pp. 195-200.
[2] Citado por Louis Pérez, Jr. en: *Cuba under the Platt Amendment*, Pittsburgh, 1986, pp. 34-36, texto en el que se aporta abundante información sobre estas manifestaciones.
[3] Así lo reconocían el hacendado Gabriel Camps en un artículo publicado por la *Revista de Agricultura* (1ro. de septiembre de 1900, pp. 36-37) y T. H. Bliss, el administrador de aduanas de la Isla, quien, en carta al general James Wilson, el 12 de enero de 1902, recordaba que era «...bien conocido que los ingenios existentes a principios de 1899 eran perfectamente capaces de moler la mayor zafra cañera que se hubiese realizado en Cuba...», y añadía información sobre algunas regiones. James H. Wilson Papers. Manuscript Division, Library of Congress, EE.UU.
[4] *Revista de Agricultura*, 1ro. de julio de 1900, pp. 2-3. La revista consideraba que la cancelación de dicha deuda requeriría probablemente un 20% más de capital, en atención a derechos fiscales, notariales, etcétera, y advertía que el mayor número de fincas endeudadas se concentraba en las provincias occidentales.
[5] Temeroso de que las amplias facultades de las autoridades norteamericanas en Cuba constituyesen una fuente de corrupción, el senador J. B. Foraker consiguió hacer aprobar una enmienda que impedía a estas otorgar concesiones de índole económica. Sobre la situación financiera y la política del gobierno interventor, *cfr*. Louis Pérez, Jr.: ob. cit., pp. 63-69.
[6] Esto lo reconocería años después el general James H. Wilson, quien fuera gobernador de Matanzas y Santa Clara durante el primer año de la intervención. *Cfr.*: «Cuba revisited», James H. Wilson Papers. Manuscript Division. Library of Congress.
[7] R.G. Blakey: *The Unites State Beet Sugar Industry and the Tariff*, New York, 1912, cap. II.
[8] En su informe anual, el mayor Bliss, administrador de las aduanas, se quejaba de que la conservación del arancel español dificultaba los trabajos de las dependencias a su cargo, pues este había sido concebido para que los oficiales de aduana pudieran esquilmar a los importadores y defraudar al gobierno. «Report of Tasker H. Bliss, Collector of Customs for Cuba», en: Cuba. Gobernador militar (L. Wood): *Civil Report, 1901*, Washington,

1902. Un observador norteamericano reconocería años después que «...la nueva tarifa era claramente ventajosa para los productos americanos...» y que «una tarifa que hubiese estimulado a la gente de la Isla a una más extensa producción para el consumo hubiese representado mayor ventaja para Cuba...». A.G. Robinson: *Cuba and the Intervention*, New York, 1905, p. 166.

[9] Los criterios de los comerciantes aparecen plasmados en *Informe y proyecto de reformas al vigente arancel de aduanas elevado al Excelentísimo Señor Presidente de los Estados Unidos de América por el Centro General de Comerciantes e Industriales*, La Habana, 1899. Sobre los resultados de la gestión del Círculo, *cfr*.: «Los hacendados y la reducción de derechos al azúcar», *Revista de Agricultura*, 1ro. de enero de 1900.

[10] Ph. Foner, en *La guerra hispano-cubano-norteamericana...*, La Habana, 1978, pp. 200-204, ofrece abundante información sobre estos acontecimientos. Como reflejo de la situación, en un curiosísimo despacho del 8 de diciembre de 1899, el ministro español en Washington informaba a la cancillería madrileña sobre rumores de un levantamiento en Cuba, el cual consideraba que conduciría inexorablemente a la anexión de la Isla, y añadía: «...visto que la mayoría de los españoles residentes en ella consideran que la anexión les ofrece mayores garantías para su seguridad e intereses no tiene la cuestión para nosotros especial importancia...», no obstante lo cual manifestaba su alarma, pues se decía que estaban llegando a Cuba grupos de soldados y oficiales españoles licenciados, contratados por una agencia cubana que preparaba el levantamiento. AAE: *Correspondencia* (legación EE.UU.), signatura 1481.

[11] Cit. por L. Pérez, Jr.: *Cuba under the Platt Amendment*, p. 40.

[12] Este y otros párrafos de la presente sección reproducen contenidos del epígrafe homónimo de nuestro libro *Los cautivos de la reciprocidad*, La Habana, 1989; otros fragmentos del capítulo 2 de dicha obra han nutrido también el texto.

[13] La información procede del testimonio vertido por el propio Abad en «La Enmienda Platt y el Tratado de Reciprocidad», serie de artículos publicados por el *Diario de la Marina* en febrero y marzo de 1933. Aquí se cita a partir del original situado en la Colección Cubana de la Biblioteca Nacional de Cuba José Martí, fondo *Abad*, manuscrito 195.

[14] Reproducido por el *Diario de la Marina*, 22 de noviembre de 1900, p. 2.

[15] *Ibid.*, 22 de diciembre de 1900, p. 1.

[16] *Revista de Agricultura*, enero de 1901, pp. 85-86.

[17] *Ibid.*, suplemento del número de enero de 1901. Además de estos puntos, el Círculo de Hacendados acordó solicitar particularmente la prórroga de los créditos hipotecarios, la creación de bancos agrícolas y el fomento de la inmigración.

[18] La carta estaba dirigida a Whitelaw Reid, director del *Tribune* de New York y amigo personal del presidente McKinley. Colección Cubana, BNC, fondo *Abad*, manuscrito 4.

[19] Fondo *Abad*: *loc. cit.*, pp. 80-81.
[20] Para el proceso de formulación de la enmienda y las discusiones suscitadas por esta en la convención constituyente cubana, *cfr*. E. Roig de Leuchsenring: *Historia de la Enmienda Platt*, La Habana, 1973.
[21] *Diario de la Marina*, 1ro. de marzo de 1901, p. 2. En la misma fecha, la *Revista de Agricultura*, en un editorial dirigido «A las clases de arraigo», llamaba a la reflexión a los delegados a la Constituyente, advirtiéndoles que «Cuba está pobre, muy pobre, ella no puede resolver sus problemas políticos con la independencia de criterio, con la tranquilidad de espíritu, que sólo puede tener un Estado próspero...»
[22] *Revista de Agricultura*, abril de 1901. En el mismo número aparece el resumen del acta de la reunión donde se acordó redactar la «Exposición».
[23] *Ibid*., mayo de 1901. El Centro, sin embargo, agitaba el fantasma de la anexión, al advertir con lenguaje sibilino que «...pudiera acontecer que la demora en excogitar el remedio más adecuado a los males que padece este cuerpo social, agravase hasta tal punto su estado que fuese necesario aplicar reactivos más enérgicos...».
[24] «El acuerdo de la Sociedad Económica», *Diario de la Marina*, 21 de abril de 1901. Presentada por Miguel Viondi, la moción de aceptar la enmienda fue combatida por Alfredo Zayas y, finalmente, aprobada por mayoría, con las abstenciones de Zayas y Ramón Meza.
[25] C. Edwards: Carta a L. V. de Abad, Washington, 10 de abril de 1901, en: Colección Cubana, BNC, fondo *Abad*, manuscrito 14. La División de Asuntos Insulares era la dependencia encargada en Washington de los asuntos cubanos, al extremo de que algunos la calificaban como la sustituta del ministerio de Ultramar.
[26] Abad a Edwards, manuscrito 22.
[27] El tratamiento de la cuestión comercial por parte de los comisionados, durante sus entrevistas en Washington, puede encontrarse en el informe presentado por ellos ante la convención, publicado en: Cuba. Senado: *Memoria de los trabajos durante las cuatro legislaturas [...] 1902-1904. Mención histórica*..., La Habana, 1918, pp. 467-478.
[28] Colección Cubana, BNC: fondo *Abad*, manuscrito 23.
[29] De hecho, los más importantes convenios concertados desde 1898 se hallaban en suspenso, por no haber conseguido la aprobación senatorial. *Cfr*. Tom Terrill: *The Tariff, Politics and American*..., pp. 203-209.
[30] Cit. por Ph. Foner: *La guerra hispano-cubano-norteamericana*..., t. II, p. 319.
[31] Entre 1899 y 1901, la producción azucarera cubana aumentó desde 332 237 tm hasta 656 186 tm, para un crecimiento de 97,5%. En el mismo lapso, las exportaciones a EE.UU. pasaron de 321 816 tm a 498 487 tm, lo cual representa un crecimiento de 55,7%. La disparidad entre la producción y las exportaciones en 1901 es bastante curiosa, pues los datos de ventas a otros países no acusan un volumen suficiente para cubrir la diferencia, aunque sí circulaban comentarios en esos momentos de que se

acumulaba azúcar en los almacenes, en espera de una rebaja de derechos por parte de EE.UU.
[32] *Cfr.* U.S. House of Representatives. Committee of Ways and Means: *Reciprocity with Cuba*, 57th. Congress, 1st. Session, Washington, 1902. Los datos son además poco confiables, pues el propio T.H. Bliss, administrador de aduanas de Cuba, quien presentó buena parte de ellos, al informarle al general Wilson sobre la situación económica cubana, le advertía: «Ud. verá que me he cubierto en gran medida al decir constantemente: "Si los hacendados y los prestamistas están diciendo la verdad." No tengo la menor duda de que un buen número de plantaciones están haciendo dinero, incluso al más bajo precio que puedan haber recibido por su azúcar. Aquellos que no están sobrecargados de deudas a elevados intereses pueden andar bien, aunque Ud. puede ver que hay muchas plantaciones muy endeudadas...». Bliss a Wilson, febrero 28, 1902. James H. Wilson Papers. Library of Congress. Manuscript Division.
[33] Un socio de la casa de comerciantes-banqueros H. Upmann, confesaba a Bliss que su firma tenía varios millones prestados a una tasa del 20% de interés, y que de acuerdo con los contratos hipotecarios vigentes, algunos prestamistas podían recibir hasta un 35 y un 40%, razón por la cual existían hacendados en Cuba que, aun obteniendo una ganancia bruta del 25%, estaban en condiciones de pagar los intereses de sus hipotecas. Bliss a Wilson, enero 12, 1902. *Ibidem*.
[34] Las peticiones consistían, fundamentalmente, en la admisión libre de derechos en EE.UU. de las mieles y el azúcar crudo, así como en rebajas arancelarias al tabaco en rama, al elaborado, a los alcoholes y aguardientes. *La Discusión*, La Habana, 4 de octubre de 1901, p. 2. Al día siguiente, el mismo periódico comentaba el incidente de la bandera: «Pobre bandera que enarboló Maceo y cubre las mortajas de Céspedes y Martí. Había de llegar un día en que debiera considerarse conveniente el ocultarla.»
[35] En carta a Wilson, Bliss comentaba la composición de la delegación, y expresaba su esperanza de que en vez de escuchar a los comisionados de origen español, «que quieren vender en EE.UU. pero no comprar allí», se dejase oír la voz de Placé, «quien es uno de nuestros más sólidos hombres en Cuba [...] ciudadano americano y plenamente americano en sus ideas [...] que coincide conmigo en que EE. UU. no debe anexarse a Cuba por un buen tiempo, sino hacer a la Isla rica y próspera, atraer a ella capitalistas norteamericanos y americanizarla, hasta que llegue el tiempo en que podamos anexárnosla». Bliss a Wilson, diciembre 9, 1901. James H. Wilson Papers. Library of Congress. Manuscript Division.
[36] *La Discusión*, 9 de enero de 1902, p. 1. Al mes siguiente, Estrada Palma era todavía más explícito, al declarar: «Será imposible para mí y para cualquier otro, establecer un gobierno fuerte y estable en Cuba, a menos que se nos hagan concesiones arancelarias por parte de EE.UU.», *New York Herald*, 3 de febrero de 1902, p. 8.

[37] U.S. House of Representatives. Committee of Ways and Means: *Reciprocity with Cuba*, ed. cit. Para la situación de los artículos norteamericanos en el mercado de Cuba, *cfr.* los testimonios de Corwine de la Merchants Ass. of New York, pp. 64-65; Placé, pp. 43-46 y Bliss, pp. 382-393.

[38] Estas veleidades de la opinión pueden apreciarse muy bien si se siguen las ediciones del *New York Herald* durante la segunda quincena de enero y la primera de febrero de 1902. En el curso de los debates, la principal figura de la oposición parece haber sido el representante Henderson, *speaker* republicano de la Cámara.

[39] A nombre de las diversas corporaciones y partidos, hablaron Gabriel Camps, Carlos Fonts, Antonio Sánchez de Bustamante, Alfredo Zayas y Rafael Montoro; este último insistió en afirmar que las clases populares se hallaban también representadas en la reunión, «porque empieza a propalarse en los Estados Unidos [...] que aquí no se trata más que de una agitación artificial, creada por ciertas clases industriales, por ciertos elementos mercantiles...». Corporaciones Económicas de la Isla de Cuba: *Discursos pronunciados en el meeting que tuvo efecto [...] el 23 de enero de 1902 y acuerdos...*, La Habana, 1902.

[40] Tales exigencias pretendían tranquilizar a quienes aseguraban que Cuba estaría en condiciones de inundar en breve plazo el mercado azucarero norteamericano, mediante la importación masiva de braceros para la cosecha de caña; para satisfacer tales exigencias, se promulgaría la Orden Militar no. 155 del gobierno interventor, dictada en mayo de 1902, con el fin de regular la inmigración.

[41] Abad, en su calidad de secretario de la delegación, dirigió una carta abierta a los congresistas, en la cual afirmaba: «Es un hecho que la Enmienda Platt no sólo limita, sino que transfiere los derechos soberanos de Cuba a los Estados Unidos [...] en vista de la Enmienda Platt las relaciones comerciales con la Isla han sido notablemente simplificadas [...] y deben ser para los Estados Unidos asuntos domésticos.» En su afán por enfatizar la responsabilidad norteamericana sobre Cuba, el autor llegaba a emplear argumentos francamente abyectos, como el de asegurar que Cuba tendría menos autonomía que Canadá y Australia y equiparar la condición de la Isla con la de los protectorados de Khiva y Bujará bajo el imperio ruso. *Cfr.*: Carta abierta a los miembros del Congreso, Washington, 22 de marzo de 1902, en: Colección Cubana, BNC, fondo *Abad*, manuscrito 69.

[42] Al parecer, el aporte de los hacendados y comerciantes de Cuba para la campaña por la reciprocidad fue más bien escaso, pues en cinco meses sólo se recibieron 1 336 pesos, destinados a sufragar las gestiones de los comisionados en Washington. *Ibid.*, manuscrito 176.

[43] Al reiniciarse la campaña económica, en octubre de 1901, se habían producido insistentes rumores de que algunas personas procuraban sacar partido de la movilización para sus ideales anexionistas, y se llegó a afirmar, de manera más concreta, que estaba en formación un partido anexionista

promovido por los hacendados Gabriel Camps y Alberto Broch y por el «jefe del elemento español», Francisco Gamba. *Cfr.*: *La Discusión*, 18 de octubre y 17 de noviembre de 1901. Evidencia de las actividades de la «Liga», parecen haber sido los artículos de franco sabor anexionista publicados por el hacendado E. Casuso, durante el mes de marzo de 1902, en las páginas del *Diario de la Marina*.

[44] El comentarista añadía: «Si se trata de un sitio por hambre, aquí no puede haberla. Y si esta marejada se lleva de encuentro algunos hacendados [...] peor para ellos.» *La Discusión*, 12 de febrero de 1902, p. 2.

[45] El editorial de *Alerta* corresponde al 16 de marzo de 1902 y puede verse reproducido en el Instituto de Historia del Movimiento Comunista y la Revolución Socialista: *El movimiento obrero cubano. Documentos y artículos*, La Habana, 1975, t. I, pp. 184-188, donde también aparece el texto citado de Baliño, que fuera publicado originalmente en *La Discusión*, bajo el título «Independencia económica».

[46] «Report of Brig. Gral. Tasker H. Bliss, General Commisioner on Customs», en: L. Wood: *Civil Report of the Military Governor, 1902*, Havana, 1903, t. III, p. 23. El propio Bliss había afirmado, en su testimonio durante las audiencias congresionales de enero de 1902, que si bien EE.UU. no tenía competidores en el rubro de las maquinarias, y virtualmente monopolizaba las carnes, huevos, harinas y combustibles, eran sobrepasados por otros países en ciertos alimentos –vinos, aceites vegetales, frutas secas, etcétera– y sobre todo en textiles, calzado y otros bienes de consumo duraderos.

[47] Esta atmósfera puede percibirse claramente con la lectura de *La Discusión*, en los números correspondientes al mes de junio de 1902, principalmente los días 3 y 19.

[48] Una imagen relativamente detallada de tal proceso puede obtenerse del tomo IV de la *Historia de Cuba en sus relaciones con Estados Unidos y España* (ed. cit.), de H. Portell Vilá, complementando dicho texto con la obra de Teresita Yglesia: *Cuba: primera república, segunda ocupación*, La Habana, 1976, pp. 96-117. En el primer caso, la secuencia se reconstruye básicamente a partir de la correspondencia diplomática norteamericana, mientras que la segunda se basa en la documentación cubana. En el presente trabajo, dicho proceso se relacionará sólo de modo sumario.

[49] Aunque existen indicios de que el interés de la comisión era obtener mayores rebajas al azúcar y el tabaco, y no tanto la defensa de la producción nacional, la posición de figuras como Carlos de Zaldo y Rafael Montoro en estas negociaciones, introduce interesantes matices en la actitud mantenida por elementos de la burguesía durante esta difícil coyuntura.

[50] Portell Vilá: ob. cit., t. IV, p. 330 y ss.

[51] Leland H. Jenks: *Nuestra colonia de Cuba*, La Habana, 1966, p. 144. Bliss, al narrar al general Wilson las incidencias de esta negociación, confesaría que había sido «lanzado» a la negociación a última hora, y que llegó a La Habana

solo, sin contar con ningún experto o asesor en asuntos comerciales, sin tener tiempo para prepararse, y con instrucciones de concluir el asunto en dos semanas. Bliss a Wilson, diciembre 30, 1902. James H. Wilson Papers, caja 4.

[52] *Ibid.*

[53] Cit. por Teresita Yglesia: *Cuba: Primera república, segunda ocupación*, p. 110.

[54] Al evaluar las perspectivas del tratado en el Senado, Bliss comentaba: «No hay realmente amigos activos en el Congreso. Se ha dicho por miembros del Comité Senatorial que el Tratado de Reciprocidad será ratificado si se somete a votación. Pero no creo que haya nada, excepto una presión de la administración, que consiga ponerlo a consideración.» Bliss a Wilson, febrero 16, 1903. James H. Wilson Papers, caja 4.

[55] La unanimidad de las «clases representativas» a favor del tratado tuvo sus fisuras, como lo demuestra la polémica desatada en la prensa –*La Discusión* y el *Diario de la Marina*– a principios de 1903, por la elección de José de la Puente como presidente del Casino Español, pues este se había manifestado contrario al tratado por los negativos efectos que tendría sobre la importación de productos españoles. *Cfr.* AAE: *Correspondencia. Legación Cuba*, signatura 1430.

[56] La comisión de Relaciones Exteriores estaba presidida por Antonio Sánchez de Bustamante, e integrada por los senadores Domingo Méndez Capote, Ricardo Dolz y Alfredo Zayas; este último presentó un voto particular que impugnaba las conclusiones del dictamen. El debate del tratado puede seguirse en: Cuba. Senado: *Diario de Sesiones*, 2da. legislatura, 40ma. a 45ta. sesiones ordinarias.

[57] En diciembre de 1901, se formó un comité dentro de la American Sugar Refining, presidido por Henry Havemeyer, para controlar el sector remolachero. Entre esa fecha y principios de 1903, el trust adquirió 7,5 millones de pesos del *stock* de la American Beet Sugar, la mitad de las acciones de la Utah-Idaho Sugar Co. y de la Amalgamated Sugar Co., así como gran cantidad de acciones de la Michigan Sugar Co. y de la Great Western, consiguiendo así su objetivo. En 1905, el mismo trust controlaba ya el 68,7% del azúcar de remolacha producido en EE.UU. *Cfr.* U.S. Tariff Commission: *The Effects of the Cuban Reciprocity Treaty*, Washington, 1929, p. 435 y Roy G. Blakey: *The United States Beet Sugar...*, pp. 235-238.

[58] Dos de la enmiendas aumentaban las rebajas concedidas al maíz y los tejidos de algodón, en este último caso porque varios senadores sureños consideraron que la rebaja prevista en los textiles era suficiente para los productores de Nueva Inglaterra, pero no satisfacía a la industria de sus estados. La tercera enmienda exigía una ratificación de la Cámara y la cuarta fijaba la rebaja concedida al azúcar cubano al tipo de derecho previsto por la tarifa Dingley, con lo cual se corría el riesgo de que dicho beneficio desapareciera, de ser reformados o reducidos los aranceles norteamericanos.

[59] En realidad, la única enmienda que preocupaba a las corporaciones era la que exigía la ratificación de la Cámara, trámite que dilataría la entrada en vigor del convenio, dejando fuera de sus beneficios la zafra de 1903. «Acuerdo de la comisión mixta de corporaciones económicas», en ANC: *Secretaría de la Presidencia*, leg. 71, no. 77. El Centro de Comerciantes había manifestado cierto desagrado ante las mayores rebajas concedidas a los textiles, pues ello dañaría todavía más la importación de los géneros españoles.

[60] Cuba, Senado: *Diario de sesiones*, sesión del 27 de marzo de 1903, pp. 10-11.

CAPÍTULO 6

El nuevo patrón comercial

Con el Tratado de Reciprocidad Comercial concertado en 1902, vendrían a consolidarse ciertas tendencias exhibidas por el comercio exterior cubano en las décadas finales del siglo XIX, principalmente la concentración de la actividad exportadora en el mercado norteamericano. Sin embargo, también se abrirían paso otras, como el creciente control de las importaciones de Cuba por abastecedores estadounidenses, que se habían visto obstruidas por el régimen de comercio colonial de España e incluso por la superior competitividad que demostraban los productos de otras naciones en el mercado cubano, en condiciones normales de concurrencia. Ahora, el trato preferencial establecido bajo la reciprocidad estrecharía la dependencia mercantil de Cuba respecto a Estados Unidos, contribuyendo a modelar una peculiar estructura económica, a la vez que imprimiría su sello distintivo en el proceso de modernización de la sociedad cubana.

Las bases del sistema

Verdadero eje del sistema de relaciones comerciales de Cuba republicana, el Tratado de Reciprocidad con Estados Unidos sería, durante un cuarto de siglo, el único instrumento legal de valor práctico en tan importante esfera. El artículo I de ese acuerdo establecía que todas las mercancías de los dos Estados signatarios que disfrutaban de franquicias al momento de suscribirse el convenio, continuarían gozando de ese tratamiento. En lo que a Cuba se refiere, dicho apartado beneficiaba a un corto número de renglones, de los cuales sólo el banano y, en menor medida, el mineral de cobre, tenían cierta importancia comercial. También eran pocas las mercancías norteamericanas a las que se confirmaba la franquicia, pero entre ellas figuraban la madera de pino, el carbón mineral y los implementos agrícolas, renglones de indiscutible relevancia dentro del comercio importador cubano.

Por el artículo II del tratado, Estados Unidos concedía un 20% de rebaja a los restantes productos cubanos importados en aquel país, entre los cuales se encontraban el azúcar crudo y el tabaco y sus manufacturas, así como otra docena de renglones –frutas, mineral de hierro, esponjas, etcétera– de menor peso dentro del intercambio mercantil. En el artículo III, Cuba hacía igual concesión a todas las mercancías norteamericanas, pero con significativas salvedades, pues el artículo IV disponía rebajas superiores –de un 25%, un 30% y un 40%– a tres amplios grupos de mercaderías.

Así, entre los productos de Estados Unidos cuyo arancel se rebajaba en un 20% figuraban las carnes, frutas y vegetales, otros alimentos como huevos, leche condensada, cereales y manufacturas de trigo; el petróleo y sus derivados; aceites animales y vegetales; cemento, café, diversos minerales, fertilizantes químicos y otros renglones, en los cuales, por lo general, la producción norteamericana ostentaba ya la primacía dentro del mercado cubano. Con un 25% de rebaja se beneficiaban los efectos de hierro y acero, la cristalería, el pescado en salmuera y en conserva, así como la porcelana y otros artículos de barro y piedra. Podrían introducirse en Cuba con un 30% de rebaja el calzado, el algodón y sus manufacturas, la harina de trigo y el maíz, el papel, productos químicos y farmacéuticos, la mantequilla, vegetales en conserva y cuchillería e instrumental médico; mientras que el arroz, los tejidos de punto de algodón, los perfumes, esencias y jabones finos, la lana y la seda con sus respectivas confecciones, así como los quesos, recibirían rebajas de un 40%.[1]

Semejante escalonamiento respondía, como se apuntara, al interés norteamericano por colocar sus producciones en una ventajosa posición competitiva frente a otros proveedores del mercado cubano. El tratado debería, por tanto, provocar una progresiva orientación del comercio importador de Cuba hacia Estados Unidos, así como garantizar el aumento de dichas importaciones en la misma medida en que creciese la demanda en el mercado cubano.

La evidente desproporción de las concesiones mutuas, fue justificada en su momento por los negociadores norteamericanos, con el argumento de que el valor de las ventas de Cuba al mercado norteño era muy superior al de sus importaciones, por lo cual el monto total de las rebajas, en términos monetarios, beneficiaría más a la Isla. Pero ello no puede ocultar el hecho de que la significación económica de las concesiones hechas por cada país era muy distinta, y claramente perjudicial para Cuba. Las rebajas otorgadas por Estados Unidos abarcaban un número muy limitado de partidas arancelarias y afectaban, por lo general, a materias primas que, o bien no eran producidas en Norteamérica o se obtenían a un elevado costo, lo cual representaba un beneficio en materia de costos para su industria. Las concesiones cubanas, en cambio, abarcaban casi todas las partidas del arancel y afectaban en su inmensa mayoría a productos elaborados, directamente consumibles o utilizables, entre los cuales se incluía un buen número de artículos que se producían o podían elaborarse en Cuba. Entre estos figuraban el calzado, la cerveza y confecciones de henequén u otras fibras, afectados todos por un 30% de rebaja; quesos, frutas en conserva, objetos de barro, jabones y arroz, cuyos derechos se rebajaron en un 40%; así como una amplia gama de renglones –incluidos el café y el azúcar refinado– comprendidos en la rebaja general del 20%. Luego, una primera y fundamental consecuencia del tratado, sería la de modificar las condiciones de concurrencia en el mercado cubano en un sentido claramente desventajoso para la producción doméstica. Como, por otra parte, la principal beneficiaria de la reciprocidad dentro del sistema productivo cubano sería el azúcar –tanto en mercados como en precio–, que gozaba ya de notables ventajas comparativas, el tratado habría de inducir la aplicación de capitales en ese sector para acentuar así la tendencia monoproductora.

En el terreno fiscal, el régimen de reciprocidad comercial tendría también un sentido muy diferente para las partes signatarias. Las recaudaciones aduanales sacrificadas por el Estado cubano en virtud del tratado eran, en términos de valor, sólo un 25% de las pérdidas que registraría el Tesoro estadounidense por igual concepto, dado el volumen muy superior de las importaciones procedentes de Cuba –sobre todo de azúcar– cuyo arancel se había rebajado. Pero considerado en términos proporcionales, atendiendo al peso relativo de las rebajas concedidas sobre el total de las recaudaciones aduaneras, el sacrificio del naciente Estado cubano triplicaba las pérdidas del fisco norteamericano.[2]

Las recaudaciones de aduana representaban las tres cuartas partes de los ingresos del Estado en Cuba, por lo cual se hizo imperioso compensar de alguna forma las pérdidas ocasionadas por el Tratado de Reciprocidad Comercial, para garantizar el normal funcionamiento de la Hacienda pública. A tal efecto, en febrero de 1904, el gobierno cubano introdujo recargos en casi todos los adeudos del arancel. De las trescientas cuarenta y cinco partidas que componían este, más de trescientas sufrieron recargos de un 25% o un 30%, mientras que otras veinticinco partidas –principalmente diversos géneros textiles, fueron elevadas en un 15 o un 20%.[3]

Esta era una medida que, de cierto modo, había sido prevista por los negociadores norteamericanos del tratado y cuyo efecto inmediato, además de asegurar las recaudaciones del Estado en Cuba, sería el de aumentar el margen preferencial de los productos estadounidenses. Aunque estos, desde luego, también vieron incrementarse sus pagos aduanales en un 10% aproximadamente, sufrieron, de manera proporcional, mucho menos que las mercancías del resto de los países que no tenían concertado ningún tipo de rebaja con Cuba y, en consecuencia, aumentaron automáticamente su ventaja arancelaria.[4]

Esta modificación del arancel, la primera decretada por un gobierno cubano, amerita una consideración adicional. La administración de Estrada Palma se limitó a elevar los adeudos, sin introducir cambio alguno en la estructura arancelaria. El arancel en vigor continuaría siendo el mismo implantado por el gobierno interventor en 1900, el cual, a su vez, no era más que una reproducción, en su composición y estructura, del arancel español de 1897. Durante veinticinco años, la República operaría con el mismo instrumento arancelario colonial, al cual sólo se le introducirían modificaciones puntuales, como la decretada en 1908, al imponerse un gravamen a la importación de ganado para la matanza.[5]

El sistema comercial republicano poseía así fundamentos muy similares a los del fenecido régimen colonial. Por un lado, se otorgaba un trato preferencial a los productos de la nueva metrópoli, si bien en términos más moderados que los de antaño. Por otro, se preservaba una estructura arancelaria que propiciaba la importación de artículos terminados para satisfacer el consumo nacional, a la vez que carecía de estímulos para el desarrollo de la producción destinada al mercado interno.

La reciprocidad en acción

Los resultados del régimen de reciprocidad comercial cubano-norteamericano pueden evaluarse en dos planos: el de sus consecuencias directas, expresadas por la evolución del comercio exterior de ambos países, y el de su secuela indirecta, principalmente en la modelación de la estructura económica cubana. Aunque el influjo de la reciprocidad comercial se extiende por un período bastante prolongado, aquí se examinarán exclusivamente los efectos inmediatos del tratado de 1902; en primer lugar, porque las tendencias en la primera década posterior al convenio son suficientemente ilustrativas del comportamiento general y, además, porque con el decursar del tiempo intervienen otros factores –como la coyuntura creada por la Primera Guerra Mundial– que dificultan aislar el influjo del convenio comercial.[6]

La consecuencia más inmediata del tratado de reciprocidad fue el considerable incremento experimentado por las exportaciones cubanas que, de un valor total de 77,2 millones de pesos en 1903, alcanzan 124,7 millones en 1909, para un aumento del 61%. Este crecimiento se realiza por entero en el mercado norteamericano, a donde se exportan en 1909 49,4 millones de pesos más que en 1903. En 1894, bajo las condiciones creadas por el tratado Foster-Cánovas, Cuba había llegado a colocar algo más del 90% de sus exportaciones en Estados Unidos, una proporción que tendió a reducirse en los años posteriores, principalmente por los efectos de la guerra de 1895 sobre la producción azucarera cubana, esencial renglón de las ventas a Norteamérica. Durante los años de la ocupación militar, Cuba envió –como promedio– al mercado estadounidense sólo las tres cuartas partes de sus exportaciones. Ahora, bajo el régimen de la reciprocidad, la situación de concentración casi absoluta se reprodujo con rapidez –en 1909 Estados Unidos captó el 87,7% de las exportaciones de la Isla–, a costa del estancamiento e incluso del retroceso de las ventas a otros países.[7]

Un movimiento análogo se opera en cuanto a la composición de los artículos exportados, en este caso en favor del azúcar, puesto que las cuatro quintas partes del aumento registrado en las ventas a Estados Unidos entre 1903 y 1909, corresponden al valor del dulce exportado. Mientras las exportaciones azucareras cubanas duplican su valor en el quinquenio 1904-1909, el tabaco y otros renglones crecen sólo un 25% o menos.

Tal como se advirtiera, el azúcar resultó ser el principal y casi único beneficiario del régimen de reciprocidad. En 1904, coincidiendo con la entrada en vigor del tratado, la zafra azucarera totalizó 1 078 706 tm, recuperando la cifra récord del período colonial, posición desde la cual continuaría su avance hasta duplicar dicho monto en apenas una década. Durante esos años Cuba realiza –como promedio– el 95% de sus ventas azucareras en Estados Unidos. Pero el aporte de la reciprocidad al azúcar cubano no consistió principalmente en favorecer su expansión productiva, pues el progreso de las exportaciones cubanas en el mercado estadounidense se realizó a expensas de los proveedores europeos, un movimiento que se hubiera realizado con mayor o menor cuantía y celeridad aun sin la rebaja arancelaria, dada la cercanía de Cuba a ese mercado consumidor y otros elementos comerciales favorables.[8]

El principal beneficio del tratado consistió en el efecto económico directo del preferencial arancelario. Al colocarse en Estados Unidos, el azúcar cubano gozaba de un margen a su favor de 0,337 ctvos. por lb, con relación al precio de venta de los azúcares importados que pagaban derechos plenos. Si dicho margen hubiese revertido enteramente en favor de los productores de Cuba, estos podrían haber recibido aproximadamente 45 millones de pesos adicionales en sus ventas azucareras a Estados Unidos, durante el primer quinquenio en que el régimen de reciprocidad comercial estuvo vigente.

Sin embargo, estudios realizados en la época demuestran que no sucedió realmente así. Los beneficios de la rebaja arancelaria al azúcar cubano se distribuyeron entre los productores de la Isla, que recibieron 0,091 ctvos. adicionales por cada lb vendida; los consumidores norteamericanos, para quienes la rebaja redundó en una disminución de precios equivalente a 0,177 ctvos. por cada lb de azúcar adquirida; y los refinadores estadounidenses, que ganaron 0,063 ctvos. por lb de azúcar crudo cubano importado para sus fábricas, amén de la ventaja indirecta que puede haber representado para estos últimos la expansión de la demanda, gracias al menor precio realizado por el consumidor. En cualquier caso, este análisis, debido a la importante firma Willett & Gray, no refleja la evolución del asunto, pues los beneficios del preferencial azucarero se modificaron a lo largo de los años, en correspondencia con el peso proporcional de los azúcares de diverso origen que concurrían al mercado norteamericano. En los primeros años de vigencia del tratado, cuando la proporción que representaban los azúcares de derechos plenos dentro del abastecimiento norteamericano era elevada, el productor cubano puede que haya sacado mayor provecho del preferencial. Pero en 1909, los azúcares que pagaban derechos plenos sólo representaban un 7% del consumo estadounidense, y esa proporción continuó reduciéndose hasta casi desaparecer en 1913. En tales circunstancias, el precio del azúcar se fijaba ya sobre la base del dulce cubano y la reducción arancelaria obraba casi por completo en beneficio del consumidor estadounidense.[9]

Todo parece indicar que la más ponderada de las concesiones hechas a Cuba en el marco de la reciprocidad comercial, surtió a la larga efectos más favorables en Estados Unidos que en la mayor de las Antillas. Ello se desprende no sólo del análisis anterior, sino también de un hecho no menos trascendente: el incremento de las ventas de azúcar cubano en Norteamérica, no perturbó en modo alguno el desarrollo de la industria doméstica estadounidense. La producción de azúcar de remolacha en Estados Unidos, que al entrar en vigor el tratado de reciprocidad ascendía a 214 mil t, mantuvo su ascenso ininterrumpido y, una década después (1913), había triplicado dicho monto. La industria cañera de Louisiana, que ya había agotado sus posibilidades de expansión, no fue afectada por la reciprocidad comercial, pues conservó, por lo general, su nivel productivo –un promedio de 350 mil t– durante los años inmediatamente posteriores al convenio. Tampoco sufrieron daño las posesiones insulares recién adquiridas: entre 1904 y 1913 Hawai incrementó su producción de azúcar en un 69%, mientras Filipinas y Puerto Rico la duplicaban en el mismo lapso.

A partir de 1910, el consumo azucarero norteamericano quedó satisfecho casi a partes iguales por el dulce cubano y el de producción doméstica. Aunque las exportaciones cubanas continuaron aumentando hasta rebasar los 2 millones de t en 1913, dicho crecimiento se tornó más lento, pues sus posibilidades descansaban en desplazar ciertos remanentes de azúcares europeos, cubrir vacíos dejados por la inestable producción de Louisiana y, sobre todo, satisfacer la demanda –todavía muy dinámica– del mercado estadounidense. Cuando el Congreso norteamericano aprobó en 1914 el arancel Underwood, el cual rebajaba en un 25% los derechos al azúcar, dicha tarifa no obedecía ya a otra consideración que la de ofrecer a la producción doméstica la protección indispensable frente al dulce cubano; aunque el preferencial azucarero de Cuba fue mantenido, había perdido toda su efectividad.

Las consecuencias de la reciprocidad para otros renglones exportables fueron bastante menos significativas. Las exportaciones de tabaco torcido, que nunca se habían recuperado del tremendo golpe que les propinara el arancel McKinley, parecieron reanimarse al entrar en vigor el tratado. Durante los años del gobierno interventor, las exportaciones de habanos a Estados Unidos no superaban los 40 millones de unidades, pero en 1904 se incrementaron hasta 45 millones y continuaron en ascenso, hasta totalizar cerca de 80 millones de unidades en 1906. Sin embargo, en 1908 las exportaciones se desplomaron, retornando a las cifras usuales en los años previos al convenio. Ello coincidió con un cambio de estrategia de la American Tobacco Co., el trust tabacalero, que después de haberse lanzado a una compra masiva de fábricas durante la etapa de la ocupación militar norteamericana –llegó a controlar el 90% de las exportaciones de habanos–, comenzó a deshacerse de tales instalaciones y a trasladar progresivamente la producción hacia Estados Unidos. Los beneficios arancelarios se materializarían, por tanto, sólo en las exportaciones de tabaco en rama, que alcanzaron a duplicarse en la primera década de vigencia del régimen de reciprocidad.[10] Junto a este, también resulta notable el crecimiento de las exportaciones de minerales, que se cuadruplican entre 1904 y 1913, aunque el valor de las ventas en ese último año –4,9 millones de pesos– representaba bien poco dentro del conjunto del comercio exportador cubano.

A medida que las ventajas de la reciprocidad comenzaban a extinguirse, se iniciaron gestiones para la renovación del convenio. En septiembre de 1908, Atkins, hablando a nombre de los refinadores, había solicitado mayores rebajas de derechos al azúcar cubano, durante una audiencia congresional en Washington.[11] Un año después, la iniciativa se tomaba desde el lado cubano, a partir de una solicitud de la Cámara de Comercio –que había sustituido al Centro de Comerciantes– para que el gobierno gestionase una revisión del tratado de reciprocidad y consiguiese que las prórrogas de su vigencia se hiciesen por plazos quinquenales. Aunque en 1911 la administración de José Miguel Gómez realizó gestiones en tal sentido, el gobierno de Washington, si bien no se manifestó renuente a negociar, tampoco dio paso efectivo alguno en tal dirección.[12]

En la esfera del comercio importador de Cuba, el avance norteamericano resultó ostensible. La proporción de las mercaderías estadounidenses dentro del valor total de las importaciones cubanas, que era sólo de un 40% en 1903, ascendió hasta un 50% tras el primer quinquenio de vigencia del tratado de reciprocidad y alcanzaría un 53,7% en 1913. En los cuatro años inmediatamente posteriores a la entrada en vigor del convenio (1904-1907), la tasa de incremento de las ventas de Estados Unidos a Cuba fue superior a la media registrada en sus exportaciones totales durante esa etapa, y a la de cualquier otro país individualmente. Aunque ese movimiento tendió a hacerse más lento a partir de 1910, continuó aventajando al de todos los países del continente americano, entre los cuales la posición de Cuba como importador de productos norteamericanos solamente era superada por Canadá.[13]

Bajo el régimen de reciprocidad, Estados Unidos consolidó sus posiciones en aquellos renglones de los cuales era ya el primer abastecedor de Cuba, como los alimentos, maderas, maquinarias y otros, en algunos de los cuales registró, no obstante, progresos muy notables; tal fue el caso de los artículos de hierro y acero, que de un valor de 3,4 millones de pesos en 1903, saltaron hasta 8,4 millones de pesos en 1905, o del maíz, que duplicó el valor de sus ventas en el mismo lapso. El progreso conseguido en algunos renglones no tradicionales fue también impresionante, como sucedió con el arroz, los tejidos de algodón y, sobre todo, el calzado. El arroz era un producto que no figuraba entre las ventas norteamericanas a Cuba en 1903, y que dos años después totalizaba 845 049 dólares, si bien en este rubro Estados Unidos se mantendría como un abastecedor marginal, frente al franco predominio del arroz hindú, que era reexportado a Cuba desde Inglaterra y Alemania. En el mismo lapso, las importaciones cubanas de tejidos de algodón estadounidense triplicaron su valor, alcanzando la cifra de 1,6 millones, a partir de la cual mantuvieron un avance más lento, para acercarse a los 2 millones de dólares al finalizar la primera década del siglo. Las ventas norteamericanas en este renglón consistían principalmente en géneros de baja calidad, y su crecimiento se realizó a expensas de similares españoles, pues Gran Bretaña continuó siendo la principal abastecedora del mercado cubano en estos y otros productos textiles, con ventas que –como promedio– alcanzan un valor de 4,5 millones durante estos años. Pero el más rotundo éxito comercial de un producto norteamericano correspondió al calzado, un renglón del cual Estados Unidos cubría menos de un 20% de las compras cubanas hasta 1902 y que, bajo los efectos de la reciprocidad, duplicó el valor de sus ventas en un par de años, logrando arrebatar a España su tradicional primacía en este rubro.[14]

No obstante el progreso obtenido por sus producciones dentro del mayor mercado antillano, los norteamericanos se manifestaban preocupados por la resistencia de algunos competidores. En su afán monopolístico, el gobierno de Washington no escatimaría esfuerzos para entorpecer los nexos comerciales de Cuba con otros países. Al margen de su tratado con Estados Unidos, el Estado cubano sólo concertó otro convenio comercial durante sus primeros veinticinco años de existencia: el tratado de «amistad, comercio y navegación» firmado con Italia en 1904. Dicho acuerdo, carente de significación económica, fue visto con buenos ojos por el gobierno estadounidense, en tanto afirmaba la personalidad internacional de la República bajo su tutela. Pero cuando los ingleses, que habían participado en el asunto del convenio italiano, intentaron negociar al año siguiente un tratado similar, Estados Unidos movilizó todos sus recursos para impedirlo.

Gran Bretaña ocupaba la segunda posición entre los proveedores de Cuba, aunque bien detrás de Estados Unidos, con una participación que rondaba el 14% de los valores importados en la Isla. Según se desprende del texto de este proyectado convenio, la intención británica no era tanto la de afirmar sus posiciones comerciales, como asegurar la participación de su marina mercante en el tráfico mercantil cubano-norteamericano. Advertida la legación de Estados Unidos en La Habana de que el Senado discutiría la ratificación del tratado anglo-cubano, el ministro Squiers no sólo presionó directamente sobre los medios gubernamentales, sino que

Gráfico IV
CUBA: DISTRIBUCIÓN PROPORCIONAL
DE LAS IMPORTACIONES SEGÚN SU ORIGEN

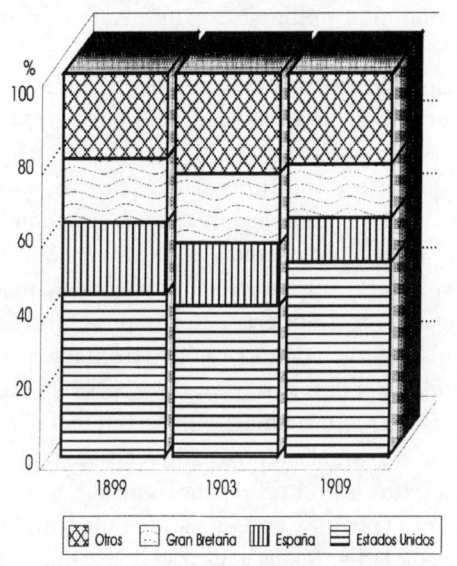

[Gráfico de barras: Otros, Gran Bretaña, España, Estados Unidos, años 1899, 1903, 1909]

Elaborado con datos de: Cuba, Ministerio de Estado: *Política de comercio exterior*, La Habana, 1949, pp. 317-322 y O. Zanetti Lecuona: «El comercio exterior de la República neocolonial», cuadro 9, en: *La república neocolonial. Anuario de Estudios Cubanos 1*, La Habana, 1975.

convocó a Gamba, Placé y otros antiguos promotores del Movimiento Económico para conseguir que las corporaciones insulares se opusieran a la aprobación del acuerdo comercial.[15] Al celebrarse las audiencias de la comisión de Relaciones Exteriores del Senado en torno a este asunto, tanto el Centro de Comerciantes como la Sociedad Económica, se pronunciaron decididamente contra el tratado inglés, mientras que *La Lucha* y el *Diario de la Marina* desplegaban una campaña de comentarios adversos para predisponer a la opinión pública. A los conjuros de la legación norteamericana, hasta el fantasma de la anexión retornó a la palestra en octubre de 1905, según se desprende de algunas informaciones y comentarios expresados por la prensa de la época.[16]

Aunque alguna corporación, como la Liga Agraria, y un sector de la opinión pública se manifestaron favorables al tratado, el Senado desestimó su ratificación. El fracaso del acuerdo anglo-cubano hacía evidente que Estados Unidos no estaba dispuesto a ceder ni un ápice de su privilegiado status en el mercado de Cuba.[17]

Pese al descalabro que entrañara el fin de su dominio colonial en Cuba, España conservaba una posición bastante significativa dentro del comercio exterior de la Isla. Su participación en las importaciones cubanas al ponerse en vigor el tratado de reciprocidad con Estados Unidos, un 12%, estaba bien lejos de la proporción detentada pocos años antes, cuando la Península proveía casi la mitad de las compras de Cuba, pero la ubicaba en un tercer lugar entre los abastecedores de esta. El régimen de reciprocidad perjudicó –como se ha visto– las ventas españolas de algunos renglones, principalmente textiles y calzado; aunque las importaciones procedentes de la Península acusaron una reducción de casi un 30% entre 1904 y 1909, al año siguiente se recuperaron algo, y lograron estabilizarse en torno a los 10 millones de pesos hasta 1913. El gran problema del intercambio cubano-español era su enorme desproporción, pues el valor de las ventas de Cuba a España apenas representaba una décima parte del de sus compras. Con la ruptura del vínculo colonial, el azúcar de Cuba, bloqueado por elevados aranceles, había desaparecido del mercado peninsular, en el cual las ventas cubanas quedaron reducidas, casi exclusivamente, al tabaco.

En 1911, bajo el mismo clima en que se promovía una revisión del tratado de reciprocidad y hasta la reforma del arancel cubano, emergió la idea de concertar un convenio comercial con España. Su origen parece haber sido una intervención del antiguo diputado autonomista Rafael María de Labra en el Senado madrileño, en la cual este propugnó una intensificación de las relaciones comerciales con Cuba. La idea fue tomada desde el otro lado del océano por la Unión de Fabricantes de Tabacos, que vio en ella una posibilidad de incrementar ese renglón de las exportaciones cubanas a la Península. El proyecto, sin embargo, no prosperó. Las ofertas del gobierno español resultaron bastante vagas y ello brindó excelentes argumentos a quienes consideraban absurdo arriesgar las ventajas de la reciprocidad con Estados Unidos en un arreglo comercial enfilado hacia un mercado de pobres perspectivas. El comercio hispano-cubano, bajo el régimen de reciprocidad –o, mejor, las importaciones de productos españoles en Cuba– se mantendría sustentado en la persistencia de viejos patrones de consumo y, sobre todo, en la demanda natural de un creciente número de inmigrantes.[18]

El régimen mercantil fundamentado en la reciprocidad, tuvo efectos económicos mucho más profundos que los expresados en las características adoptadas por el comercio exterior cubano. Si se atiende sólo a los indicadores estadísticos más generales, el crecimiento de la economía cubana entre 1903 y 1913 resulta, sin duda, impresionante. Pero se trata de un fenómeno unilateral, casi exclusivamente centrado en la producción azucarera y sus actividades conexas. Las privilegiadas condiciones comerciales creadas para el azúcar propiciaron ese desarrollo desproporcionado, que absorbió los recursos disponibles –capitales, tierras, mano de obra– en detrimento de los restantes sectores productivos del país, los cuales quedaron relegados a un relativo estancamiento. En consecuencia, el carácter monoproductor de la economía cubana continuó acentuándose, hasta exhibir una evidente deformidad.

Dentro del desarrollo azucarero pueden percibirse dos aspectos cardinales: a) la aceleración del proceso de transformación tecnológica y concentración productiva iniciado en la segunda mitad del siglo XIX y b) las modificaciones en la estructura de la propiedad. En el primer caso, se trata de la compleja modernización y ampliación del aparato productivo que, tras culminar en la década de 1920, dotó a Cuba de la más avanzada industria dentro de la producción mundial de azúcar de caña, capaz de trabajar con niveles de productividad realmente notables para su época. No obstante, esta transformación ejerció muy escasos efectos multiplicadores sobre el conjunto de la economía cubana pues, al descansar fundamentalmente en la instalación de equipos y maquinarias importadas, muchos de sus eslabonamientos estaban en el extranjero y principalmente en Estados Unidos, cuya industria metalmecánica fue la más beneficiada por dicho proceso. El aporte de Cuba a ese extraordinario crecimiento azucarero se redujo prácticamente a dos recursos fundamentales: tierra y fuerza de trabajo.

La rápida ampliación de la capacidad productiva de la industria azucarera demandaba volúmenes cada vez mayores de materia prima agrícola. Ello desencadenó una voraz política de acaparamiento de tierras por las empresas del sector, la cual condujo a la formación de gigantescos latifundios. Al estallar la Primera Guerra Mundial, algunas de estas empresas, casi todas norteamericanas –la Cuban American Sugar, la United Fruit Co., la Cuba Co., por ejemplo– controlaban, individualmente, extensiones superiores a las 100 mil hectáreas y, tras culminar dicho movimiento a mediados de los años veinte, llegarían a acaparar en su conjunto la tercera parte de las tierras cultivables del país. Este esquema latifundiario trajo aparejadas formas de explotación de la tierra francamente perjudiciales. La producción cañera no solamente ocupó los mejores terrenos, relegando las posibilidades de otros cultivos hacia áreas marginales de escasa rentabilidad, sino que hizo un bajo aprovechamiento de dichos recursos, pues por lo general apenas una fracción de los latifundios cañeros era, de hecho, cultivada. Al expropiar a una parte del campesinado y, sobre todo, bloquear progresivamente las posibilidades de nuevas adquisiciones territoriales, la expansión latifundiaria culminaría el largo proceso de acumulación originaria del capital en Cuba y proporcionaría, al menos de modo parcial, la fuerza de trabajo necesaria para la producción de azúcar.

La principal ventaja del crecimiento azucarero propiciado por la reciprocidad fue el empleo de una amplia masa de trabajadores. La actividad de la primera industria vinculó a la mayor parte de la fuerza de trabajo del país –casi siempre de manera estacional– a formas de trabajo asalariadas, contribuyendo al desarrollo del capitalismo, al menos en extensión. Dada la distribución geográfica relativamente armónica de las unidades azucareras y su elevada necesidad de mano de obra, este crecimiento promovió la ampliación y estructuración del mercado interno; si bien ese proceso, en virtud del propio régimen comercial vigente, estimuló sobre todo, la demanda de importaciones.[19]

Los cambios en la estructura de la propiedad azucarera que acompañaron a estos movimientos, se concretaron esencialmente en dos direcciones: la progresiva centralización de la propiedad y su creciente traspaso a manos foráneas. En realidad, estas convergían en una sola operación, ya que las firmas cuyo control se extendía a una pluralidad de ingenios fueron, en su mayoría, las norteamericanas. Como advirtieran algunos de los promotores estadounidenses del tratado de reciprocidad, la entrada en vigor de este estimuló la afluencia a Cuba del capital norteño, tanto para el fomento de ingenios y plantaciones, como para la adquisición de los existentes.[20] En la década que sucedió a la firma del tratado, los inversionistas de Estados Unidos fomentaron nueve centrales azucareros –la mayor parte de ellos de gran capacidad– y adquirieron otros diez, con lo cual la tercera parte del azúcar producida en la zafra de 1913-1914 fue elaborada en fábricas de propiedad norteamericana. Esta tendencia, acelerada notablemente por la coyuntura de la Primera Guerra Mundial, terminaría por dejar en manos estadounidenses el 60% del potencial productivo azucarero del país.

Como los capitales procedentes de Estados Unidos se concentraron en la producción de azúcar y otras actividades –ferrocarriles, almacenes, instalaciones portuarias– vinculadas a la fabricación y comercialización de esta, no es exagerado concluir que una buena parte de los beneficios otorgados a la economía cubana por el régimen de reciprocidad comercial, revirtieron hacia el lado norteamericano por concepto de rendimiento de capitales.

Comercio y modernización: las pautas del consumo

El régimen de reciprocidad comercial con Estados Unidos contribuyó a modelar las estructuras socioeconómicas prevalecientes en Cuba durante buena parte del siglo XX, pero también dejó su impronta sobre otras facetas del proceso de modernización de la sociedad cubana. Entendida, en lo esencial, como la progresiva asimilación a los patrones de la civilización capitalista, la modernización se había iniciado en Cuba con el siglo XIX, acelerándose notablemente en las décadas finales de dicha centuria, gracias a transformaciones de tanta envergadura como la abolición de la esclavitud.

La modernización, sin embargo, no se expresaba solamente en el pleno funcionamiento de una economía de mercado, basada en la explotación del trabajo asalariado, sino también en la creciente organización industrial de la producción azucarera y otros renglones económicos o en la significativa proporción –algo más de un 40%– de habitantes de pueblos y ciudades dentro de la población cubana, al iniciarse el siglo XX. Muchas de las medidas legislativas introducidas por España después del Zanjón –código de comercio, código civil, ley de asociaciones, etcétera– habían modificado el marco jurídico de la vida social, como parte de un proceso que culminaría en la constitución de la República cubana, la cual, no obstante las evidentes limitaciones de sus facultades soberanas y otras distorsiones funcionales, poseía los atributos políticos e institucionales propios de un Estado moderno. Junto a ello, la secularización de las costumbres y de la educación, el desarrollo de una cultura económica en consonancia con la difusión de las relaciones mercantiles, la asimilación de nuevas perspectivas técnicas y científicas, la apropiación de novedosos estilos de creación artística, comenzaban a proyectar en Cuba los rasgos de una sociedad que era ya burguesa por sus valores y su modo de vida.

Esa progresiva transformación de la sociedad, desde las estructuras hasta los hábitos, se correspondía con importantes cambios en la cultura material. El lugar donde se vive y los medios con que se trabaja, lo que se usa y lo que se consume, ejercen un considerable influjo sobre los modos de pensar y de actuar. En un país de economía abierta como Cuba, donde mucho de lo que se usaba y se consumía era importado, el comercio exterior constituyó un poderoso agente del proceso modernizador.

La importación era el canal acostumbrado para la introducción de innovaciones en el utillaje de la sociedad cubana, así como para el enriquecimiento y renovación de los artículos de consumo cotidiano. El impacto de esa actividad comercial trasciende, sin embargo, la esfera económica. La asimilación de las novedades, el reemplazo de viejos medios por otros recién adquiridos, en modo alguno es un proceso pasivo; la gente no añade piezas a su ajuar o alimentos a su dieta sin percatarse de su utilidad y atribuirles significado. Por ello, la asimilación de nuevos productos constituye un acto de apropiación mediante el cual la sociedad los hace suyos, no ya en su calidad de mercancías, sino como objetos culturales, a través de un complejo quehacer que no sólo puede alterar en mayor o menor medida el significado de dichos objetos, sino que indiscutiblemente influye sobre la cultura y el modo de vida de los receptores.

En la coyuntura intersecular aquí analizada, las condiciones de Cuba eran muy favorables para que ese proceso de asimilación/apropiación se desarrollase con especial dinamismo. Más allá de la propensión importadora derivada de la estructura económica, o del afán de progreso y el cosmopolitismo que la sociedad cubana –al menos sus clases altas y medias– compartía en esta época con el resto de la «civilización occidental», las contradicciones sociopolíticas propias de la condición colonial habían impuesto una predilección por lo extranjero –principalmente lo norteamericano y lo francés–, cuya adopción constituía una alternativa frente a todo lo español, considerado como una expresión palmaria de atraso.

Desde bien temprano en el siglo XIX, los productos de la industria norteamericana, por invención o mediación, habían llegado a Cuba como heraldos de la modernidad. El ferrocarril y el telégrafo, el alumbrado eléctrico, la máquina de coser, las bicicletas y otros medios y utensilios, introducidos o instalados por negociantes y técnicos estadounidenses, habían transformado paulatinamente la vida cotidiana de vastas capas de la población insular. En un movimiento de sentido inverso, decenas de miles de cubanos de la más diversa condición social emigraron a la república vecina durante el último tercio del siglo, por razones políticas y económicas. Después de una estadía más o menos prolongada, muchos de ellos retornaron a la Isla e irradiaron en sus familias y comunidades gustos y hábitos adquiridos durante la emigración. En condiciones tan propicias, el régimen comercial de reciprocidad permitiría estimular y manipular la demanda en el mercado cubano, delinear y modificar pautas del consumo e imprimir así tintes norteamericanos a las más variadas facetas del proceso modernizador.[21]

El gran vecino norteño era el primer abastecedor del mercado cubano en los renglones de maquinarias, herramientas y manufacturas de metal desde la época previa a la concertación del tratado de reciprocidad. Aunque en el importantísimo sector azucarero el equipamiento industrial había provenido de Inglaterra y Francia, durante buena parte del siglo XIX los talleres norteamericanos lograron abrirse paso en el mercado y suministrar en cantidades crecientes máquinas de vapor, tachos, evaporadores y otros equipos. Precisamente a finales de siglo, la industria mecánica estadounidense logró consolidar su posición en esta esfera, gracias a equipos tales como la desmenuzadora patentada por Krajewski –de notable utilidad para la preparación de la caña– y, sobre todo, los «tándems» de molinos perfeccionados por la firma Fulton, que permitirían un aumento considerable en la capacidad de extracción de las plantas de moler. Si la industria mecánica de Estados Unidos no ostentaba un verdadero monopolio en este sector, era porque sus condiciones de oferta –en materia de precios y créditos– dejaban cierto margen a la competencia europea.[22] Las ventajas arancelarias de la reciprocidad hicieron descender los precios de los equipos norteamericanos, cuya demanda se vio también estimulada por la creciente presencia de firmas estadounidenses en el fomento y explotación de centrales azucareros en Cuba. Esta última circunstancia, hubo de incrementar también la muy antigua presencia de técnicos norteamericanos en la industria de Cuba y favorecer la plena adecuación de esta a los patrones tecnológicos estadounidenses.

En otras máquinas y aparatos, el predominio norteamericano era también notorio, tanto en calderas de vapor y motores eléctricos, como en los equipos para el comercio y oficinas, donde las cajas registradoras National y las máquinas de escribir Remington, Underwood y Hammond se enseñoreaban del mercado. Algo similar ocurría con implementos, herramientas y otras manufacturas de metal, entre los cuales, casi por excepción, se encontraban algunos utensilios agrícolas –machetes y rejas de arado–, el instrumental de ciertos oficios como la talabartería, así como artículos esmaltados y de estaño procedentes de países europeos, principalmente Inglaterra. Con los beneficios de la reciprocidad, los proveedores estadounidenses consiguieron controlar el mercado de planchas galvanizadas y barras de hierro –en el cual la competencia europea había sido fuerte–, pero no así el de las barras y planchas de acero, pues al finalizar la primera década del siglo XX, las ofertas inglesa y belga satisfacían todavía casi la mitad de la demanda cubana en estos renglones.[23]

El régimen de reciprocidad comercial no había sido necesario para que Estados Unidos se constituyese en el principal –y casi único– abastecedor de equipos de transporte. El temprano ajuste de los ferrocarriles cubanos al patrón tecnológico estadounidense, hizo que la inmensa mayoría de las locomotoras importadas por el país desde la segunda mitad del siglo XIX fuesen de manufactura norteamericana –principalmente de los talleres Baldwin–, al igual que los coches de pasaje y casi todo el material de vías. Al inaugurarse la ocupación militar de Cuba en 1899, una firma newyorkina, la Havana Electric Railway, se adueñó de los tranvías de tracción animal que operaban en la capital y procedió a la electrificación de este servicio, para lo cual adquirió tanto el equipo rodante como las unidades de generación eléctrica en fábricas de Estados Unidos. Poco después, haría acto de presencia el transporte automotor, también exhibiendo marcas norteamericanas, si bien hacia 1910 algunos observadores advertían una significativa presencia francesa en el pequeño pero expansivo mercado del automóvil.[24]

Promotores y maquinarias estadounidenses habían participado en el equipamiento de otros servicios públicos, como el alumbrado de gas; en 1882, una compañía de tal nacionalidad –Havana Gas Light Co.– construyó una planta en las cercanías de la rada habanera y se introdujo directamente en las operaciones de alumbrado de la capital. Fueron igualmente norteamericanas las firmas que trajeron a Cuba los primeros equipos de alumbrado eléctrico, un servicio que, en La Habana, terminaría por quedar en manos de la misma empresa que se hizo cargo de electrificar los tranvías. Aunque la electrificación de las ciudades y poblados del interior corrió por cuenta de pequeñas empresas, muchas veces en manos de propietarios locales, los generadores y otros medios eran invariablemente fabricados en Estados Unidos, principalmente de las marcas General Electric y Westinghouse.[25] Mucho más concentrado fue el servicio telefónico, introducido en 1882 por una firma bajo el control de la American Bell, y que más adelante quedaría virtualmente monopolizado mediante la concesión oficial otorgada a la Cuban Telephone Co., de la misma nacionalidad y vinculada a la anterior.

Bajo los auspicios del gobernador Wood, se utilizó por primera vez el asfalto para la pavimentación de algunas calles habaneras, actividad realizada por empresas estadounidenses, que importaron de su país los medios necesarios para ello. Coincidentemente, compañías constructoras como Purdy & Henderson y Snare & Triest introdujeron la tecnología del hormigón armado y, con cemento y barras corrugadas procedentes de Estados Unidos, comenzaron a modificar la fisonomía de la capital –y en menor medida de algunas ciudades del interior– mediante la construcción de edificios de cinco o seis plantas, destinados a oficinas y hoteles. La actividad de estas firmas y de algunos arquitectos cubanos formados en universidades de Estados Unidos, se dejó sentir también en el aspecto de la vivienda, con la proliferación en las nuevas urbanizaciones de casas construidas según el modelo del *cottage* anglosajón. También con materiales de procedencia norteamericana, en este caso madera aserrada, se construirían viviendas tipo *bungalow* –originario de la India, pero introducido desde Estados Unidos– en los bateyes de los nuevos centrales azucareros y ciertas áreas suburbanas.[26] Más bien por excepción, algunos de los materiales importados para la construcción escaparon del control norteamericano, cual fue el caso de los mosaicos, una línea que continuaría en manos de sus tradicionales abastecedores catalanes.

Si en los diseños y materiales las edificaciones mostraban el creciente influjo norteamericano, no era muy distante la situación de su equipamiento interior. En 1909, las principales firmas importadoras, como Pons y Compañía, adquirían los muebles sanitarios en Estados Unidos, de donde procedían también la mayor parte de los hornos, cazuelas y otros utensilios de cocina, así como los primeros artículos electrodomésticos. Otro era el panorama en materia de mobiliario, un rubro en el cual los almacenes especializados, al presentar la variedad de su oferta, anunciaban disponer «...desde el más modesto estilo americano al más elegante renacimiento». La presencia de carpinteros y ebanistas criollos, capaces de construir verdaderas obras de arte con las maderas preciosas del país, así como la preferencia por muebles europeos de estilo de las más exigentes familias aristocráticas, relegaban a un segundo plano al producto norteamericano, concediéndole sólo el control de la partida que el arancel denominaba como «efectos de madera y muebles de madera ordinaria». Algo similar sucedía con otros elementos del ajuar doméstico, como las vajillas y la cristalería, procedentes en proporción abrumadora de Inglaterra, Alemania y Francia.

Y es que si las máquinas y utensilios de la industria norteamericana constituían ya los símbolos indiscutibles de la modernidad, sus bienes de consumo no eran considerados, por lo general, como una expresión de la elegancia y el «buen gusto». Cuando en las revistas cubanas al estilo de *El Fígaro*, *El Hogar* o *La Habana Elegante*, las tiendas y almacenes anunciaban sus surtidos de ropa, calzado, sombreros, jabonería, perfumes y joyería, el orden de su procedencia, casi invariable, era París, Londres, Viena y, después, Nueva York, ciudad que sólo en ocasiones no concluía la lista, al ser sucedida por Barcelona, origen este último que terminaría por desaparecer. Ya se ha apuntado que los británicos poseían un franco control sobre el mercado cubano de textiles, acompañados en ese ámbito por los tejidos catalanes de punto de algodón y los estampados, sedas y bordados franceses. Las confecciones seguían la moda de París; cuando en 1894 *La Habana Elegante* inició la publicación de figurines, estos eran tomados de la revista francesa *L'Art de la Mode*, si bien la redacción advertía que se reproducían de una revista newyorkina del mismo nombre. La iniciativa fue retomada y ampliada en 1899 por *El Fígaro* –revista cuyo título de prosapia francesa era de por sí significativo–, que hasta 1913 publicaría un suplemento, *El Eco de la Moda*, reproducido directamente del original parisiense del mismo título.

El predominio francés, absoluto en materia de joyería y perfumería, era también muy notable en el renglón de los productos farmacéuticos; específicos y medicamentos franceses llenaban las páginas de anuncios de las revistas, en las que la presencia de productos de los laboratorios de Estados Unidos, como la Emulsión de Scott, resultaba claramente minoritaria. Pese a habérseles otorgado una rebaja del 40% por el tratado de reciprocidad, los jabones norteamericanos apenas encontraban espacio en el mercado de Cuba, controlado por la producción francesa en los renglones más finos y por la española en el jabón común. En 1910, la Manhattan Soap Co. anunciaba su nuevo jabón Novia/Sweetheart, «una preparación exclusivamente hecha para la Isla de Cuba y Puerto Rico, estudiada con grandes éxitos para la conservación del cutis de las damas más delicadas», pero que no parece haber sido igualmente exitosa en el terreno comercial.[27]

Sin desconocer problemas de calidad, una de las mayores dificultades para la realización de muchos de estos productos en el mercado cubano era el relativo desconocimiento de los gustos y otras peculiaridades de la demanda. Por ello, Charles Pepper, el experto enviado por el Departamento de Comercio a Cuba para evaluar los resultados del tratado de reciprocidad, recomendaba a fabricantes y comerciantes norteamericanos hacer un mejor estudio de las pautas de consumo, así como asignar mayor importancia a los agentes comerciales y comisionistas, a cuyas sugerencias aconsejaba brindar más atención. La clave del éxito comercial del calzado norteamericano radicó precisamente en su rápido ajuste a las exigencias de los consumidores cubanos, a los cuales se hizo llegar zapatos de hormas estrechas, tacones más altos y modelos ligeros y adaptados al clima.[28]

Paradójicamente, el sector más complejo para una evaluación del progreso comercial norteamericano en Cuba durante la época examinada es el de los productos alimenticios. Estados Unidos era ya el principal abastecedor del mercado cubano de alimentos desde los tiempos coloniales y nada indica que la reciprocidad diese un impulso significativo a sus ventas en este rubro. Entre 1899 y 1909, la importación cubana de productos alimenticios estadounidenses creció en 3,8 millones de pesos, pero dicho crecimiento en valor no entrañó una modificación considerable de su peso proporcional. Es cierto que gracias a las rebajas concedidas por el tratado de 1902, Estados Unidos consiguió colocar en Cuba algún que otro renglón –como el arroz– que hasta entonces no figuraba entre sus ventas. Sin embargo, el incremento de las importaciones parece haber descansado más bien en el aumento natural –por razones demográficas y económicas– de la demanda de productos como la harina de trigo, el maíz, las carnes empacadas, jamones, grasas y otros, que desde antaño eran casi monopolizados por proveedores norteños.

Uno de los factores que influyó sobre tal comportamiento fue sin duda el control ejercido por comerciantes españoles sobre el mercado cubano de alimentos. Tanto entre los grandes importadores y mayoristas –donde predominaban las firmas de apellidos catalanes como Balcells, Barraqué, Maciá, Bergnes y Graells–, como en el comercio al detalle, la presencia española era abrumadora. «El "bodeguero" o detallista en Cuba –advertía un observador– tiene muchos de sus patrones definidos por ser español o descendiente directo de españoles y está acostumbrado a tales artículos. La competencia norteamericana lo ha obligado a aceptar jamones, tocinos y otras carnes, pero en otros productos se apega a la línea española.»[29] Ciertamente, los grandes importadores de la

Lonja del Comercio –fundada en 1907 bajo la presidencia de Narciso Maciá– tenían antiguos y sólidos vínculos con firmas españolas del sector de alimentos y bebidas, cuyos productos –vinos, aceite de oliva, frutas en conserva, pastas, sidras, mantequilla, etcétera– eran, por lo general, los que acaparaban –junto a otros licores y exclusividades francesas o inglesas– la inmensa mayoría de los anuncios de alimentos en revistas y periódicos.[30] Los productos alimenticios norteamericanos, aunque muy abundantes e incluso únicos en buen número de renglones, carecían usualmente de marcas bien reconocidas. Y aunque las tuvieran, podía ocurrirles lo que a la harina de trigo, que ostentando marcas como Gold Medal o Pillsbury y proviniendo de Minnesota, se continuaría conociendo entre los consumidores cubanos como «harina de Castilla».

A la persistencia de los antiguos patrones alimenticios contribuía sin duda la cuantiosa afluencia de inmigrantes españoles, que en número de casi cien mil se radicaron en Cuba durante la primera década del siglo XX. Pero no sólo por el peso de ese importante contingente poblacional en la demanda, sino también porque la mayor parte del sector femenino de dicha inmigración encontraba empleo en el servicio doméstico, circunstancia que infundía continuada vitalidad al tradicional consumo de platos provenientes de la cocina peninsular.

A juzgar por los libros de viajes y folletos turísticos sobre Cuba que a principios de siglo publicaban autores norteamericanos, el terreno de más fuerte contraste cultural era precisamente el de los hábitos alimentarios. Y entre estos, el desayuno parece haberse llevado las palmas. El ligero desayuno criollo, consistente en café con leche, pan y alguna fruta, constituía una frustración para el visitante norteño, acostumbrado a que su primer alimento del día fuese más pesado. En los manuales turísticos se advertía que el pan no siempre venía acompañado por mantequilla y que, cuando era servida, esta tenía una consistencia semilíquida y un olor desagradable. El autor de uno de esos textos, calificaba al pan cubano de corteza dura como «...the most insidious article of diet I ever tasted...», a la vez que lamentaba la ausencia de bollos y otros panes más esponjosos, así como tortas –*cakes*– y pasteles –*pies*– en las cartas de hoteles y restaurantes.[31] Para disgusto del consumidor estadounidense, en la cocina criolla predominaba una sazón con sabor a ajo, los vegetales –escasos– se servían cocidos y las ensaladas se aderezaban al estilo español.

Con la mayor afluencia de turistas, así como por la administración norteamericana de algunos hoteles y restaurantes –en 1900 ya se inauguraba en La Habana un Delmonico's, especializado en helados, refrescos y *lunch*–, esa situación comenzaría a modificarse. Antes de finalizar la primera década del siglo, la oferta gastronómica resultaba más variada y las guías de viajeros podían tranquilizar a sus lectores, informándoles que en las cartas de desayuno de los principales hoteles habaneros ya figuraba el indispensable *ham and eggs*; artículos que, por cierto, generalmente se importaban de Estados Unidos. Algunos platos norteamericanos terminaron por saltar de las cartas de los restaurantes al menú doméstico, algo que finalmente coadyuvó a la diversificación de la dieta cubana, aportándole mayores valores nutritivos, como los derivados de un consumo más sistemático de vegetales frescos. Pero la influencia de los hábitos y productos alimenticios norteamericanos sobre la dieta criolla constituye un proceso a largo plazo, cuyo alcance, en lo fundamental, quedaría limitado más bien a las clases altas y medias. Tendría que transcurrir todavía cierto tiempo, para que la torta –conservando su denominación inglesa de *cake*– ocupase el centro del ritual en las fiestas cubanas de bodas y cumpleaños.[32]

Aunque a principios de siglo los libros de viajes advertían que Cuba no estaba tan americanizada como pudiera pensarse, hacia 1914 un observador, sin duda excepcional, ofrecía su nostálgica percepción de este asunto: «La Habana está perdiendo su mayor encanto por un exceso de americanización.» Aunque consideraba que ese proceso tomaría aún mucho tiempo, apreciaba su evidente progreso «en los edificios de oficina de cinco pisos, los automóviles en los paseos vespertinos, en los biftecs y huevos con jamón de los desayunos y los indescriptibles sombreros de todas clases que han ocupado el lugar de las delicadas y graciosas mantillas...».[33]

Tal tendencia, sin embargo, cobraría de inmediato un notable impulso tras el estallido de la Primera Guerra Mundial. La conflagración bélica hizo avanzar más a la producción estadounidense en el consumo cubano que los preferenciales otorgados por el tratado de reciprocidad. Con la desaparición de buena parte de la concurrencia europea, los abastecedores norteamericanos llegarían a suministrar en 1919 el 76% de las importaciones cubanas, las cuales exhibieron, de tal suerte, un grado de concentración no vista desde la descomposición del monopolio mercantilista español a finales del siglo XVIII. A la favorable coyuntura creada por la guerra, se añadieron otros factores que, como el perfeccionamiento de los procedimientos de mercadeo, contribuirían a consolidar las posiciones comerciales de Estados Unidos en Cuba.[34]

Hasta los primeros años del siglo XX, las grandes firmas norteamericanas habían colocado, por lo general, sus productos en Cuba mediante comisionistas y otros intermediarios comerciales, pero desde la segunda década de esta centuria, comenzaron a abrir representaciones en la Isla y asumieron directamente el trabajo promocional. En las páginas de revistas y periódicos, las mercaderías estadounidenses fueron ganando espacio, lo cual no sólo les reportó mayores ventas, sino un más amplio impacto cultural. Algunos productos –principalmente los nuevos– quedarían inscritos en el habla popular cubana, no por su nombre genérico, sino por la marca del fabricante norteamericano que lo había introducido en el país o cubría el mayor segmento del mercado; para muchos cubanos un refrigerador sería, simplemente, el *frigidaire*, mientras que *gillette* constituiría la forma usual de denominar las cuchillas de afeitar. La inventiva terminó por crear también nuevos vocablos, como *fotingo*, palabra con la cual se designaba al automóvil modesto o de pobre estampa, y no era otra cosa que un híbrido lingüístico surgido de la corrupción fonética de la marca Ford T y una muy común desinencia del habla criolla.

Gracias al recurso de la publicidad, las mercancías norteamericanas continuarían expandiéndose hacia las zonas más recónditas del mercado cubano, contando para ello con el apoyo indirecto pero poderoso de medios como el cine, un renglón en el cual la Primera Guerra Mundial también posibilitó que la industria estadounidense desplazara de Cuba a sus competidores europeos. En la posguerra llegarían a la Isla, con Woolworth's, las grandes cadenas norteamericanas de tiendas por departamentos, iniciándose así el progresivo control de los circuitos de comercialización interna.

Pero estos son ya otros tiempos, otra historia. Tan difícil como deslindar contenido y forma en el proceso de modernización, se torna precisar cuáles de sus características, al mediar el siglo XX, eran directamente atribuibles al funcionamiento de la reciprocidad. El saldo de esta historia es, sin embargo, elocuente. Con una estructura económica especializada hasta la deformidad y los componentes fundamentales del aparato productivo del país bajo control extranjero, la modernización de la sociedad cubana transcurriría bajo presiones que vaciaron muchas de sus formas de sentido nacional. Las relaciones comerciales anudadas en torno a 1898 contribuyeron a perfilar esa realidad. Y sus rasgos todavía son perceptibles.

Notas

[1] Solamente un renglón de la producción norteamericana, el tabaco, quedó excluido de las concesiones por la parte cubana. El texto del Tratado de Reciprocidad Comercial puede verse en: Hortensia Pichardo (comp.): *Documentos para la Historia de Cuba,* La Habana, 1973, t. II, pp. 212-217 y en el apéndice LL de la ya citada obra de E. Roig de Leuchsenring.

[2] *Cfr.* U.S. Tariff Commission: *The Effects* ..., ed. cit., p. 54, no. 6.

[3] Los ingresos del Estado cubano en el ejercicio fiscal 1903-1904 totalizaron 23 080 930 pesos, de los cuales 18 299 470 pesos procedían de las recaudaciones de aduanas. *Cfr.* G. de Quesada: *Cuba. November, 1905,* Washington, 1906, pp. 176 y 235.

[4] Al comentar los efectos que tendría la reciprocidad para el fisco cubano, Tasker H. Bliss había advertido que el gobierno de Cuba no tendría otro recurso para conservar sus ingresos que incrementar sus aranceles en una proporción equivalente a las rebajas concedidas a Estados Unidos, y la consecuencia sería «un aumento del arancel cubano contra el mundo y una reducción en favor de los Estados Unidos». Bliss a Wilson, enero 12, 1902. Library of Congress. Manuscript Division. James H. Wilson Papers, caja 4.

[5] Con el propósito de rehabilitar la cabaña ganadera, prácticamente extinta durante la guerra, el gobierno interventor había otorgado franquicia para la importación de ganado. En 1908, con la ganadería ya recuperada, dicha franquicia operaba en contra de los intereses ganaderos, que se movilizaron y pidieron su abolición. En respuesta a ello, la administración provisional norteamericana, presidida por Charles Magoon, impuso un arancel de 2,75 ctvos. por kg de ganado importado con destino a la matanza. Ch. Magoon: *Informe de la administración provisional desde 1ro. de diciembre de 1907 hasta 1ro. de diciembre de 1908,* La Habana, 1909, pp. 18-22.

[6] El Tratado de Reciprocidad Comercial de 1902 fue sustituido por otro similar, firmado en 1934, y este, a su vez, por un Acuerdo Exclusivo Suplementario, concertado por Cuba y EE.UU. en el marco del Acuerdo General de Aranceles y Comercio (GATT, en inglés) en 1947. Para un análisis más extenso del funcionamiento de ese sistema comercial, puede verse nuestro libro *Los cautivos de la reciprocidad,* ed. cit.

[7] La mayor disminución proporcional se registró en las ventas a Gran Bretaña, Alemania y otros países europeos. *Cfr.* O. Zanetti: «El comercio exterior de la república neocolonial», cuadro 8, en: *La república neocolonial. Anuario de Estudios Cubanos 1,* La Habana, 1975.

[8] Esto es reconocido por analistas norteamericanos que han estudiado los efectos del tratado, como Philip Wright, en su *The Cuban Situation and our Treaty Relations*, Washington, 1931, p. 70, y la propia U.S. Tariff Commission, en la obra ya citada.

[9] El estudio aparece reproducido en la ya mencionada obra de R. G. Blakey –pp. 222-229– quien realiza, por su parte, interesantes consideraciones sobre el asunto. Según se deduce de sus observaciones, aun en los años en que las importaciones de azúcar de plenos derechos eran cuantiosas, el precio del azúcar cubano se mantuvo por debajo de las cotizaciones de Hamburgo, pues al parecer los refinadores importaban exclusivamente azúcar cubano durante el primer semestre del año –por tanto, el precio se fijaba sobre esa base– y los azúcares de pleno derecho entraban durante el segundo semestre, etapa en la cual los precios ascendían.

[10] *Cfr.* Jean Stubbs: *Tabaco en la periferia*, La Habana, 1989, pp. 39-40.

[11] Como parte de esa campaña, el propio Atkins había publicado el artículo «Tariffs Relations with Cuba», en los *Annals* de la American Academy of Political and Social Sciences. Library of Congress. Manuscript Division. James H. Wilson Papers, caja 2.

[12] A través de las gestiones realizadas por el ministro de Estado, Manuel Sanguily, con el ministro estadounidense en La Habana, se pretendía ampliar las concesiones al tabaco y el dulce cubanos y liberar al azúcar «del control del trust». *Cfr.* U.S. Department of State: *Papers Relating the Foreign Relations of the United States, 1911*, Washington, 1918, pp. 101-103.

[13] U.S. Tariff Commission: *The Effects...*, p. 99 y tabla 27.

[14] También en este renglón el avance norteamericano se materializó en productos de menor calidad, pues en los zapatos de pieles más finas y en acabados de alta calidad, el producto español continuó predominando. Ch. Pepper: *Report on the Trade Conditions in Cuba*, Washington, 1906, p. 22. *Cfr.* también L. Cancio y A. Rivero: «Ponencia relativa al Tratado de Reciprocidad», en: BNC, Colección Cubana, fondo *Abad,* vol. 3, no. 11.

[15] H. Portell Vilá: *Historia de Cuba en sus relaciones con Estados Unidos y España*, t. IV, pp. 439-440.

[16] Los criterios expresados por las corporaciones ante la comisión senatorial, así como buena parte de los artículos publicados en *La Lucha*, pueden verse en A. Pompeyo: *El tratado anglo-cubano*, La Habana, 1905.

[17] La Liga Agraria fue una suerte de sucesora del Círculo de Hacendados –que había desaparecido en 1904– el cual, pese a sus más amplias proyecciones sociopolíticas, tuvo en la práctica menor influencia que este. Su representante en los debates sobre el tratado fue Rafael Fernández de Castro, quien llevó el peso de la defensa. Para una caracterización de esta corporación, *cfr.* Jorge Ibarra: *Cuba 1898-1921. Partidos políticos y clases sociales*, La Habana, 1992, pp. 89-90. Otros criterios favorables al tratado anglo-cubano pueden encontrarse en X y X: *Refutación a las objeciones opuestas a la aprobación del tratado anglo-cubano*, La Habana, 1906.

[18] Por otra parte, el gobierno de José Miguel Gómez no tenía una disposición muy favorable hacia este asunto, pues recién llegado al poder había tenido que rechazar una iniciativa española que intentaba desenterrar el problema de la deuda de Cuba, con la aparente intención de conseguir algún tipo de arbitraje internacional que corresponsabilizara a la isla en dicha cuestión. La tirantez que suscitara esta maniobra había alarmado a los medios comerciales españoles en La Habana, quienes trasmitieron su preocupación al gobierno madrileño. *Cfr.* Fundación Maura, leg. 361, no. 2. Para informarse sobre los movimientos en torno a un tratado comercial hispano-cubano, puede verse la obra ya citada de Leopoldo Cancio *La política arancelaria de Cuba*, cuyo autor estaba francamente opuesto a dicho convenio.

[19] El beneficio potencial representado por el crecimiento del mercado interno tampoco se materializó plenamente, pues, por una parte, el extendido sistema de pago mediante vales y fichas a los trabajadores del azúcar impuso un bajo nivel de ingresos monetarios y, por otra, la utilización de braceros inmigrantes estacionales –masiva a partir de 1917– propició la fuga de una parte de los salarios pagados.

[20] Al evaluar este proceso años después, la United States Tariff Commission –en *The Effects...*, ed. cit., p. 9– señalaría que «el ingreso adicional resultante del Tratado de Reciprocidad puede muy bien haber hecho toda la diferencia entre la confianza y la falta de confianza para el capital extranjero...».

[21] Un acercamiento a este tema, desde una más amplia perspectiva de relaciones interculturales, puede verse en Louis A. Pérez, Jr.: «The Culture of Colonialism in Transition: Cuba, Spain and the United States (1878-1898)», en *SECOLAS Annals*, XXI, 1990, pp. 79-88.

[22] En 1903, Atkins comentaba que por primera vez en la historia de sus operaciones en Cuba, se había visto obligado a importar una valiosa partida de maquinarias de Inglaterra, pues sus precios eran entre un 20% y un 40% inferiores a los de sus similares norteamericanas. E. F. Atkins a J. H. Wilson, diciembre 21, 1903, en: Library of Congress. Manuscript Division. James H. Wilson Papers.

[23] Ch. Pepper: *Report on the Trade Conditions in Cuba*, p. 16 y: Cuba, Secretaría de Hacienda: *Comercio Exterior*, 1909.

[24] El primer automóvil que había circulado por las calles habaneras en 1898 era francés, pues los autos norteamericanos no comenzaron a ser importados hasta un par de años después. El dominio estadounidense en este renglón, sin embargo, sólo parece haberse consolidado en la segunda década del siglo, después que Ford introdujo la cadena de montaje, tecnología que abarató considerablemente los precios.

[25] La excepción parecen haber sido los bombillos, en cuyo abastecimiento se registraba, en 1909, una importante participación alemana.

[26] *Cfr.* R. Segre: *La vivienda en Cuba: república y revolución*, La Habana, 1985, pp. 20-25, y C. Venegas Fornias: *La urbanización de las murallas: dependencia y modernidad*, La Habana, 1990, pp. 84-93.

[27] *El Fígaro*, La Habana, diciembre de 1910.

[28] Otro factor importante eran las condiciones de crédito, pues mientras las firmas europeas concedían créditos por un plazo de seis meses, las norteamericanas, por lo general, no lo extendían más allá de dos. Ch. Pepper: ob. cit., pp. 21-22 y 34-38.

[29] *Ibid.*, p. 20.

[30] *Cfr.* Alejandro García: *La gran burguesía comercial en Cuba, 1898-1920*, La Habana, 1990.

[31] A. J. Norton: *Norton's handbook of Havana and Cuba*, Chicago, 1901, pp. 165-167. Otra obra, con el significativo título de *Our Islands and their People*, (New York, 1899, vol. I, pp. 31-32) aseguraba que el pan cubano era más sano y digerible que el habitualmente consumido por los norteamericanos, pero su autor –J. de Olivares– tenía un apellido sospechosamente latino.

[32] La inauguración del Delmonico's aparece reportada en *El Fígaro*, 16 de diciembre de 1900. Los platos de *lunch*, *snacks* y comidas rápidas, fueron, probablemente, el mayor aporte de la gastronomía norteamericana a la comida cubana, aunque en su asimilación experimentaron notables modificaciones, pues los *sandwichs* y bocadillos criollos, por lo general no incluyen lechuga u otros vegetales, muy comunes en los originales estadounidenses, y al *hamburguer* le aparecería un pariente pobre, bastante degradado pero también más económico, en la popular «frita» criolla.

[33] A.G. Robinson: *Cuba, Old and New*, New York, 1915, pp. 85-86. Este autor, buen conocedor del país, había publicado en 1905 un libro –*Cuba and the Intervention*– extremadamente crítico hacia la política seguida por EE.UU. durante la ocupación militar de la Isla.

[34] Estos factores explican que al restaurarse la normalidad en la década de 1920, la proporción norteamericana en el comercio importador de Cuba, si bien retrocedió algo, se mantuvo oscilando en torno al 65%, índice muy superior al de preguerra.

ANEXO ESTADÍSTICO

CUBA: INTERCAMBIO COMERCIAL CON ESTADOS UNIDOS Y ESPAÑA (1875-1910)
(En millones de dólares)*

	ESTADOS UNIDOS		ESPAÑA	
AÑO	EXPORTACIONES	IMPORTACIONES	EXPORTACIONES	IMPORTACIONES
1875	64,5	14,1	5,1	15,8
1876	56,0	12,0	6,9	12,8
1877	65,8	12,7	4,9	15,1
1878	56,9	11,4	4,2	11,2
1879	63,6	12,2	5,9	12,6
1880	65,4	10,9	5,3	13,0
1881	63,0	10,9	4,2	10,9
1882	70,4	11,7	4,2	12,5
1883	65,5	14,5	4,4	10,9
1884	57,1	10,5	3,6	9,8
1885	42,3	8,7	6,9	10,8
1886	51,1	10,0	7,2	12,7
1887	49,5	10,1	6,9	11,2
1888	49,3	9,7	6,6	12,0
1889	52,1	11,2	6,4	15,3
1890	53,8	12,0	8,2	16,0
1891	61,7	11,9	6,9	19,2
1892	77,9	17,6	9,1	21,3
1893	78,7	23,6	4,8	22,5
1894	75,6	19,9	6,7	19,8
1895	52,8	12,5	6,3	22,1
1896	40,0	7,3	4,0	24,9
1897	18,4	8,2	3,5	22,8
1898	15,2	9,5	1,6	12,5
1899	24,8	29,6	1,0	11,3

	ESTADOS UNIDOS		ESPAÑA	
AÑO	EXPORTACIONES	IMPORTACIONES	EXPORTACIONES	IMPORTACIONES
1900	33,2	29,1	0,8	9,4
1901	48,0	28,4	0,7	10,2
1902	49,4	25,2	1,0	9,5
1903	60,0	25,7	1,1	9,1
1904	75,0	33,6	0,7	11,5
1905	96,5	43,6	1,7	10,4
1906	92,6	47,6	1,1	9,2
1907	100,6	51,4	0,6	9,4
1908	82,5	41,5	1,5	7,2
1909	109,4	46,3	0,8	8,1
1910	129,7	54,5	0,7	8,6

Los datos del comercio con Estados Unidos, entre los años 1875-1885, fueron tomados de: U.S. Department of Treasury: *Commerce of the U.S. with Mexico, Central America, the West Indies and South America,* Washington, 1886, pp. 41-42; para el período 1886-1895, se consultó: U.S. House of Representatives (54th. Congress, 1st. Session): *Report of the Comittee of Ways and Means Concerning Reciprocity and Commercial Treaties,* Washington, 1896; para los años entre 1896-1898: U.S. Department of Commerce: *Statistical Abstract of the United States,* Washington, 1911, tabs. 40 y 219; para los años entre 1899-1910: Cuba. Ministerio de Hacienda: *Resúmenes estadísticos seleccionados,* La Habana, 1959, pp. 24 y 25.

Los datos del comercio con España, entre 1875-1898, se tomaron de: Jordi Maluquer de Motes: «El mercado colonial antillano», tab. 2, en: G. Tortella y J. Nadal: *Agricultura, comercio colonial y crecimiento económico en la España contemporánea,* Barcelona, 1974. (Serie rectificada, calculada con los datos de: *Estadística general del comercio exterior de España*); para los años entre 1899-1901: G. de Quesada: *Cuba,* Washington, 1905; para 1902-1910: Cuba. Ministerio de Estado: *Política de comercio exterior,* La Habana, 1949, p. 317.

* Las cifras correspondientes al intercambio con España desde 1875 a 1898, expresadas en pesetas en la fuente, han sido convertidas a dólares, siguiendo la tasa vigente en la época, 0,926 dólar estadounidense por peso oro español (cinco pesetas).

BIBLIOGRAFÍA

Documentación inédita:

Archivo Histórico Nacional (AHN), Madrid, España.
Sección *Ultramar*:
  -Fomento.
  -Hacienda.

Archivo del Ministerio de Asuntos Exteriores (AAE), Madrid, España.
Fondo *Correspondencia:*
  -Legación española en Washington.
  -Ministerio de Ultramar.
  -Consulados en Cuba.
Fondo *Política:*
  -Ultramar, Cuba.
Fondo *Tratados*
  -Negociaciones. Siglo xix. EE.UU.

Archivo Nacional (ANC), La Habana, Cuba.
Fondo *Asuntos Políticos*.
Fondo *Gobierno autonómico*.
Fondo *Miscelánea de expedientes*.
Fondo *Secretaría de la Presidencia*.

BIBLIOTECA DEL MINISTERIO DE LA INDUSTRIA AZUCARERA, La Habana, Cuba.
-Actas del Círculo de Hacendados de la Isla de Cuba.

BIBLIOTECA NACIONAL JOSE MARTÍ (BNJM), La Habana, Cuba.
-Colección Cubana. Fondo *Luis V. de Abad*.

FOMENTO DEL TRABAJO NACIONAL, Barcelona, España.
Fomento de la Producción Española:
-Actas, 1876-1888.
-Copiador de correspondencia.

Fomento del Trabajo Nacional:
-Actas de la Junta Directiva y Consultiva, 1890-1899.
-Actas de la Junta Directiva, 1889-1899.
-Borradores de comunicaciones exteriores.

Instituto de Fomento del Trabajo Nacional:
-Actas, 1879-1888.
-Comunicaciones, 1881-1887.

FUNDACIÓN MAURA, Madrid, España.

LIBRARY OF CONGRESS. MANUSCRIPT DIVISION, Washington, EE.UU.
-James H. Wilson Papers.
-Tasker H. Bliss Papers.

MUSEU-BIBLIOTECA VÍCTOR BALAGUER, Vilanova i La Geltrú, España.
-Correspondencia del intendente de Cuba con el ministro de Ultramar (1886-1887).
-Comunicaciones (1885-1887).
-Correspondencia (1878-1882; 1886-1888).
-Correspondencia reservada con el Gobernador General de Cuba (1887-1888).

NATIONAL ARCHIVES, Washington, EE.UU.
General Records of the Department of State (Record Group 59).
-Despatches from United States Consuls in Havana (1889-1892).

-Despatches from United States Ministers to Spain (1883-1891).
-Instructions to Legation in Spain (1884-1895).

Documentación publicada:

Balanza general del Comercio de la Isla de Cuba en los años 1861-1863, La Habana, 1865.

Civil Report of Major-General John R. Brooke, Military Governor, Island of Cuba, Washington, 1900.

Civil Report of Brigadier-General Leonard Wood, Military Governor of Cuba for the Period from January 1 to December 31, 1901, Washington, 1902.

Civil Report of the Brigadier-General Leonard Wood, Military Governor of Cuba for the Period from January 1 to May 20, 1902, Washington, 1902.

CONFERENCIA INTERNACIONAL AMERICANA: *Dictámenes de las comisiones permanentes*, Washington, 1890.

CUBA, MINISTERIO DE ESTADO: *Política de comercio exterior*, La Habana, 1948.

CUBA, SECRETARÍA DE HACIENDA: *Comercio exterior*, 1902-1913.

CUBA, SENADO: *Memoria de los trabajos realizados durante las cuatro legislaturas [...] 1902-1904. Mención histórica...*, La Habana, 1918.

CUBA, SENADO: *Diario de sesiones.* Segunda legislatura, La Habana, 1904.

Documentos de la Comisión creada por Real Decreto de 15 de agosto para informar al gobierno acerca de los proyectos de ley que habrán de someterse a las Cortes, Madrid, 1879.

ESPAÑA, MINISTERIO DE ULTRAMAR: *Estadística general del comercio exterior de la Isla de Cuba, 1894-1895*, Madrid, 1895.

Estadística general del Comercio exterior de España con sus posesiones de Ultramar y potencias extranjeras..., 1875, 1885, 1890-1892.

MAGOON, CH.: *Informe de la administración provisional desde diciembre 1 de 1907 a diciembre 1 de 1908*, La Habana, 1909.

PICHARDO, HORTENSIA (comp.): *Documentos para la Historia de Cuba*, t. I y II, La Habana, 1971 y 1973.

Presupuestos generales de gastos e ingresos de la Isla de Cuba para el año económico de... (1880/81 - 1893/94).

Treaties, Conventions, International Acts, Protocols and Agreements between the United States and Others Powers, 1776-1909, Washington, 1910.

U. S. DEPARTMENT OF STATE: *Papers relating the Foreign Relations of the United States, 1911*, Washington, 1918.

U. S. DEPARTMENT OF TREASURY: *Commerce of the United States with Mexico, Central America, the West Indies and South America*, Washington, 1886.

U. S. HOUSE OF REPRESENTATIVES, COMMITTEE OF WAYS AND MEANS: *Revision of the Tariff*, 51st. Congress, 1st. Session., 1890, Washington, 1891.

U. S. HOUSE OF REPRESENTATIVES: *Report on the Committee of Ways and Means concerning Reciprocity and Commercial Treaties*, 54th. Congress, 1st. Session., 1896, Washington, 1896.

U. S. HOUSE OF REPRESENTATIVES: COMMITTEE OF WAYS AND MEANS: *Reciprocity with Cuba*, 57th. Congress, 1st. Session., 1902, Washington, 1902.

U. S. TARIFF COMMISSION: *The Effects of the Cuban Reciprocity Treaty*, Washington, 1929.

Tesis inéditas:

DYE, ALAN: «Tropical Technology and Mass Production: the Expansion of Cuban Sugarmills (1899-1930)». Tesis doctoral, Universidad de Illinois, Urbana, 1991.

FERNÁNDEZ, SUSAN: «Banking, Credit and Colonial Finance in Cuba». Tesis doctoral, Universidad de La Florida, Gainesville, 1987.

Rodrigo Ahalarilla, Martín: «Antonio López y López (1817-1883), primer marqués de Comillas. Aportación a la historia de la empresa». Memoria de doctorado, Universidad Autónoma de Barcelona, Bellaterra, 1995.

Roldán de Montaud, Inés: «La Unión Constitucional y la política colonial de España en Cuba, 1868-1898». Tesis doctoral, Universidad Complutense de Madrid, Madrid, 1991.

Publicaciones periódicas:

Boletín de la Cámara Oficial de Comercio, Industria y Navegación de La Habana, 1890-1894.

Boletín de la Junta General de Comercio de La Habana, no. 28, 30 de noviembre de 1881.

Diario de la Marina, La Habana, 1884-1886; 1891-1893; 1900-1903.

El Fígaro, La Habana, 1899-1910.

El País, La Habana, 1886-1887; 1891-1893.

El Triunfo, La Habana, 1882-1885.

El Trabajo Nacional, Barcelona, 1895-1897.

El Hogar, La Habana, 1893-1900.

El Economista Español, Barcelona, 1890-1892.

Fomento de la Producción Española, Barcelona, 1879-1880.

La Discusión, La Habana, 1901-1903.

La Lucha, La Habana, 1891-1892; 1901-1902.

La Habana Elegante, 1889-1894.

New York Daily Tribune, 1890-1891.

New York Herald, 1883-1885; 1889-1892; 1901-1902.

New York Times, 1884-1885.

Revista de Agricultura, La Habana, 1891-1894; 1901-1902.

Libros y folletos:

ABAD, J. R: *Exposición agrícola e industrial del tabaco. Memoria...*, Ponce, 1884.

ALBA, SANTIAGO: *El problema arancelario cubano y la producción castellana*, Valladolid, 1897.

ALMANZA, RAFAEL: *En torno al pensamiento económico de José Martí*, La Habana, 1990.

ALZOLA Y MINONDO, PABLO DE: *Relaciones comerciales entre la Península y las Antillas...*, Madrid, 1895.

_____: *Apuntes sobre los bonos del Tesoro de la Isla de Cuba*, Madrid, 1880.

ARTOLA, M.; G. TORTELLA Y OTROS: *La España de la Restauración*, Madrid, 1985.

BAHAMONDE, ÁNGEL y JOSÉ CAYUELA: *Hacer las Américas*, Madrid, 1992.

BECK, E. R: *A Time of Triumph and Sorrow. Spanish Politics under the Reign of Alfonso XII*, London, 1979.

BECKER, WILLIAM H.: *The Dynamics of Business-Government Relations. Industry & Exports, 1893-1921*, Chicago, 1982.

BLAKEY, ROY G.: *The United States Beet Sugar Industry and the Tariff*, New York, 1912.

Exposición que el Comité Central elegido por sufragio para representar a los acreedores del Estado [...] eleva a los cuerpos colegisladores..., La Habana, 1883.

BLANCH, CELESTINO: *El cabotaje y la Cámara de Comercio de La Habana*, La Habana, 1889.

CABANA, FRANCESC: *Bancs y banquers a Catalunya*, Barcelona, 1972.

CABEZAS DE HERRERA, J.: *Relaciones comerciales de la Península con las provincias ultramarinas*, Madrid, 1882.

CÁMARA OFICIAL DE COMERCIO, INDUSTRIA Y NAVEGACIÓN DE LA HABANA: *Informe sobre una exposición de la Sociedad de Estudios Económicos sobre el comercio con la metrópoli*, La Habana, 1889.

CANCIO, LEOPOLDO: *La política arancelaria de Cuba*, La Habana, 1911.

COMISIÓN DE REFORMA ARANCELARIA DE CUBA Y PUERTO RICO: *Extracto de las reclamaciones formuladas al Gobierno con fechas anteriores al Real Decreto de 10 de enero de 1895*, Madrid, 1896.

COMITÉ CENTRAL DE PROPAGANDA ECONÓMICA: *Dictamen de la comisión encargada del estudio y crítica del convenio de reciprocidad comercial con Estados Unidos*, La Habana, 1892.

_____: *Documentos relativos a la información económica de Madrid...*, La Habana, 1891.

Contestación elevada al Excmo. Señor Ministro de Hacienda por los representantes de la industria azucarera peninsular refutando el informe de la comisión nombrada por el Ministro de Ultramar respecto a establecer el cabotaje con la Isla de Cuba, Madrid, 1879.

CORPORACIONES ECONÓMICAS DE LA ISLA DE CUBA: *Discursos pronunciados en el meeting que tuvo efecto [...] el 23 de enero de 1902 y acuerdos...*, La Habana, 1902.

COSTA ROSELLÓ, J.: *Cuestión de actualidad: el arriendo de las aduanas*, La Habana, 1887.

COSTAS COMESAÑAS, A.: *El apogeo del liberalismo en la Gloriosa*, Madrid, 1988.

CRUZ MONCLOVA, L.: *Historia de Puerto Rico, siglo XIX*, Río Piedras, 1970.

CUBANO, ASTRID: *El hilo del laberinto*, Río Piedras, 1990.

CURTIS, W. E.: *Trade and Transportation between the United States and Spanish America*, Washington, 1889.

DEER, NOEL: *The History of Sugar*, London, 1950.

DEVINE, MICHAEL J.: *John W. Foster. Politics and Diplomacy in the Imperial Era (1873-1917)*, Athens, Ohio [1981].

EICHNER, A. S.: *The Emergence of Oligopoly*, Westport, 1978.

ELDUAYEN, J. DE: *La Hacienda de Cuba*, Madrid, 1880.

ELLSWORTH, P. T.: *Comercio internacional*, México, Fondo de Cultura Económica, 1962, pp. 176-183.

Eslava, R.: *La crisis monetaria y el Banco Español*, La Habana, 1893.

Espejo, Z.: «El proteccionismo y la importación de cereales», *Conferencias agrícolas de la provincia de Madrid*, Madrid, 1879, t. III.

Estévez Romero, L.: *Desde el Zanjón hasta Baire*, La Habana, 1974.

Exposición a las Cortes de la Liga de comerciantes, industriales y agricultores de la Isla de Cuba, La Habana, 1894.

Exposición del Círculo de Hacendados, de la Junta General de Comercio, la Real Sociedad Económica y de la sección de agricultura de la misma, La Habana, 1879.

Exposición dirigida en julio 8 de 1894 por el Círculo de Hacendados y Agricultores de la Isla de Cuba a las Cortes del Reino Español en la cual se señalaban las principales causas que por su continuidad producían la excesiva gravedad de la crisis que atravesaba la Industria Azucarera y las soluciones que había que aplicar entonces con toda urgencia para evitar su inminente ruina, La Habana, 1943.

Fabié, Antonio M.: *Mi gestión ministerial respecto a la Isla de Cuba*, Madrid, 1898.

Fomento del Trabajo Nacional: *La cuestión cubana*, Barcelona, 1890.

Foner, Ph.: *La guerra hispano-cubano-norteamericana y el surgimiento del imperialismo yanqui*, La Habana, 1978.

Foster, John W.: *Diplomatic memoirs*, Boston, 1909.

Friedberg, A. L.: *The Weary Titan. Britain and the Experience of Relative Decline 1895-1905*, Princeton, 1988.

García, Alejandro: *La gran burguesía comercial en Cuba*, La Habana, 1990.

García Barzanallana, José: *El derecho diferencial de bandera en la Isla de Cuba...*, Madrid, 1878.

García Ochoa, María A.: *La política española en Puerto Rico durante el siglo XIX*, Río Piedras, 1982.

García de Polavieja, Camilo: *Relación documentada de mi política en Cuba*, Madrid, 1898.

Giraud, Federico: *Las reformas económicas de Cuba*, La Habana, 1879.

Goitía, F. de: *Conferencias celebradas en marzo de 1895 entre la representación cubana y la Liga Nacional de Productores*, Madrid, 1895.

Gómez, Juan G.: *Por Cuba libre*, La Habana, 1974.

Graell, Guillermo: *Historia del Fomento del Trabajo Nacional*, Barcelona, 1911.

Guerra, Ramiro: *Azúcar y población en las Antillas*, La Habana, 1970.

Hearden, P. J.: *Independence & Empire*, De Kalb, 1982.

Hitchcock, F. H.: *Trade of Puerto Rico*, Washington, 1898.

Ibarra, Jorge: *Cuba 1898-1921. Partidos políticos y clases sociales*, La Habana, 1990.

Información sobre reformas en Cuba y Puerto Rico, New York, 1867.

Informe del Círculo de Hacendados de la Isla de Cuba sobre las reformas económico administrativas que demanda la situación de la agricultura, La Habana, 1887.

Informe y proyecto de reformas al vigente arancel de aduanas elevado al Excelentísimo Señor Presiendente de los Estados Unidos de América por el Centro General de Comerciantes e Industriales, La Habana, 1899.

Instituto de Historia de Cuba: *Las luchas por la independencia nacional y las transformaciones estructurales. Historia de Cuba*, La Habana, 1996.

Instituto de Historia del Movimiento Comunista y la Revolución Socialista: *El movimiento obrero cubano. Documentos y artículos*, La Habana, 1975.

Izard, Miquel: *Manufactureros, industriales y revolucionarios*, Barcelona, 1979.

Jenks, Leland H.: *Nuestra colonia de Cuba*, La Habana, 1966.

Jiménez Blanco, José I.: «La remolacha y los problemas de la industria azucarera en España, 1880-1914», en: R. Garrabou (ed.): *Historia agraria de la España contemporánea*, t. III, Barcelona, Crítica, 1986.

La Feber, Walter: *The American Search for Oportunity, 1865-1913*, New York, 1993.

_____: *The New Empire*, London, 1963.

_____: *The American Age. U. S. Foreign Policy at Home and Abroad*, New York, 1994.

Lake, David A: *Power, Protection and Free Trade*, Ithaca, 1988.

Le Riverend, Julio: *Historia económica de Cuba*, La Habana, 1971.

Maluquer de Motes, Jordi: *Nación e inmigración: los españoles en Cuba (s. XIX y XX)*, Colombres, 1992.

Martí, José: *Obras completas*, tomos I, VI, XII y XIV, La Habana, 1975.

Martín Rodríguez, Manuel: *Azúcar y descolonización*, Granada, 1982.

Marx, Carlos y Federico Engels: *Escritos económicos varios*, México, 1962.

Moreno Fraginals, Manuel: *El ingenio. Complejo económico social cubano del azúcar*, La Habana, 1978.

Nadal, J. y G. Tortella (comps.): *Agricultura, comercio colonial y crecimiento económico en la España contemporánea*, Barcelona, 1971.

Nomenclator comercial, agrícola e industrial [...]. Directorio general de la Isla de Cuba, La Habana, 1883.

Norton, A.J.: *Norton's handbook of Havana and Cuba*, Chicago, 1901.

Norton, Mary B., et. al.: *A People & a Nation*, Boston, 1982.

Olivares, J. de: *Our Islands and their People*, New York, 1899.

Ortega Macety, M.: *La política de España en sus provincias ultramarinas*, La Habana, 1878.

Pardiñas, E.: *Memoria sobre la creación, servicios prestados y ulteriores trabajos de la Excma. Junta de la Deuda de la Isla de Cuba*, La Habana, 1885.

Pepper, Charles: *Report on the Trade Conditions in Cuba*, Washington, 1906.

Pérez Jr., Louis A.: *Cuba between Empires*, Pittsburgh, 1983.

_____: *Cuba under the Platt Amendment*, Pittsburgh, 1986.

Perojo, J. del: *Ensayos de política colonial*, Madrid, 1885.

Pompeyo, A.: *El tratado anglo-cubano*, La Habana, 1905.

Portell Vilá, H.: *Historia de Cuba en sus relaciones con Estados Unidos y España*, La Habana, 1939.

Porter, Robert P.: *Report on the Commercial and Industrial Condition of the Island of Cuba. Special Report on Revenues*, Washington, 1898.

Portuondo, Bernardo: *El tratado de comercio y el presupuesto de Cuba*, Madrid, 1885.

Prados de la Escosura, Leandro: *De imperio a nación*, Madrid, 1988.

Quesada, G. de: *Cuba. November, 1905*, Washington, 1906.

Rees, T.: *Spain's Lost Jewels*, Springfield, 1906.

Régimen arancelario establecido entre las islas de Cuba y Puerto Rico y los Estados Unidos en virtud del R. D. de 28 de julio de 1891 y documentos anejos, Madrid, 1891.

Réplica del Círculo de Hacendados y Agricultores de la Isla de Cuba al folleto «La cuestión cubana», La Habana, 1891.

Robinson, A. G.: *Cuba, Old and New*, New York, 1915.

_____: *Cuba and the Intervention*, New York, 1905.

Rodríguez, José I.: *Estudio histórico sobre el origen, desenvolvimiento y manifestaciones prácticas de la idea de la anexión de la Isla de Cuba a los Estados Unidos de América*, La Habana, 1900.

Roig de Leuchsenring, Emilio: *Historia de la Enmienda Platt*, La Habana, 1973.

Rubio, Javier: *La cuestión de Cuba y las relaciones con Estados Unidos durante el reinado de Alfonso XII*, Madrid, 1995.

Ruete, J. de: *El empréstito de Cuba*, Madrid, 1880.

Ruiz Gómez, Servando: *Examen crítico de los presupuestos generales de gastos e ingresos de la isla de Cuba para el año 1878-79*, París, 1880.

Scott, Rebecca: *La emancipación de los esclavos en Cuba*, México, 1989.

Segre, Roberto: *La vivienda en Cuba: república y revolución*, La Habana, 1985.

Serrano y Diez, N.: *Memoria sobre el estado social, político y económico de la Isla de Cuba*, Madrid, 1892.

Serrano Sanz, José M.: *Los presupuestos de la Restauración*, Madrid, 1987.

_____: *El viraje proteccionista en la Restauración*, Madrid, 1987.

Sociedad de Estudios Económicos de La Habana: *Exposición dirigida al Excmo. Sr. Presidente del Consejo de Ministros acerca de las relaciones comerciales de la Isla de Cuba*, La Habana, 1888.

Stanwood, E.: *American Tariff Controversies in the Nineteenth Century*, Cambridge, 1904.

Stern, C. A.: *Protectionist Republicanism and Republican Tariff Policy in the McKinley Period*, Ann Arbor, 1971.

Stubbs, Jean: *Tabaco en la periferia*, La Habana, 1989.

Terrill, Tom: *The Tariff, Politics and American Foreign Policy*, Westport, 1973.

The correspondence between Benjamin Harrison and James G. Blaine 1882-1893, Philadelphia, 1949.

Tuñón de Lara, M.: *Estudios sobre el siglo XIX español*, Madrid, 1974.

Varela Ortega, J.: *Los amigos políticos. Partidos, elecciones y caciquismo en la Restauración, 1875-1900*, Madrid, 1977.

Vatter, H. G.: *The Drive to Industrial Maturity*, Connecticut, 1975.

Venegas Fornias, Carlos: *La urbanización de las murallas: dependencia y modernidad*, La Habana, 1990.

Vicens Vives, J.: *Cataluña en el siglo xix,* Madrid, 1961.

Voltes y Bou, P.: *La banca barcelonesa de 1840 a 1920*, Barcelona, 1963.

Wiebe, Robert H.: *The Search for Order*, New York, 1985.

Wilkins, Myra: *Emergence of the Multinational Enterprise*, Cambridge, Massachusetts, 1970.

Williams, W. A: *The Roots of the Modern American Empire*, New York, 1969.

Wright, Philip: *The Cuban Situation and our Treaty Relations*, Washington, 1931.

X y X: *Refutación a las objeciones opuestas a la aprobación del tratado anglo-cubano*, La Habana, 1906.

Yglesia, Teresita: *Cuba: primera república, segunda ocupación*, La Habana, 1976.

Zanetti Lecuona, Oscar: *Los cautivos de la reciprocidad*, La Habana, 1989.

Artículos:

Baack, B. A. y E. J. Ray: «The Political Economy of Tariff Policy: A Case Study of the United States», *Explorations in Economic History,* no. 20, 1983.

Bastert, R. H.: «Diplomatic Reversal: Frelinghuysen's opposition to Blaine's Pan-American Policy in 1882», *The Missisipi Valley Historical Review*, no. 39, 1959, pp. 653-671.

Becker, W.H.: «American Manufacturers and Foreign Markets, 1870-1900: Business Historians and the "New Economics Determinists"», *Business History Review,* no. 47/4, 1973, pp. 466-481.

Espadas Burgos, Manuel: «El factor ultramarino en la formación de la mentalidad militar española», *Estudios de Historia Social*, no. 44-47, 1988, pp. 311-325.

Estrade, Paul: «Cuba à la veille de l'independence: le mouvement économique (1890-1893)», *Mélanges de la Casa Velázquez*, t. XIII (1977) y XIV (1978).

Gourevitch, Peter A.: «International Trade, Domestic Coalitions, and Liberty: Comparative Responses to the Crisis of 1873-1896», *The Journal of Interdisciplinary History*, no. VIII/2, 1977, pp. 281-313.

Harrison, R. H.: «Catalan Business and the Loss of Cuba, 1898-1914», *Economic History Review*, no. 3, 1974, pp. 431-441.

Hernández Sandoica, Elena: «Polémica arancelaria y cuestión colonial en la crisis de crecimiento del capital nacional. España, 1868-1900», *Estudios de Historia Social*, no. 22-23, 1982, pp. 279-319.

_____: «El transporte por mar y la acción del Estado en la España del siglo XIX: Cuba y Filipinas en la concurrencia naviera por la subvención oficial», *Hispania*, no. 167, 1987, pp. 977-999.

_____: «La navegación a Ultramar y la acción del Estado: España, siglo XIX», *Estudios de Historia Social*, no. 44-47, 1988, pp. 105-113.

Maluquer de Motes, Jordi: «La formación del mercado interior en las condiciones coloniales: la inmigración y el comercio catalán en las Antillas españolas durante el siglo XIX», *Santiago*, no. 69, 1988, pp. 89-112.

_____: «El problema de la esclavitud y la revolución de 1868», *Hispania*, no. XXXI, 1971, pp. 55-76.

Palou, Nora: «El problema arancelario dentro de la política cubana a finales del siglo XIX», *Revista de la Biblioteca Nacional José Martí*, no. 3, 1983, pp. 111-142.

Pérez Jr., Louis A.: «The Culture of Colonialism in Transition: Cuba, Spain, and the United States (1878-1898)», *SECOLAS Annals*, no. XXI, 1990, pp. 79-88.

Sklar, Martin J.: «The N.A.M. and the Foreign Markets on the Eve of the Spanish-American War», *Science and Society*, no. 23, 1959, pp. 133-161.

Terán, M. de: «Santander, puerto de embarque para las harinas de Castilla», *Estudios Geográficos*, no. 29, 1947.

Zanetti Lecuona, Oscar: «El comercio exterior de la república neocolonial», *La República Neocolonial. Anuario de Estudios Cubanos 1*, La Habana, 1975, pp. 45-126.

ÍNDICE

Nota preliminar 9

Capítulo 1
La fuerza de las cosas 15
Tendencias y estructura del comercio internacional 16
Una economía en el atolladero 21
La coyuntura española y sus proyecciones
comerciales 29
Estados Unidos: bases de una expansión diferente 35
Notas 41

Capítulo 2
Los hombres y sus intereses 45
Cuba: actores sociales en el problema comercial 46
Intereses en la Península 57
En los límites del proteccionismo 67
Notas 80

Capítulo 3
De las reformas a los paliativos 85
Retos de una paz 85
Expectativas frustradas 92
La política de Cánovas 97

El cabotaje como solución   103
Crisis y peligros   109
Maduración de un arreglo comercial   118
Un tratado que no fue   126
El alcance de los remedios   138
Notas   145

Capítulo 4
Un mercado a compartir   157
El fracaso del cabotaje   158
Un arancel en la forja   166
El movimiento... ¿económico?   176
El tratado Foster-Cánovas   188
Los frutos de la reciprocidad   195
El desenlace   207
Notas   218

Capítulo 5
El triunfo de la reciprocidad   229
Allanando el camino   230
La hora de las definiciones   233
De nuevo el Movimiento Económico   239
Una campaña decepcionante   247
La reciprocidad cristaliza   259
Notas   269

Capítulo 6
El nuevo patrón comercial   277
Las bases del sistema   277
La reciprocidad en acción   281
Comercio y modernización: las pautas del consumo   294
Notas   307

Anexo estadístico   311

Bibliografía   313

Comercio y poder: relaciones cubano-hispa-no-norteamericanas en torno a 1898, de Oscar Zanetti Lecuona, se terminó de imprimir en el mes de diciembre de 1998, en los talleres de la Imprenta Nacional de Colombia, Santa Fe de Bogotá, D.C., Colombia.